图书在版编目（CIP）数据

中国法学教育研究.2022年.第1辑/田士永主编.—北京：中国政法大学出版社，2022.10

ISBN 978-7-5764-0757-0

Ⅰ.①中…　Ⅱ.①田…　Ⅲ.①法学教育－中国－文集　Ⅳ.①D92-4

中国版本图书馆CIP数据核字(2022)第254570号

出 版 者	中国政法大学出版社
地　　址	北京市海淀区西土城路 25 号
邮寄地址	北京 100088 信箱 8034 分箱　邮编 100088
网　　址	http://www.cuplpress.com (网络实名：中国政法大学出版社)
电　　话	010-58908289(编辑部) 58908334(邮购部)
承　　印	北京九州迅驰传媒文化有限公司
开　　本	650mm×960mm　1/16
印　　张	20.25
字　　数	220 千字
版　　次	2022 年 10 月第 1 版
印　　次	2022 年 10 月第 1 次印刷
定　　价	85.00 元

CHINA LEGAL EDUCATION RESEARCH

教育部高等学校法学类专业教学指导委员会
中国政法大学法学教育研究与评估中心　主办

中国法学教育研究
2022年第1辑

主　　编：田士永
执行主编：王超奕

中国政法大学出版社

2022·北京

目 录

CONTENTS

课堂与教学

法律职业

百花园

Curriculum and Teaching

Legal Profession

Spring Garden

习近平考察中国政法大学五周年

Five Years since Xi Jinping Visited China

University of Political Science and Law

共商新时代法学教育 培养高素质法治人才

——新时代法学教育与法治人才培养论坛研讨综述　王超奕　黄　月

共商新时代法学教育
培养高素质法治人才

——新时代法学教育与法治人才培养
论坛研讨综述

◎王超奕* 黄 月**

2022 年 4 月 24 日，中国政法大学建校 70 周年系列活动之"新时代法学教育与法治人才培养论坛"在中国政法大学海淀校区举办。中国政法大学校长马怀德、教育部高等教育司副司长武世兴致辞。开幕式由中国政法大学副校长时建中主持。来自中国人民大学、北京大学、清华大学等全国 50 余所兄弟院校的 150 余名领导专家线上线下参与本次论坛。

论坛主要围绕在习近平法治思想指导下的法治人才培养模式创新、新时代法学教育与法治人才培养的基础性与共性、新时代新文科建设背景下法学教育的人才培

    * 王超奕，中国政法大学法学教育研究与评估中心讲师。
    ** 黄月，中国政法大学比较法学研究院硕士。

养模式、数字时代法治人才培养和创新发展涉外法治人才培养体
系等问题进行了深入探讨。

马怀德首先对与会嘉宾表示了热烈欢迎和衷心感谢。他表
示，2017 年 5 月 3 日习近平总书记考察中国政法大学时就全面依
法治国和法治人才培养发表重要讲话，为新时代法学教育和法治
人才培养提供了根本遵循和行动指南。五年来，为贯彻落实习近
平总书记重要讲话精神，中国政法大学和各兄弟院校开展了一系
列法学教育和法治人才培养的创新改革，推动培养德法兼修、明
法笃行的高素质法治人才，取得了切实成果。马怀德结合我校实
际强调了中国政法大学的办学传统、办学使命和人才培养目标，
指出今后将继续坚持立德树人、德法兼修，培养具有坚定理想信
念、强烈家国情怀、高尚道德情操、扎实法学根底和优异实践能
力的高素质法治人才。马怀德还介绍了我校在新时代法学教育和
法治人才培养方面的探索与实践，包括创新涉外法治人才培养模
式，推动完善学科建设、专业建设、课程建设和教材建设等。

武世兴在开幕致辞中指出："2017 年 5 月 3 日习近平总书记
考察中国政法大学并发表重要讲话，其中指出全面依法治国是一
个系统工程，法治人才培养是其重要组成部分。总书记创造性地
将高等法学教育发展和法治人才培养统一到全面依法治国战略的
语境下论述，揭示了中国特色社会主义法学教育发展的一般规
律"。针对新时代法学教育与法治人才培养，武世兴强调，要着
力做好两大方面的工作。第一，胸怀"国之大者"，找准新时代
法学教育和法治人才培养的新方位。要放在贯彻落实习近平法治
思想、全面推进依法治国的全局中来谋划，要放在积极参与全球
治理体系改革建设、维护国家主权安全和发展利益的大局中来谋

划，要放在构建教育高质量发展体系、推进新文科建设系统中来谋划。第二，推进改革创新，实现新时代法学教育与法治人才培养的新突破。要创新法学教育理念，在法学教育自身发展过程中突破传统理念束缚。要创新教学组织形式，通过知识跨界和专业交叉，打破壁垒，整合资源。要创新课程和教学内容，结合中国法治进程，树立新时代法治人才要求。要创新实习实践，推进法学教育和实践有机融合。论坛共分为两个单元。

一、第一单元，共有二十名与会代表发言，中国政法大学法学院院长焦洪昌主持本单元议程

1. 中国人民大学副校长王轶，发言题目：《以课程体系改革为抓手提升法治人才培养质量》。王轶老师认为，中国的法学教育界其实分享了一个相当重要的共识，这个共识就是课程体系的设计，它在整个法治人才的培养中间，可以说处在极为核心和关键的地位。应当说我们既有的课程体系，对于培养社会主义的法治人才发挥了非常关键性的作用。但毋庸讳言，我们要看到它的不足，如果对我们现在的课程体系做一个梳理，就会发现总体来讲我们的课程体系主要重视的是两个侧面的内容，其中一个侧面是法学知识的传授。但事实上我们现在的课程体系中，着重向学生讲授的是法律技术中间的司法技术。尽管围绕着中国的法学教育，其究竟是素质教育还是职业教育一直都有争论，但从课程体系来讲的话，偏重职业教育的色彩是相当浓厚的。在从事法律实务工作或者法学研究过程中，我们所遇到的问题主要是事实判断、价值判断、解释选择、包含立法技术和司法技术的法律技术等类型的问题。对这些问题的最终回应，严格来讲靠的不是知识

和技术，靠的是取向和偏好。

2. 武汉大学副校长周叶中，发言题目：《新时代法学教育与人才培养必须统一好两大属性》。周叶中老师认为，必须把政治性和业务性有机统一，贯穿新时代法学教育与法治人才培养全过程。第一，坚持以习近平法治思想为根本遵循，习近平法治思想是马克思主义法治理论与中国法治实践相结合、与中华优秀法治文明相结合的产物，是新时代全面依法治国的根本遵循；第二，摆正法学教育与法治人才培养理念，从政治性和业务性相统一的角度出发；第三，建设高素质法学教师队伍，坚持教育者先受教育，把牢教师队伍政治观；第四，完善法学人才培养体系。

3. 吉林大学副校长蔡立东，发言题目：《新时代法学教育的中国法治实践面向》。蔡立东老师认为，法学教育和法治人才培养要根植实践，深耕法理，拥抱科技。首先，法学学科体系建设对于法治人才培养至关重要，中国法学是理论洞见的产物，但只有以中国的法律和法治实践，作为我们提出理论问题、做出理论总结的根据，才能发展中国的法学。其次，法学教育和法治人才培养要深耕法理，没有正确的法治理论引领，就不可能有正确的法治实践。中国法学要加强法治及其相关领域基础性问题的研究，对复杂现实进行深入分析，做出科学总结，提炼规律性认识，为完善中国特色社会主义法治体系、建设社会主义法治国家提供理论支撑。最后，法学教育和法治人才也要拥抱现代科技，信息技术、数字技术、生命技术将人类生活带入了全新的领域，人类的交往方式也步入了全新的模式，也推动着人类由工商时代的法治技术向信息时代的法治技术演进。总之，中国的法学教育和法治人才培养要做到：根植实践，深耕法理，拥抱科技。

4. 清华大学法学院院长申卫星，发言题目：《习近平法治思想与法治人才培养模式创新》。申卫星老师表示，总书记对于法学教育未来发展需要改变的地方有三个方向：一是法学与其他学科的交叉融合不够；二是强调了法学对于新兴的社会问题的回应的能力不足；三是希望打破体制的壁垒，正确处理好知识性教学和实践性教学之间的关系。法学教育改革立足的基点有三点：第一，立足于国内；第二，面向国际；第三，时代的发展。所以清华大学法学院经过认真的思考提出来法学人才培养的三个面向：其一，面向国内的全面依法治国，要培养卓越法治人才；其二，面向国际，要培养能够通晓治理规则的涉外法制人才；其三，面向时代发展特别是信息科技的创新，我们培养计算法学的人才。

5. 北京大学法学院副院长车浩，发言题目：《北大法学教育改革的探索》。车浩老师介绍了北大法学院的改革成果，指出改革可以归纳为一个中心，两种模式，三个课堂，两个共同体。一个中心是以教学的"供给侧改革"为中心，这些年的改革重点落在了教学产品的供给方面：提供好的课程，提供好的师资。改革模式大体上可以总结成两种模式，就是增量改革和存量改革。增量改革是创设一些新的课程，而且重点培育树立这些课程的标杆效果。存量改革主要是说对现有的课程体系、旧课的改造，从各个方面去进行激励，使得老师能在盘活现有课程的基础上，使现有课程的质量实现普遍的提升。三个课堂，第一课堂主要是教学改革其实就是围绕现行的教学体制下有学分的正式的课程，通过增量和存量两个方面的改革来推进第一课堂的教学质量。第二课堂主要是开展读书会的建设。第三课堂主要是本科生的导师制度。另外就是两个教学共同体的建设，一个是校内的教学共同体，另一个是北大的元培学院。车浩老师最后总结经验：检验的标准，是看学生是否受益，而不是其他外在的称号。

6. 中华女子学院党委书记李明舜，发言题目：《注意克服高素质法治人才培养中的两个盲区》。李明舜老师指出，高素质的法治人才，必须要树立新时代的家庭观。首先，高素质法治人才的培养，必须在家、校、社协同当中来完成。同时高素质法治人才的法治意识，也有利于从家庭中形成的规矩意识打下的基础。因为家庭它是我们社会融合保留和传递价值观的首要媒介，所以我们高素质的法治人才不能缺了家庭视角，特别是新时代家庭观的树立。其次，从实现法律的公平公正来看，不可缺乏家庭视角。再一个就是高素质法治人才应当具有男女平等的意识。总之，新时代高素质的法治人才在其培养的过程当中，家庭视角和性别平等的意识是不可或缺的。

7. 中南财经政法大学副校长刘仁山，发言题目：《涉外法治人才培养》。刘仁山老师讲了三个问题：第一个问题是涉外法制人才培养的紧迫性问题；第二个问题是有关涉外法制人才培养的专业属性问题；第三个问题是涉外法制人才培养模式的创新问题。其一，2018 年宪法修正案明确将推进推动构建人类命运共同体写进宪法的修正案中，这对整个中国的法学教育，包括对涉外法制人才的培养，应该说提出了一系列新的命题、新的任务；其二，十九大报告明确提出，中国特色社会主义进入到新的时代；其三，十四五规划和 2035 年的远景规划。

8. 西北政法大学副校长王健，发言题目：《论建立统一法治人才培养体系之必要》。王健老师分析了建立统一法治人才培养体系的必要性。中国法学教育存在很多的问题，如果从组织管理的角度来讲，最突出的问题是不统一。领导组织实施法学教育的多个管理部门，并没有一个专门的统筹协调组织机构，承担法学教育的机构在隶属关系上分属于不同领域。无论从历史还是从现实以及从发达国家的经验来看，强化政法部门对于法学教育的指导和管理，是我国当前学校、法学院改革发展的当务之急。为此，王健老师提出了四个意见，第一个意见是在中央全面依法治国委员会之下，设立国家法律职业与法学教育委员会，统一领导法律职业国家法律职业资格制度的实施和全国法学教育工作；第二个意见是将原来下放在地方的这三个政法大学收归中央，作为全面贯彻落实中央法治人才培养和国家法治工作队伍建设各项任务试点工作的一个抓手；第三个意见是调整司法部的职责岗位设置和人员编制，赋予其完整的法学教育的组织指导职能；第四个意见是加大经费投入力度，极大改善和提升全国主要法学院校的办学条件。

9. 辽宁大学副校长杨松，发言题目：《数字时代的法治人才培养》。杨松老师从三个方面分析了数字时代的法治人才培养的主要问题。第一，数字时代法学教育面临的挑战；第二，法学教育如何回应数字时代的要求；第三，数字化带来了法学教育服务领域的拓展。面对这样的问题，首先，要在法学教育理念上进行更新；其次，要注意到法律教育主体教育者和受教育者之间的互助性是增强的；最后，教育的模式出现了扁平化、平台化和跨国化。那么在这种情况下，我们要看到法学教育的理念、主体的跨界参与和人才培养方式的转变以及教学方法的革新，这些应该是数字化带给我们法学教育本身的改变，所以我们在回应的时候就要从提升学科地位、完善学科体系、调整专业结构、改进教学方法的角度，全方位地回应数字化带来的挑战。

10. 广东外语外贸大学党委书记、校长石佑启，发言题目：《新时代涉外法治人才培养》。石佑启老师从另外一个角度，就新时代社会法制人才培养发表了看法。一是做好顶层设计，增强涉外法制人才培养的系统性；二是夯实涉外法制人才培养依托的学科平台，建议将国际法学科设置为一级学科支持，有条件的高校开设国际法学本科专业，为社会法制人才培养提供平台支撑；三是实施一校一策，引导社会法治人才培养的特色发展；四是多渠道提供筹措涉外法制人才培养的经费，以保障社会法制人才培养事业的可持续发展。

11. 安徽大学副校长程雁雷，发言题目：《以习近平法治思想为指引努力培养更多高素质法治后备人才》。程雁雷老师结合习近平法治思想和学校法学教育，谈了四点体会，主要表现为四个聚焦。一是聚焦立德树人德法兼修，特别是对法学专业课程的思政建设，把习近平法治思想的核心要义有机地融合、融入每一门法学专业课程的教学改革当中；二是聚焦现实需要，推进实践育人的长效机制；三是聚焦长三角一体化发展的法治协同，主动服务国家和区域的重大发展战略；四是聚焦科技创新。安徽大学作为一个地方性的综合性大学，对法学教育守正创新的同时也在不断探索。

12. 江西财经大学校长邓辉，发言题目：《LED（法律·经济·数字）复合型数字经济法治人才培养模式的探索与实践》。邓辉老师介绍了江西财经大学的 LED 型复合型法治人才培养模式，LED 指的是法律、经济和数字这三个元素，而这一模式有五个方面的特色：一是形成了 LED 复合型法制人才培养模式；二是提出了 LED 复合法治人才培养的具体目标；三是构建了一个法学专业群；四是我们正在建设一批支撑性的教育教学资源库；五是关于知行合一的德育训练问题。LED 复合型法制人才的模式的形成经历了四个阶段：第一阶段是按照传统的法律职业的法治人才的培养模式进行人才培养；第二阶段是面向经济主战场，形成 L 加 E 型的商务法制人才培养模式；第三阶段是开展法律经济复合的 LE 型的法制人才的培养；第四阶段是进入到法律经济数据复合的 LED 型法治人才的培养阶段。但有些部分还停留在想法的阶段，还要进一步做深做实。

13. 海南大学党委常务副书记王崇敏教授，发言题目：《关于涉海法律人才培养的思考》。王崇敏老师谈了涉海法律人才培养的一些初步的思考。国家的需求就是办学人努力的方向，国家海洋强国的战略和"一带一路"建设，需要涉海法律人才。海洋关系到中华民族的生存空间和发展的空间，要重视涉海法律人才的培养。具体的推动工作，要本硕博一体谋划、一体推进，包括本科、硕士、博士在内完整的培养层次，都应该覆盖。在本科层面上，就是要尽快增加海法的普及性教学，在硕士跟博士层面上要增设海法的二级学科。即使做不到陆海法的统筹，最起码要在陆法体系之外，建议增加海法的一些课程和研究生研究的方向，作为增设学科的一个替代。

14. 甘肃政法大学党委副书记、校长李玉基，发言题目：《西部涉外法治人才培养面临的困境及出路》。李玉基老师讲了三个方面的问题，第一，西部高校社会法制人才培养面临的困境；第二，西部法治社会法律人才培养的师资相对来讲比较短缺；第三，西部法制人才的培养地位还不是很准确。解决路径一是国家要加紧加大对于西部社会法治人才培养的政策的支持，希望国家能从大局出发，从教育资源公平的分布的全局出发，给予西部高校社会法制人才培养更多的政策的支持；二是加强师资队伍的建设，尤其是要加强对国际法、国别法等涉外法治教学，特别是对一些小语种的教师的培养；三是要创新涉外法治人才的培养模式；四是要改革社会法制人才的教学模式；五是要有课程创新。

15. 大连海事大学副校长、法学院院长初北平，发言题目：《新时代海洋法治学交叉学科设立的思考与实践》。初北平老师谈了新时代海洋法治交叉学科设立的思考与实践。对国家而言，新时期和国际国内的形势，都对我国海洋法制能力的建设提出了新要求。但是目前我们法学学科部门法的这种体系，对海洋法治人才的培养还是有制约。高校当中海洋法制的相关的课程开设略显不足、学生培养特色化不足。所以未来建设的重点，一是师资交叉模式以及学科的归属；二是优化设置二级学科方向；三是科学规划课程体系。任何一个院校如果着力于海洋法制人才的培养，恐怕都面临这几个工作的重点。

16. 上海政法学院副院长郑少华，发言题目：《新时代"以司法为中心"的高素质法治人才的培养》。郑少华老师分析了四个方面，一是以司法为导向的高素质是法制人才培养的基底，培养的体制机制的设计，应当以司法为导向；二是为什么要以司法为导向。实际上只要是法治人才的培养，就是要以司法为导向的；三是如何以司法为导向，这是一个培养平台的问题，是能不能实现旋转门制度；四是以司法导向的上海政法学院的一个实践。

17. 天津大学法学院院长孙佑海，发言题目：《贯彻新时代法治人才培养规划造就德法兼修高水平法治人才》。孙佑海老师表示，首先培养新时代法学人才的背景，时代背景主要有三个方面，一是迈入新时代中国法治建设的新目标，对法学教育提出了新要求；二是"一带一路"建设等海外利益的保护，对法学教育提出了新挑战；三是中美关系的变化。其次中央要求提出培养新时代法治人才的愿景，一个是总体要求，另一个是指导思想，所以要以习近平新时代中国特色社会主义思想为指导，贯彻党的教育方针，遵循两个规律。最后要明确培养目标就是德法兼修优秀人才。

18. 中央财经大学法学院院长尹飞，发言题目：《财经领域卓越法治人才培养的若干思考》。尹飞老师分享了对新时代财经领域卓越法人才培养的一些思考。全面推进依法治国，重点、难点、攻坚点在于财经领域的法制化和在财经领域实现法治。法治化的财经领域，对于我法治人才会有着更加旺盛的需求。在法治人才培养这方面，需要坚持思政教育和专业教育的有机融合，另外对经济领域的一些基本知识可能要进行交叉的联系。实体、程序的融汇，理论、实务的贯通，国内、涉外的统筹，预防纠纷解决能力并重是基本路径，知识结构强调法经交叉，培养方式强调理论和实务贯通。

19. 暨南大学法学院/知识产权学院院长朱义坤，发言题目：《"一国两制"法治人才培养体系》。朱义坤老师就两制的法制人才培养，提出三个观点。第一个观点是一国两制法制人才应当成为中国法治人才体系当中的一个有机组成部分；第二个观点是一国两制的法制人才应当加强人文素养；第三个观点是要更系统地让我们港澳台侨的学生掌握港澳的法律知识和法律体系。今后还可以做更多尝试，建立与港澳合作的机制。

20. 贵州大学法学院院长冷传莉，发言题目：《以习近平法治思想引领新时代法治人才培养》。冷传莉老师指出，在当前新的社会形势与要求下，法学教育要坚持两个方面的牢固不动摇，才能够有效完成法律人专业教育与品格教育。一是坚持法学教育当中的根本规律不能动摇，其就是要注重完整系统的法学知识体系的养成教育；二是要坐牢坐实道德引领教育。法学教育当中天然的具有贯彻思政教育或者德育教育的先天优势，我们完全不需要刻意的生搬硬套，因为法律本身就是公平正义的象征与载体，法律当中的一些基本价值观念与理念，十分有助于促进法律知识与价值引领的同频共振。做教师的要善于通过法教义学式的概念解读、条文示意、案例呈现，推进到对法律职业人操守的要求和法治中国整体发展的国家的高度。避免将思政教育变成空洞的说教，要探索能够撼动人心的教育内容与教学的方法。

二、第二单元由两个分论坛组成，分论坛一由中国人民公安大学法学院院长李玉华主持

1. 武汉大学法学院院长冯果，发言题目：《四维并进着力培养国际竞胜任力的涉外法治人才》。冯果老师谈了一些有关涉外法治人才的初步的探索和实践。在国际胜任力这一块，首先，要从学科、专业建设角度去展开。其次，进行法学课程体系的改革。师资队伍这一块也要不断地进行开拓，项目要扎实开展，在硕士间建立学生互换机制。现在的重点是开拓学生的实训环节，逐步地推进涉外法治人才培养基地的建设，开展有关的国际组织实训。这其中还存在困惑，但是通过踏实的努力，目标会逐步实现。

2. 山东大学法学院院长周长军，发言题目：《新时代新法科人才培养的思考与探索》。周长军老师谈了在新法科人才培养方面的最近的一些思考和探索。新时代新法科人才培养需要注意的：一是法学专业培养的法科人才，要能够积极地服务国家涉外法制的需求；二是新法科和人才培养的过程或者是探索过程中，每一个学校每一个地域，或者每一个法学院系都有他自己的特点，操作层面上要突出大家的优势；三是在模式上要彰显特色，每一个院校根据对自己的定位总结，在新法科人才培养模式上，要做出自己的有特色的一些探索和贡献。

3. 中国政法大学刑事司法学院院长刘艳红，发言题目：《从学科交叉到交叉学科：新时代法学教育与法治人才培养》。刘艳红老师指出，法学学科的交叉到交叉学科，这绝不是文字的游戏和概念的问题，而是实实在在的学科发展的一个趋势和方向。事实上交叉学科除了是一个独立的学科门类之外，它需要有自己独立的课程体系，还有人才规模以及人才培养的体系和理念。因此未来各个法学院校任务是非常重的，因为目前来说大家都没有人来做，也没有人来关注，更没有人来研究交叉学科的内涵是什么、外延是什么、演变的规律是什么、建设的机制是什么，这些其实都是缺乏统一认识的。现在开始到未来，将从学科交叉转向交叉学科，各高校要真正打造符合各个院校自己学科特点的交叉学科。

4. 厦门大学法学院院长宋方青，发言题目：《新时代复合型立法人才培养的模式创新》。宋方青老师指出，第一，全面依法治国需要高素质复合型立法人才，这也是新时代完善和发展中国特色社会主义制度，推进国家治理体系和治理能力现代化的迫切要求，也是法学院必须承担的历史使命；第二，立法职业共同体需要学科体系支撑，建构与完善立法学科体系、学术体系和话语体系是推进立法职业共同体建设的基础工程，其中建构和完善中国特色立法学科体系，又是建构和完善立法学术体系和话语体系的重要前提；第三，立法教育需要改变传统的法学教育模式，科学立法、民主立法、依法立法是法治体系的前提和基础，法治是国家治理的基本方法，其为国家治理注入了良法的基本价值，提供了创新机制。

5. 中国政法大学法律硕士学院院长许身健，发言题目：《实践教学改革与法硕专业人才培养》。许身健老师认为，当下面临着专业教育发展的一个契机，就是教育部、国家发展改革委、财政部有这样的一个意见：要大力发展专业研究生教育。因此，法律硕士培养目标就是要立足立德树人的根本任务，培养德才兼备的法硕人才，建构一个知识传授、能力培养、价值塑造三位一体的目标。知识传授其实就是法律思维；能力培养的话，就是独立像法律人一样做事；价值塑造，就是职业伦理这方面的价值。未来改革的方向应该进一步深化，落实一体化的培养方案。

6. 南京大学法学院院长叶金强，发言题目：《法律职业能力培养模式之检讨》。叶金强老师认为职业培养需要做一些调整。法学教育培养的就是实践型人才，理论研究人才需求是非常小的。这么多年培养了那么多的法学硕士，大批是在实践部门并且做得非常好的。因此，要培养实践能力。首先，教师设定的具有实践经验；其次，实践教学和训练课程到位；最后，学位论文强调实践性，包括可以用案例分析研究报告、专项调查的形式来完成学位论文。

7.婚姻法学研究会副会长、黑龙江大学法学院教授王歌雅，发言题目：《法学教育与数字教学资源运用》。王歌雅老师谈了谈黑龙江大学的发展情况。伴随网络的发达，数字教学资源日渐丰富，法学的数字教学资源也日益丰盈，法学数字教学资源的运用可以拓展延展我们的法学教学空间。黑龙江大学所有的法学学科基本上都有网络课程，不仅有民法学，也有民法总论、物权法、合同法，有人格权法、婚姻家庭法、继承法，还有侵权责任，这些课程模式有的是面对于本科生的，而有些是以讲座的模式面对于研究生的教学。这些丰富的数字教学资源对于提升我们的教育效果是非常有益的。我们的最终的目的是要加强国际的交流，要打造国家的品牌。

8.南京师范大学法学院院长方乐，发言题目：《以习近平法治思想为指导培养高素质法治人才》。方乐老师指出，在新时代法治人才培养过程中，如何开展好法学专业课程思政的建设，是法治人才培养的一个重要抓手。要将课程思政全面融入法学教育，实际上对课程教学的资源储备、课程教学的方法创新、课程教学的模式这三个方面都提出了很高的要求。第一个方面就是在课程教学资源的储备上，其中主要紧抓两个大的方面，一是习近平新时代中国特色社会主义思想；二是要把党的十八大以来，我国法治建设领域中的生动实践以及法治中国建设的重大成就，以经验素材、案例分析、课后思考题等多种形式融入课堂教学之中。第二个方面就是在课程教学的方法上，主要是五个方面，第一，要以四点为标准来开展课程思政教学系统的设计；第二，要以三位一体为导向来修订课程教学大纲；第三，要建立高质量以生为本的第一思政课堂。第三个方面就是在教学的模式上，要视举同步，以视举同步为抓手。还要平衡好线下课程建设和以学生为中心的教学模式之间的复杂性关系。

9. 河北大学法学院院长陈玉忠，发言题目：《法治人才培养中的课程思政建设》。陈玉忠老师认为法治人才培养中的课程思政建设是通过将思想政治教育融入专业课程教学和改革的各个方面各个环节，实现立德树人、润物无声。课程思政建设应当第一，坚持正确的政治导向；第二，坚持立德一课；第三，坚持人文立课；第四，必须要坚持价值引领。法学专业课程思政建设应当遵循以下路径。第一，要以习近平法治思想为统领；第二，要注重学生法治思维的培养；第三，要强化学生法律职业伦理的培养；第四，要强化法治实践的熏陶。课堂教学固然可以间接地增强学生的法律实践经验，参与法学实践，实际上也是培养学生的良好的法律职业素养的重要途径。

10. 北京交通大学法学院院长李巍涛，发言题目：《北交大法治人才"一体两翼"分类培养探索与实践》。李巍涛老师表示，不管是在法律圈内，还是从一个社会化的角度来看，其实法学这个专业或者法治人才培养的目标，它不再是专属于司法领域的，而成为一个全社会性需求非常广泛的一种事业。如何应对新形势？我们学校在谈法学教育的时候，一方面兼顾传统的法学学科的构成，另一方面不能脱离自己的所属的一个专有的领域，否则会事倍功半。在整个的有特色的人才培养的过程当中，要认清自己的优势和短板分别是什么。通常意义上，必修课等构成法科人才培养的主体，两翼是在新时代的背景之下对新的变化的应对。

11. 浙江师范大学法政学院副院长吴卡，发言题目：《关于推进"一带一路"区域国别法治人才培养的思考》。吴卡老师从

"一带一路"区域国别法治人才培养的背景、意义、现状、不足与展望等方面分享了推进区域国别法治人才培养的思考。第一，区域国别法治人才培养是"一带一路"建设从"大写意"转向精耕细作"工笔画"，对我国涉外法治人才培养工作进一步走深走实的迫切需要与必然要求；第二，区域国别法治人才培养还处于艰难爬坡阶段，尚存在明显的能力短板、制约瓶颈和条件弱项；第三，习近平法治思想所体现的"系统性法治观"和"整体性治理观"，是推进区域国别法治人才培养的基本遵循；第四，区域国别法治人才培养，需大视野谋划，推进全球性布局，高目标定位，推进高水平建设，强措施推进，推进高质量培养。第五，就具体措施而言，应政治为先，推进知识传授与价值引领的有机统一；语言为基，在跨学科人才培养中突出国别语言和法律的地位；学术为根，夯实学术研究的育人基础；实践为重，多方参与推进人才共育共享；合作为要，内外发力推进人才培养；传播为继，增强人才的国际传播能力。

12. 中南财经政法大学法学院副院长李俊，发言题目：《推动构建人类命运共同体为导向的新时代法治人才培养》。李俊老师表示，以人类命运共同体为导向的一流本科人才培养，应以全面培育、分类培养为基础，将综合素养和专业技能相结合。将法学教育与新时代的需求相结合，不仅要将德法兼修与实践育人相结合，还应当强化学科教学课程和教材的互促互进，系统开展蕴含中国理论和时代特征的法学专业建设。以构建人类命运共同体为价值引领，不断创新人才培养方法。中南财经政法大学在法学本科教育中做出了一系列的改革，产生了六大转变：从片面的专业技术育人，向法学教育和思政教育深度融合的培养模式的转变；

从传统的学科知识体系向回应时代需求、契合人类命运共同价值
的知识体系的转变；从就法论法单纯的知识传授，到围绕中国问
题进行本土阐释的课堂教学导向的转变；从教和学的单线并行，
向立足全球视野的转变；向开展理论和实践相结合的研习型互动
型的课程教学体系的转变；从滞后于时代发展的教材，过渡到服
务于人类命运共同体的教材体系的转变。

三、分论坛二由中央财经大学法学院院长尹飞主持。

1. 中国政法大学国际法学院院长孔庆江，发言题目：《涉外
法治人才培养的法大之路》。孔庆江老师认为涉外法治人才培养
存在明显短板，因此提出建议：一是坚持德法兼修，涉外法治人
才培养要以德为先，注重培养学生的理想信念、家国情怀和道德
品行；二是加强协同合作，不断创新涉外法治人才培养模式，建
议教育部联合相关部门制定高素质涉外法治人才培养的长远规
划，针对涉外法治人才培养的短板，不断创新培养模式和培养体
系，培养出一大批德法兼修、明法笃行的高素质涉外法治人才；
三是优化课程体系，补齐涉外法治人才的知识短板，在夯实法科
学生法学基础理论的基础上，建立跨学科人才培养模式，培养复
合型、应用型、创新型、国际型法治人才。中国政法大学关于涉
外法治人才培养的一些改革创新措施目前也还在探索当中，留待
以后观察。

2. 华东政法大学文伯书院院长王晓骊，发言题目：《思考与
探索："新文科"视野下的卓越法治人才培养》。王晓骊老师从从
新文科到新法科华政的探索、反思与展望分享了新文科视野下的
卓越法治人才培养的思考与探索。第一，从新文科到新法科，加

快文科教育创新发展，是提升综合实力、坚定文化自信、培养时代新人、建设高等教育强国的需要；第二，华东政法大学从 2016 年开始启动书院制教育改革，打造卓越法治人才培养的共同体；第三，反思博与专的关系。理性思维和感性体悟的互济，专业教育和通识教育的融通，自我发展与社会竞争的平衡，以及短期效果和长期效应的结合，都是在新文科、新法科建设当中需要去直接面对的问题。

3. 西南政法大学教务处处长王怀勇，发言题目：《守正创新，持续推进涉外法治人才培养》。王怀勇老师介绍了西南政法大学在涉外法治人才培养方面所做的一些工作。第一，以忠诚担当为引领，培养了一心为国的坚定的捍卫者；第二，是以精准定位为靶向，培养了五个面向的专业法律人，聚焦海外利益保护、国际人权斗争、"一带一路"倡议、涉外争端解决的区域法治建设等五个面向；第三，以科学施策为保障，培养"德知行人"的卓越践行者；第四，以协同创新为抓手，培养融通复合的规则贡献者。

4. 华南理工大学法学院院长蒋悟真，发言题目：《理工类大学法治人才培养的机遇与挑战》。蒋悟真老师就法学人才培养发表了自己的看法。第一，多注重培养学生们的人文情怀；第二，加强法务实践，为学生们尽可能多的实践机会；第三，加强师资队伍的建设，吸纳高素质人才；第四，真正实现课程改革，法治人才的培养需要极高的时间和精力成本，学校不仅要投入大量资源，学生的家庭也要提供一些支持；第五，教学模式改革，比如学习国外的案例教学。

5. 中国社会科学院大学法学院副院长苗鸣宇，发言题目：

《数字法治时代的法学实践教育新探索》。苗鸣宇老师从细节着手谈法治人才培养。法学人才的实践能力的培养是一个循序渐进的过程。法学院在其中扮演的角色非常重要，是外面的机构无法替代的。但是目前法学院并未能很好地发挥全部作用，第一，师资，没有增量，存量减少；第二，现在的实践教育会受到法律规定的限制，比如无法公民代理；第三，法院、检察院存在时间安排不适合的问题；第四，资源分配也是一个现实的问题。

6. 辽宁大学法学院院长闫海，发言题目：《基于供需均衡的新法科人才培养机制创新研究》。闫海老师认为对于法治人才培养，一定要去了解和掌握新时代我们的法治国家建设以及我们的人才需求何在。实际上在目前的教育体制下，已经关注到了复合型的法治人才培养要求，最典型的就是在法律学科设置中，法律硕士存在着非法学这样的一个类型。在疫情背景下，也大规模地去招收法学的第二学士学位。可以说这两个都是用于培养复合型法治人才。但是坦率讲，实践效果不好。这要求高校在法学和其他学科之间要真正地能够开出交叉融合的课程。

7. 首都经济贸易大学法学院院长张世君，发言题目：《新时代法学专业课程思政建设的几点思考》。张世君老师认为，应当在整个专业建设的框架下推进课程思政建设，思想要融入价值目标、核心素养、人才培养方案、课程体系等。课程思政是在专业授课过程中自然融入一些元素。课程思政虽然依托专业课程，但是绝对不能把专业课变成思政课。课程思政是一个新的课题，还在建设当中，希望以后能对这种问题经常交流。

8. 北京工商大学法学院副院长陈敦，发言题目：《数字经济时代金融法治人才培养的探索与思考》。陈敦认为，金融法治人才的需求越来越大。金融法治人才的培养，对于健全金融法治，保障国家的金融安全，促进金融和经济的良性循环、健康发展至关重要。金融法治人才培养也对法学教育提出挑战。法学界应该积极地回应金融法治人才培养需求，从体制机制、课程体系、实践教学方面推动金融法律人才的培养。具体而言，可以加强金融法的中国特殊方面的学习和研究。其次将法学学科和数字经济结合，形成数字金融的交叉融合。

9. 中央民族大学法学院副院长宋玲，发言题目：《"东西协同服务民族事务治理法治化"卓越法治人才培养模式改革与实践》。宋玲对中央民族大学法学院的人才培养工作进行介绍和总结。学校立足于本身的特色和优势，整合东部和西部的法学教育的资源，形成了自己的一些特点。人才培养模式以服务民族事务治理法治化作为核心。在这样的一个理念的指导之下，学校主要采取了东西协同的举措。形成了一条主线，两个协同，三项交叉的培养模式。综合来看，学校在立足西部，汇集民族事务治理法治化的经验的同时，也很好的服务了首都地区的法治建设，推动国家与民族地区发展相关的一些政策的出台和一些工作的规范化，也有不少成果。

10. 北京联合大学应用文理学院法律系主任、法学专业负责人王平，发言题目：《以专业建设为抓手，提升人才培养质量》。王平老师从四个方面介绍了法学专业发展的研究的定位，以及深化专业综合改革的措施。北京联合大学的专业建设积累时间比较长，成功搭建了面向地方的综合性法律服务，提供了法律咨询、诉前调解，等等。根据北京市的需要，也开发了一些和北京有关的文化、法治建设课程，积极参与法治建设。第一，在人才培养理念上，坚持立德树人，德法兼修；第二，强调学科专业融合；第三，培养创新能力；第四，强调老师责任等。

11. 北京第二外国语学院法学教研室主任韩阳，发言题目：《我校法学教育中的外语优势》。韩阳老师介绍了学校培养复合型外语人才的优势。并强调法学目前主要集中在本科阶段的培养。涉外法治人才的培养的关键并不在于语言，而在于文化，所以应当加大本科生阶段英文专业课程的设置。本校老师的英文专业课或者双语课程实际上没有很大的效果。法学的培养其实是一种法律思维的培养，又是一种初步技能的培养，是多元化文化价值和事业的打开。精英院校可以集中力量提供技能培训和法律知识传授，非精英院校就进行一定分量的实务技能培训。这些都能做出特色和效果。

12. 中国政法大学法学教育研究与评估中心副主任刘坤轮，发言题目：《三阶递进实践前置——德法兼修法治人才培养的中国方案》。刘坤轮老师认为大家需要关注一下新的双一流评选，尤其是涉外法治要形成新的专业认证。落实到任务上来，本科教育必须重视实践。法学是法学人才培养的第一种方法，高校是法学教育的基本阵地。现在法学教育已经进入大众化阶段，在这个过程中，高校的教育角色也要发生转变。高校可以直接建立一个法制人才培养的体系，但是终身教育呢？究竟是需求导向还是归化导向？所以应当构建新时代法学教学的全面工程，践行中国特色社会主义理论，推动中国特色社会主义的繁荣发展。

与会嘉宾共同探讨分享对于法学教育和法治人才培养的理解。闭幕式由中国政法大学研究生院常务副院长卢春龙主持，中国政法大学刑事司法学院院长刘艳红作总结发言。贯彻落实习近平总书记考察中国政法大学发表重要讲话精神的重要举措，也是迎接我校建校 70 周年的重要活动之一，为创新发展新时代法学教育提供了共商共享的平台，有力推动了法学高等教育更好地履行法治人才培养的使命。

法学教育

Legal Education

论人工智能法学教育的现实问题与完善方案

◎李宗辉*

摘　要：国务院印发的《新一代人工智能发展规划》和教育部印发的《高等学校人工智能创新行动计划》都提出要培养"人工智能+法律"的复合型人才。当下我国的人工智能法学教育尽管取得了一定的成就，但仍存在知识和课程体系模糊不清、能力培养不够充分、师资生源匮乏和教育评价机制障碍较多等现实问题。完善人工智能法学教育，需要全面考量作为法治工具和法律规制对象的人工智能性质，在处理好一般法理

　　* 李宗辉，北京大学法学博士，南京航空航天大学人文与社会科学学院副研究员，南京航空航天大学网络与人工智能法治研究院副院长，知识产权研究咨询中心主任，中国通信学会网络空间安全战略与法律委员会委员，江苏省大数据与人工智能法学研究会副会长，江苏省互联网与信息法学研究会常务理事，江苏省法学教育研究会理事。主要研究方向：知识产权法。主持国家社科、司法部课题各一项，出版专著两部，在《人民日报》《中国法学（英文版）》《现代法学》《知识产权》《电子知识产权》等刊物上发表学术论文 60 余篇，参与编写数部知识产权法学教材和工具书。

与具体问题、实体论与方法论关系的基础上廓清人工智能法学的知识体系；保障人工智能法学教育的硬件、软件和数据等充分外部条件；培养学生的智能沟通交流、数据挖掘处理、知识图谱构建和业务流程管理等各项人工智能法律实践能力；消除师资生源匮乏问题和教育评价机制障碍。

关键词：人工智能　法学教育　人工智能法学　法律人工智能技术

　　2017 年，国务院印发的《新一代人工智能发展规划》（以下简称《规划》）中指出："人工智能发展的不确定性带来新挑战。人工智能是影响面广的颠覆性技术，可能带来……冲击法律……等问题，将对政府管理、经济安全和社会稳定乃至全球治理产生深远影响。在大力发展人工智能的同时，必须高度重视可能带来的安全风险挑战，加强前瞻预防与约束引导，最大限度降低风险，确保人工智能安全、可靠、可控发展。"因此，《规划》强调要"重视复合型人才培养，重点培养……掌握'人工智能+'……法律等的横向复合型人才"。2018 年，教育部印发的《高等学校人工智能创新行动计划》也提出要完善学科布局，"加强人工智能与……法学……等相关学科的交叉融合"。在这种背景下，近年来我国的人工智能法学教育逐渐兴起，理论上也有不少相关研究，这些都为我国人工智能法律人才的培养进行了有益的探索，并积累了一定的经验。但是，现有实践探索还处于初级阶段，现有研究也往往限于教学观念、教学内容和教学方法等的探讨，本文将从人工智能法学教育的具体需求出发，对当下我国人工智能法学教育的现实问题进行深入分析，进而提出契合实践的、可行的完善方案。

一、人工智能法学教育的现实问题

（一）知识与课程体系模糊不清

我国法学教育界目前尚没有就人工智能法学的内涵和外延达成共识。2017 年以来，我国先后有数十家高校成立了人工智能法学相关的教育或研究机构。其中既包括传统的法学优势院校，也包括在计算机和通信等学科领域具有特色的院校，还包括一些实力强劲的综合性大学。除了西南政法大学和上海政法学院成立的是教学科研一体的"人工智能法学院"以外，其他高校基本成立的都是科研机构。代表性的有中国人民大学未来法治研究院、北京大学法律人工智能实验室和法律人工智能研究中心、清华大学智能法治研究院、中国政法大学法学院大数据和人工智能法律研究中心、华东政法大学人工智能与大数据指数研究院、东南大学法律大数据与人工智能实验室、湖南大学大数据—人工智能与司法管理研究中心、天津大学中国智慧法治研究院、重庆邮电大学数据信息与人工智能法律研究中心等。然而，这些人工智能法学教学和科研机构的广泛设立并没有能够奠定人工智能法学教育的坚实基础，大家所关注的重点并不完全相同，未能形成统一的基本范畴和体系。正如有学者所指出的，目前我国的人工智能法学还存在着领域名称不统一、领域内涵不清和学科归属不明等显著问题。[1]

从形式上看，人工智能法学教育知识体系模糊不清的明显体

----

〔1〕 刘艳红：《人工智能法学的"时代三问"》，载《东方法学》2021 年第 5 期，第 33 页。

现是权威教材的相对稀缺。法学教材是根据特定法学学科或领域的教学目的和教学任务所编写的，体现该学科或领域基本概念、原理和知识，并能指导教学实践的各种资料的总称。"法学教材作为体现法学专业教学内容和教学方法的知识载体，是教学体系所必须具备的实质性因素，是进行教学的基本工具，在整个法学教育体系中占有重要地位。"[1] 作为因新兴技术和业态所产生的法学领域，虽然人工智能法学的研究还缺乏像传统部门法学那样足够的历史积淀和成熟体系，并且仍然处于一种快速的变迁当中，但这恰恰更说明了通过教材向学生揭示相关基本问题、理论观点争议和有限实践探索的必要性。不仅如此，随着教学过程的推进而不断更新人工智能法学教材，还可以及时梳理总结各国人工智能发展的战略规划、政策导向、立法动态和所面对的新的法律挑战，使学生在全局和前沿视野下独立思考相关法律问题，为人工智能法治体系的建设提供智力支持，并在智能社会生活中将所学理论付诸实践。从实质上看，人工智能法学教育知识体系模糊不清主要体现在法学理论界和教育界对人工智能的法律主体资格、人工智能的行为和法律责任、人工智能伦理规范的法律化、人工智能与法律方法、人工智能在法律治理体系中的作用等一般理论问题，以及人工智能与传统法律部门、新兴法律领域之间的具体交集缺乏全面的梳理和整合，相关研究呈现个别化和碎片化的状态，难以为体系化的知识传授提供支撑。人工智能法学教育知识体系模糊不清，也导致了科学完整课程体系的缺乏。[2]

---

〔1〕 阙明旗：《试论法学教材质量评价标准》，载《中国法学教育研究》2015 年第 2 期，第 64 页。

〔2〕 赵艳红：《人工智能背景下法学高等教育的改革》，载《北京航空航天大学学报（社会科学版）》2020 年第 5 期，第 157~158 页。

(二) 法律实践能力培养有所欠缺

除了新的知识和课程以外，人工智能法学教育的核心要义应当是相关法律实践能力的培养。概括来说，一方面，人力有时而穷，机器却不知疲倦，人工智能可以实现人类所无法完成的海量数据处理工作，给法律人提供统计概率和经验主义的决策参考。另一方面，法律人可以将思考和处理问题的重心放在涉及人的理性、意向、自由、情感以及伦理、价值判断等人工智能所无法真正感知和理解的部分。正因为如此，法律人工智能技术的学习、掌握和应用已经成为法律职业界的共识。例如，根据 2020 年牛津法律技术调查的结果，90%的英国律师认为自己需要在此后三年内接受某些人工智能和数字技术的培训。其中，60%的英国律师赞同或者强烈赞同律师需要熟悉多种非法律技术专业，如数据科学、项目管理和设计思维。最常见的培训需求是：①数据分析（71%）；②使用 AI 提出的法律问题（65%）；③受访者雇主使用的软件包（61%）；④使用带来的道德问题（48%）；⑤数字能力（45%）；⑥创新技术（44%）。[1] 借助于数据分析技术，律师可以更好地完成合同审查、诉讼、法律研究以及并购尽职调查等工作。

人工智能在法律人尤其是律师与其服务对象的沟通过程中也发挥着越来越重要的作用，也促使法律人不得不重视这种转变所带来的职业影响。例如，美国律师协会伦理委员会就指出，如今，律师以电子方式与客户定期沟通，保密信息存储在各种移动设备以及律师事务所或第三方的云服务器上，可以随时随地访

---

[1] Václav Janeček, "Rebecca Williams and Ewart Keep, Education for the Provision of Technologically Enhanced Legal Services", *Computer Law & Security Review*, Vol. 40, April 2021, p. 4.

问。这带来了成本和便利性方面的优势，但也对数据安全和律师保守客户秘密的职业伦理带来了新的挑战。因此，美国律师协会修订了其《职业行为示范规则》1.1 的注释 8，要求律师不仅通过及时跟进法律保持竞争力，而且在"与相关技术的惠益和风险"判断中也应如此。[1] 智能通信工具还有助于建构、组织和支持为完成特定法律工作如在线法律诊所、在线法律谈判、在线庭审、在线仲裁等所需的交流。

就现阶段而言，我国人工智能法学教育对学生的上述智能沟通交流能力、协调组织合作能力、数据挖掘分析能力以及更进一步的知识图谱构建能力等的培养，还欠缺全面性、系统性和实效性。

（三）师资生源匮乏和教育评价机制障碍

教育归根结底是以人为中心的。任何教育领域的发展都应当有足以胜任的教师和可以塑造的学生，并且能够在一种和谐互动的师生关系中实现教学相长、共同进步。就人工智能法学教育而言，最理想的师资力量是具有计算机科学与法学专业复合知识背景、并长期致力于法学理论研究和实践教学的人才。然而，我国目前符合上述要求的法学教师可谓是凤毛麟角。人工智能法学教育同样要求学生兼具计算机、数学、神经科学或生物遗传学等学科和法学学科的基础知识。在现行法学教育体系下，非法本法律硕士是最适合的培养目标群体。但是，就现实的情况来看，具有上述相关学科知识背景的非法本法律硕士所占比例仍然较为有限。除少数开设知识产权本科专业的院校外，法学本科学生则都

---

〔1〕 Alyson Carrel, "Legal Intelligence Through Artificial Intelligence Requires Emotional Intelligence: A New Competency Model for the 21st Century Legal Professional", *Georgia State University Law Review*, Vol. 35, Issue 4, 2019, pp. 1158–1159.

没有采取分专业培养的模式，所以也不适合作为人工智能法学教育的主要培养对象。

相较于师资和生源问题，人工智能法学教育还面临着更为关键的教育评价机制障碍。其中，较为根本性的障碍是，在目前的学科划分体系下，人工智能法科学生只能取得法学学位，但这显然只符合一部分学生的心理预期和职业规划。那些以法律人工智能技术的应用为主要学习内容和职业发展方向的学生本质上仍然属于工程技术人才，他们更希望获得计算机学科的学位。与此密切相连的问题是，人工智能法科学生的毕业论文/设计如何评价以及师生平时的学术成果如何认定。由于人工智能法学学术共同体和相应的学术标准尚未形成，将上述成果分别交给法学或计算机学科领域的专家进行评审是目前最常见的操作，而不少专家可能会因为学科视野、思维定势和知识偏见无法给出全面准确的评价。

二、人工智能法学教育现实问题的产生原因

（一）知识与课程体系模糊不清的原因

除了各高校对人工智能法学教育仍处于探索阶段以及所关注的重点存在差异以外，人工智能法学教育的知识与课程体系模糊不清的主要原因，是人工智能学科的交叉复合性及其应用领域的广阔多元性。

人工智能本身即是非常复杂的交叉学科领域。在理论层面，人工智能的基础涉及哲学、数学、经济学、神经科学、心理学、计算机工程、控制论和语言学等多个学科领域。在技术层面，人工智能的关键技术包括机器学习、知识图谱、计算机视觉、生物

特征识别、人机交互等。其中，机器学习又分为符号学派、联结学派、进化学派、贝叶斯学派和类推学派等不同的流派。[1] 在架构上，人工智能从下往上包括基础设施层、算法层、技术层和应用层，比较成熟的应用领域包括金融、安防、交通、医疗和游戏等。[2] 因此，人工智能法学教育必须能够明确不同理论主导下的人工智能科学研究与法学理论之间的联系，具体人工智能技术对法律所调整社会关系的影响，以及特定领域的人工智能应用实践对法律规则适用所带来的挑战等。

　　人工智能的应用更是广泛融入了当下社会生产生活的诸多领域，此种经济基础和法律调整对象的深刻变革对法学知识体系影响巨大，学生只有不断加强人工智能常用知识和技术原理的学习，才能在具体问题的法律分析之前全面清楚地了解其事实部分。早在 20 世纪 80 年代，随着计算机软件在财务、管理等领域的应用，一些西方大学的法学教育就开始挖掘算法与税法、福利法、雇佣法等法律之间基于"冗余法则"所建立的紧密联系，并构建法律规则表达的流程图和逻辑树，从而教导学生对他们所做法律决定的正当理由进行公开详细的论证。[3] 此后，软件、人工智能和互联网与知识产权法、竞争法、合同法、侵权法、金融法和刑法等传统法律部门以及电子商务法、网络安全法、数据保护法等新兴法律领域之间的联系日益密切。正如有学者指出的，专门学习软件和互联网法的意义，不仅在于它涉及诸多将不同类

---

〔1〕 ［美］佩德罗·多明戈斯：《终极算法：机器学习和人工智能如何重塑世界》，黄芳萍译，中信出版社 2017 年版，第 65~67 页。

〔2〕 腾讯研究院、中国信通院互联网法律研究中心：《人工智能：国家人工智能战略行动抓手》，中国人民大学出版社 2017 年版，第 24 页。

〔3〕 Edward Bryn Pugh, "Computer Assisted Learning in Legal Education", *Yearbook of Law Computers and Technology*, Vol. 2 , 1986, pp. 135-141.

型法律适用于计算机、软件或互联网的案例，而且在于它所提出的根本问题，即在应对由计算机软件和互联网带来的挑战时，现有法律所做的调整是否充分和适当。[1] 同样的道理也适合人工智能与法律的复合学习。

（二）法律实践能力培养乏力的原因

首先，与知识和课程体系模糊不清类似，目前理论上尚未对人工智能法律实践能力进行科学的总结、分类、抽象和凝练。具体而言，关于人工智能作为法治辅助工具的教育和研究仍然较多停留在形而上和宏观层面，对于不同流派人工智能的科学技术原理及其与法律实践之间的内在联系，例如，符号逻辑与法律思维培养的契合、机器学习与法律信息处理的契合以及遗传算法与法律优化适用的契合等，缺乏细致和深入的挖掘。

其次，对多数高校来说，提供在存储空间和算力上能够满足人工智能法学教育需求、给所有学生应用的计算机硬件设施还存在一定的困难。软件方面的问题固然没有硬件那么严重，我国实践中已经存在不少法律人工智能系统，但它们大多是法律科技公司面向市场或者司法机关面向实务所开发的，高校法学教育并没有获得接入使用或者深入了解已在应用中的法律智能系统或软件的渠道。例如，上海的"206"刑事案件智能辅助办案系统、北京的"睿法官"智能研判系统以及河北法院的"智慧审判支持系统"等，依托法律规则、案例裁判库和语义分析模型，结合大数据的云计算和机器学习，为法官的类案类判和公平裁判等提供了

---

〔1〕 ［美］马克·A. 莱姆利等：《软件与互联网法（上）》，张韬略译，商务印书馆 2014 年版，第 1~2 页。

智能化的信息推送和审判指引,[1] 但是人工智能法学教育却没有应用和了解这些智能司法系统的机会。最高人民法院的数字网络服务平台"法信"和无讼的"法小淘"等法律人工智能产品也需要付费注册为会员才可以使用其完整的功能。在这种情况下,学生就无法真切感受司法实践中的人工智能技术应用情况,难以准确把握自己所需具备的技术能力和未来努力的方向。因此,人工智能法学教育所需的软件系统仍有待不断开发和推广应用。

最后,需要输入人工智能系统进行分析的法律数据同样存在的一定的欠缺。我国虽然已经建立了"国家法律法规数据库"和"中国裁判文书网",使人工智能法学学习的基础文本数据得到了重要保障,但案件证据材料中所涉及的图片、音频、视频等数据以及与案件相关的行为、环境等其他数据则缺乏合法收集和取得的渠道。

(三)师资生源匮乏和教育评价机制存在障碍的原因

人工智能法学教育的师资匮乏是由人工智能法学研究的历史和我国法学学术共同体的人员现状所决定的。一方面,人工智能法学研究大约于 20 世纪 70 年代在美国揭开序幕,当时占主导地位的仍然是符号主义人工智能及作为其代表性应用的专家系统。受其影响,20 世纪 90 年代我国也曾有零星的法律专家系统的开发。[2] 但是,由于符号主义人工智能的没落和各类专家系统应用并未能取得预期的巨大成功,所以当时的人工智能法学研究在国内外都未能形成有力的影响。直到 2016 年 AlphaGo 横空出世以

---

〔1〕 中国新兴法律服务产业研究中心:《2018 中国新兴法律服务业发展报告》,第 230 页。

〔2〕 赵廷光:《论知识经济与法律信息资源的开发利用——开发〈法学系列专家系统〉的可行性研究报告》,载《现代法学》1998 年第 3 期,第 7 页。

后引发了人们对新一代人工智能技术的关注，人工智能法学的研究才重新成为热点。另一方面，长期以来，我国的法学学术共同体都遵循的是传统部门法学的研究范式，领域法学的兴起不过是近十多年的事情，能够良好地掌握某一领域法学的知识、思维和方法并将其熟练应用于法学教育当中的研究者确实并不多见。具体到人工智能法学教育领域，在传统法学教育和研究范式中成长起来的法学教师固然可以通过自我学习拓展人工智能法学知识，但若要以此为基础去进行体系化的课程教学，乃至起到"传道授业解惑"的作用，则显然大多会处于力所不逮的状态。[1]

人工智能法学教育的生源匮乏主要是因为我们在整体上对法律硕士尤其是非法本法律硕士培养缺乏类型化和有针对性的模式设计，故而难以吸引和招收具有相关本科专业知识背景的学生。首先，在招生考试中，我国实行的是法律硕士全国统一联考制度，并没有赋予各院校根据其特色方向进行专业课单独命题的权力。其次，当下的非法本法律硕士培养往往过于追求"大而全"的通识性课程教学，试图弥补他们在法学基本理论知识方面的缺陷，但客观上却导致了难以培养某一特色领域如人工智能法律领域的实务人才。最后，非法本法律硕士的教育也未能从用人单位的实践需求和学生本科阶段的知识背景出发，培养出真正的复合型人才。[2]

从宏观上看，人工智能法学教育评价机制的障碍部分是因为我们有关"新文科"教育改革的顶层设计和实践方案还有待深入

〔1〕 纵博：《人工智能时代的法学教育发展方向》，载《西安电子科技大学学报（社会科学版）》2019年第2期，第63页。
〔2〕 郑春燕、王友建：《非法本法律硕士培养模式的体系性再造》，载《研究生教育研究》2020年第5期，第39页。

和细化落实，部分则是因为一门新的交叉学科和专业领域的培养体系和评价标准的形成需要一段时期的酝酿，是相关学科的教育科研人员在协作教学、专题讨论、实证调研的基础上相互理解和融合，进而达成共识的结果。2021 年，教育部办公厅发布《关于新文科研究与改革实践项目指南》中就包括了"综合运用大数据、人工智能等信息技术对经管法专业在人才培养理念、模式、内容及手段进行升级改造的'经管法领域新文科建设实践'项目"，由此也可以看出，我国人工智能法学教育的评价机制目前仍处于实践探索阶段。从微观上看，人工智能法学教育评价机制的障碍还可能来自于学科评估中院系设置与学科交叉的矛盾。[1]例如，在人工智能学院与法学院联合进行人工智能法律硕士研究生的培养时，其人才培养和科学研究的成果应当归入哪一学科就会产生争议。

三、人工智能法学教育的完善方案

面对人工智能法学教育的上述现实问题，我们需要廓清人工智能法学的知识和课程体系，积极创造人工智能法学教育发展所需的各类条件，全面梳理并培养学生相关的法律实践能力，促进人工智能法学教育的不断发展完善。

（一）人工智能法学知识和课程体系的廓清

人工智能法学知识体系在整体上应当包括人工智能法律挑战的合理应对和法律治理智能工具的有效应用两大部分。但是，两者并非是截然分开、各自独立的，而是相互交织、彼此融合的。

---

〔1〕 管翠中、范爱红、曾晓牧：《学科评估中院系设置与学科交叉的矛盾与对策——以清华大学土木工程学科为例》，载《大学图书馆学报》2019 年第 6 期，第85～88 页。

智能法律工具的应用不当损害当事人权益或者社会公共利益的情形，就构成人工智能所提出的法律挑战之一；而在应对经济社会生活中人工智能所带来的其他法律挑战时，使用法律治理的智能辅助工具也是较为常见的选择。在整体协调、辩证统一的思路之下，人工智能法学知识体系的廓清还应当处理好一般法理与具体问题、实体论与方法论之间的关系。

人工智能的一般法理主要涉及人工智能的法律地位界定、法律责任承担和伦理规范法律化问题。人工智能的法律地位界定即人工智能是法律上的主体还是客体，其特殊性如何处理的问题。人工智能的法律责任承担即由谁来承担以及如何来承担人工智能侵权和其他违法行为的责任问题。人工智能伦理规范的法律化是指基于安全、可靠、合理、可预见和可控等要求而构建和发展的人工智能设计伦理规范和技术标准体系应如何在法律上予以确认或吸收。[1] 这三者之间也是密切联系在一起的，人工智能是否具有法律主体资格就决定了其能否独立承担法律责任，而我们从人工智能伦理规范中也可以推知现阶段法律对人工智能自主行为的可接受性程度。[2] 显然，对于人工智能一般法理的思考和教学已经不是单纯的法学和计算机科学理论所能解决的问题，而必须合理借鉴哲学、伦理学、经济学、社会学、心理学等多学科的研究成果。

人工智能具体法律问题的理论构建则有两条可供选择的路径。一条路径是在传统法律部门的框架下研究如何解释和回应人

---

〔1〕 刘蓓：《论 AI 与法学教育耦合赋能的动因、范式及进路》，载《法学教育研究》2020 年第 3 期，第 15 页。

〔2〕 ［意］乌戈·帕加罗：《谁为机器人的行为负责？》，张卉林、王黎黎译，上海人民出版社 2018 年版，第 15~16 页。

工智能带来的挑战，即概括总结与人工智能相关的民法、刑法、行政法、经济法、社会法和程序法问题及理论。在这方面，我国已经有刑法学者做了十分有益的尝试。[1] 另一条路径是将人工智能法学视为独特的领域法学，围绕着其在经济社会生活中已经引发的法律问题展开理论探讨，例如人脸等生物特征识别及个人信息保护问题、数据财产权保护与不正当竞争规制问题、智能合约与区块链金融问题、无人驾驶和机器人侵权问题、人工智能与网络安全问题、人工智能生成物的知识产权保护与侵权问题等。从人工智能法学教育的角度来看，前一条路径能够在不改变现有法学教育体系和模式的情况下增加人工智能法学的理论内容，但教学往往可能浅尝辄止、难以深入；后一条路径更加聚焦于专门的人工智能法学问题，但对教学团队、教学内容和教学方法都提出了更高的要求。从人工智能法学教材编写和课程体系建构的角度来说，两条路径都值得尝试，不过后一条路径应当是未来发展的主要方向。[2]

在实体性法律问题和理论之外，为人工智能法学教育而廓清的知识体系还应当重点关注方法论问题，即人工智能与法律方法的结合及应用。首先，法学教育需要研究人工智能与法律形式逻辑、法律语用逻辑、法律价值逻辑、法律论证逻辑、法律认知逻辑之间的多种结合方式，以及此类结合所形成的更加系统的法律智能逻辑形态。[3] 在梳理总结人工智能法律逻辑相关理论的基

---

〔1〕 刘宪权：《人工智能：刑法的时代挑战》，上海人民出版社 2018 年版，第 3~16 页。

〔2〕 周婧：《人工智能法学人才的培养模式》，载《高等教育评论》2019 年第 2 期，第 32~33 页。

〔3〕 吕玉赞、焦宝乾：《法律逻辑的拓展研究——以新兴交叉学科为背景》，载《上海政法学院学报（法治论丛）》2019 年第 1 期，第 29~30 页。

础上，通过具体的智能法律推理模型向学生演示人工智能在法律推理、法律论证中的作用和缺陷，是该部分法学教育的中心。[1]其次，法学教育需要阐明模拟神经网络的人工智能如何通过机器学习进行法律大数据的检索、收集、抽取、分析、聚类和处理，此种大数据分析所获得的概率统计结果与法律人单纯通过思维演绎推理所获结果之间的一致性和差异性如何，以及如何看待人工智能大数据处理结果可解释性较弱的问题。最后，人工智能法学教育需要揭示基于遗传算法的人工智能如何预测和评价人们在各种法律情境下的行为，以及从适应社会生态环境及其进化的角度来看，人工智能如何辅助进行最佳决策或行动。进一步而言，人工智能法学教育还应当说明每一人工智能流派内部不同法律人工智能技术/工具的差异，以及不同流派人工智能在法治实践中相互融合、综合应用的情况。

对应于上述框架结构、基本内容大致清晰的知识体系，人工智能法学教育的课程体系应当具有基础性、综合性、实践性和前沿性等特点。在这方面，斯坦福大学"人类中心人工智能研究院"开设的课程可以提供借鉴和参考的思路。该研究院开设了包括《人工智能：原理和技术》《人工智能哲学》《理论神经科学》《设计人工智能》《设计机器学习：多学科路径》《机器学习和因果推断》《互动和体验式学习》《现代应用统计：数据挖掘》《计算机视觉：基础和应用》《计算机视觉和艺术图像分析》《人工智能中的好奇心》《人工智能与法治：全球视角》《数字技术与法律》《数据政治：算法文化、大数据和信息垃圾》《人工智能的经

[1] Eric Allen Engle, "An Introduction to Artificial Intelligence and Legal Reasoning: Using xTalk to Model the Alien Tort Claims Act and Torture Victim Protection Act", *Richmond Journal of Law & Technology*, Vol. 11, Issue 1, 2004, pp. 1-37.

济影响》《前沿技术：理解并为下一代经济中的技术做好准备》
《数字文化的兴起》《数字文明社会》《计算机、伦理和公共政
策》《为社会公益的人工智能》《设计人工智能以培育人类福利》
《机器人伦理》《伦理、公共政策和技术变迁》《医疗保健领域的
人工智能》《疾病诊断和信息建议人工智能》《数据科学和应对新
冠肺炎的人工智能》《新冠肺炎的数据驱动建模》《建筑工程行业
的人工智能应用》《人工智能与行为主义艺术》等在内的数十门
课程，[1] 为学生从法律、政治、技术、哲学、经济、文化、伦
理和社会的多元视角全景式了解人工智能的作用和影响奠定了坚
实的基础。

（二）人工智能法律实践能力的系统培养

人工智能法学知识中的方法论体系直接与学生的法律思维训
练相关，而为了使人工智能法学教育更具有针对性和实用性，我
们有必要对更进一步的相关法律实践能力进行完整的梳理，从而
确定行之有效的具体培养方案。

人工智能法学教育需要培养学生的第一项法律实践能力是数
字化智能化沟通能力，即借助智能工具以在线方式与当事人及相
关各方主体进行交流、协商和谈判等的能力。数字化智能化沟通
既是很多法律实践活动的开始，也贯穿于这些法律实践活动的全
过程。其与当面的商谈、对话和讨论等有很多不同之处，无论是
议题的拟定、证据的收集和固定、会议备忘录的形成、法律行动
方案的确定和调整等专业问题，还是对交流或谈判对象的情绪表
现和主观感受的观察和判断、对法律纠纷或法律事件背后现实原
因的了解等相关问题。此项能力的培养可以与传统的法律援助、

---

〔1〕 载斯坦福官网：https://hai.stanford.edu/，最后访问日期：2021 年 9 月 16 日。

法律诊所等传统法学教育中的实践形式相结合，让学生体会到人工智能所带来的便利和挑战，同时认识到人工智能所能从事替代性法律工作的相对有限性，尤其是在与人的交流互动上仍然要依靠法律人自身的理论素养和经验积累。[1]

人工智能法学教育需要培养学生的第二项法律实践能力是文本数据挖掘处理能力，即应用甚至开发各种智能工具，对法律文本和法律数据中所需元素进行深入挖掘以及对有关规律进行概括统计的能力。立法、执法和司法等规范性文本在法学学习和法律实践中的重要意义不言而喻。通过学习和应用相应的人工智能技术，法科学生应当能够进行个案处理或法学研究中相关法律规范的完整检索和体系解释，以及获得类案处理结果的全面统计和影响因素分析。对于规范性文本以外的法律大数据，如图片、音频、视频等案件证据材料，以及构成法律事实或影响法律关系变动的其他数据，法学教育更需要培养学生应用人工智能对其进行知识表示、机器学习和分析处理的能力。[2] 法律文本数据挖掘处理能力事实上是数据采集、数据预处理、数据存储与管理、数据分析、数据展示等大数据处理全流程中每一阶段的能力在法律领域的具体体现，包括高效采集足量数据的能力，数据清理、集成、归约和转换能力，安全合理存储与管理数据的能力，保障数据分析之可用性、价值性和准确性的能力，以及有效展示人工智能数据处理结果的能力。[3] 法律文本数据挖掘处理能力对证据

---

[1] David I. C. Thomson, "How Online Learning Can Help Address Three Persistent Problems in Legal Education", *Syracuse Law Review*, Vol. 70, No. 1, 2020, p. 184.

[2] Kate Galloway, "A Rationale and Framework for Digital Literacies in Legal Education", *Legal Education Review*, Vol. 27, 2017, p. 126.

[3] 陆泉、张良韬：《处理流程视角下的大数据技术发展现状与趋势》，载《信息资源管理学报》2017 年第 4 期，第 17~28 页。

收集、尽职调查、法律检索、合同审查、裁判预测和实证研究等
法律实践工作都有积极的帮助和促进作用。例如，哈佛大学法学
院就建立了"基于 Web 创建、编辑、组织、消费和共享开放课程
资料的平台" H2O。[1]

　　人工智能法学教育需要培养学生的第三项法律实践能力，是
知识图谱构建应用能力，即按一定分类标准，将法律规则和数据
"本体化""符号化""代码化"，赋予它们各自的"属性—值"，
进而构建一个由多种分层逻辑模型组成、便于进行证据推理和法
律适用之整体知识框架的能力。[2] 知识图谱构建应用能力不仅
在适用现有法律规则进行逻辑推理和问题解决的司法程序中大有
作为，而且有助于合同起草、章程拟定乃至立法创制等更富有
"创造力"的法律工作的完成。更为具体地来看，知识图谱可以
在法学教育的以下情形中进行构建和应用：首先，对单部立法文
本以及跨文本进行语义逻辑分析，帮助学生深入了解在字面阅读
过程中可能忽视的法律规范之间的关系，以及发现潜在的可能影
响法律实施的逻辑矛盾和冲突。其次，基于规则或案例集设计假
定的法律难题，其中可能包含多个分支，让学生运用多种基本逻
辑推理方法进行"问题求解"，从中不断发现自己的错误并纠正
思考的方向，直到他们熟悉相关法律的适用模式。再次，"通过
从口头辩论记录中图解性地重建假设推理的例子，帮助学生学习
假设辩论的过程"，[3] 综合培养学生的理论创新、逻辑思维、口

----

〔1〕　Marcus Smith, "Integrating Technology in Contemporary Legal Education", *The Law Teacher*, 2019, p. 4.

〔2〕　周江洪：《智能司法的发展与法学教育的未来》，载《中国大学教学》2019
年第 6 期，第 36 页。

〔3〕　Pearl Goldman, "Legal Education and Technology III: An Annotated Bibliography", *Law Library Journal*, Vol. 111, No. 3, 2019, p. 370.

头表达和临场应变能力。最后，构建关于特定领域法律知识和问题解决方案的知识图谱，可以根据学生的能力和水平进行个性化调整，从而循序渐进地取得因材施教的效果。学生利用此类智能系统解决法律案件时即可以了解和掌握：①什么事件、参与者、目的和行为与案件的解决有关；②法律如何将这些事件、行为人、物体和行为分类；③适用哪些法律规则以及为什么；④解决案件所必须使用的各个论证步骤；⑤各个论证步骤的顺序。[1]

人工智能法学教育需要培养学生的第四项法律实践能力是智能化流程管理和团队协作能力，即运用智能工具进行法律工作流程管理，充分发挥团队成员的知识、专业和技能优势，高质量完成各项法律工作任务的能力。从外观上看，绝大部分法律工作无论是诉讼还是非诉事务，都是有固定单元和步骤的程式化工作，一套科学合理的管理体系可以大大提高工作的效率，减少各工作环节的遗漏和失误。除此之外，当下法治实践中遇到的很多问题非常复杂，涉及方方面面的知识和经验，仅凭某一法律领域的专家很难圆满地解决问题，此时通过智能管理系统进行的人力资源整合和分工配合衔接就显得非常重要。例如，英国的斯科特-蒙克夫律师事务所，已经使用计算机化的案例管理系统三十多年，可供其律师在全球各地合作参与执业实践。[2] 在人工智能法学教育中，可以对法律实践中需要集体决策和行动的事项进行有针对性的智能化设计，要求特定的学习者之间合作完成相关事项，并对合作的结果进行智能评估。例如，自 1999 年开始，麦吉尔

---

〔1〕　Georges Span, "LITES: An Intelligent Tutoring System Shell for Legal Education", *International Yearbook of Law Computers and Technology*, Vol. 8, 1994, pp. 103-114.

〔2〕　Ann Thanaraj, "Making the Case for a Digital Lawyering Framework in Legal Education", *International Review of Law*, No. 3, 2017, p. 5.

大学法学院教授理查德·詹达发起了"卓越中心远程学习网络"项目，该项目的"商业组织法"课程要求三种形式的在线合作实践：起草合伙协议、并购以及回应并购意图。这些合作实践应用WebCT1.3 版本软件完成。学生对该课程在商业组织章程起草技能和团队合作能力学习效果方面都给予了极高的评分。[1]

为了较好地培养学生的上述人工智能法律实践能力，我们必须解决外部条件不足的问题。具体来说，在计算机和人工智能学科具有一定优势的高校可以加强专门的硬件和软件技术开发，并使其与学校购买版权的数据库资源全面深度结合，便于开展法学相关课程的机器学习和实践教学。自身在人工智能硬件、软件研发方面缺乏足够实力的高校则可以通过与法律人工智能技术公司签订许可使用合同或者委托开发合同的方式，获得所需的针对性较强的定制教学系统和技术。当然，最重要的还在于，进行人工智能法学教育的院校能够获得全面接触立法、司法和执法数据的渠道，以及以适当方式使用目前已经被开发用于国家或地方法治实践之人工智能系统的机会。唯其如此，学生才能既熟练掌握当下的具体法律人工智能技术，又思考和探索其未来的发展和完善方向。

（三）人工智能法学教育的师资生源拓展和评价机制完善

就人工智能法学教育的师资力量建设而言，分别有基于短期需求和长远目标的两条同时发展的路径。从满足短期人工智能法学教育需求的角度来看，由高校内部计算机或人工智能院系与法学院系的教师进行联合教学、共同培养此类复合型人才，是最易

[1] Laura R. Winer, "Computer-Enhanced Collaborative Drafting in Legal Education", *Journal of Legal Education*, Vol. 52, No. 1, 2002, pp. 278-286.

想到、最为常见和最为便捷的教育模式。2018 年，教育部同中央政法委联合印发实施的《关于坚持德法兼修　实施卓越法治人才教育培养计划 2.0 的意见》，其明确指出："鼓励高校组建跨专业、跨学科、跨学院教学团队，整合教学资源，积极探索新型教学模式……实现跨专业的师资交叉、资源共享、协同创新。"域外的很多大学在人工智能法学教育上也主要采用的是此种模式。例如，华盛顿大学的技术政策实验室就是由计算机科学和工程艾伦学院、信息学院和法学院联合发起设立的，旨在消除技术人员与决策者之间的鸿沟，以创制更加智慧、包容的技术政策。人工智能法学教育还可以通过"项目合作"的方式引入实践部门的专家作为临时的师资。例如，斯坦福大学的"法律、科学和技术"法律硕士项目就邀请了在科技领域从事前沿实践的毕业生、位于硅谷核心区域的科技精英、在解决全球经济和文化挑战中扮演突出角色的校友，以及来自世界各地的访问学者、大学教师、律师、企业高管和科学家进行授课。[1] 从长远来看，人工智能法学教育师资力量的建设需要我们加强对具有人工智能和法学复合知识背景的博士及博士后人才的培养，使他们在未来能够成为独当一面的人工智能法学教师。

就合适生源的供给而言，应当允许各高校就非法本法律硕士的招生考试进行专业课单独命题，并围绕人工智能法律领域的实务需求制定科学合理、独特鲜明的培养方案，这样设有"人工智能法学"特色方向硕士学位授权点的法学院系就可以吸引和招收到具有相关知识背景且有主动学习意愿的学生。在未来以学科组

---

〔1〕　龚向前、李寿平：《"法律+科技"复合型高端人才培养的实践与思考》，载《学位与研究生教育》2019 年第 2 期，第 42 页。

为导向的本科招生体制下，也可以考虑对感兴趣、适应能力强的本科生进行"技术+法律"的人工智能法学培养。

打破传统学科分类体系之下的学位授予禁锢和教育评价机制障碍则是人工智能法学教育的当务之急。从学位授予来看，教育部应允许在法学一级学科之下授予载明"人工智能法学"二级学科内容的学位证书，同时允许在人工智能一级学科之下授予载明"法律人工智能"二级学科内容的学位证书。从学术评价标准来看，一方面，人工智能法学教育界应尽快凝聚共识，确定该二级学科的培养目标和培养方案，另一方面，在学位论文以及师生其他学术成果的具体评价上应尤其注意其学科交叉性和实践应用性特点。例如，可以建立学术成果"移送"审查的机制，即当某一专家认为交由其评审的成果内容超出自己的知识结构和理解范围，或者从本学科视角感到较为疑惑时，可以提出移送相关领域专家评审的建议。同时，除学术论文、案例分析、调研报告等传统的法学成果外，软件模型和专利技术等应在人工智能法学教育的评价体系中获得足够的重视。此外，为了避免人工智能与法学学科之间对人才培养和科学研究成果归属的争夺，教育部应当建立交叉学科成果在学科评估中的明确评分规则，各高校也应建立内部的有效协调机制。

四、结语

国务院印发的《新一代人工智能发展规划》中提出，要培养"人工智能+法律"的复合型人才，我国的人工智能法学教育近年来因此而逐渐兴起。但是，法学教育界在追逐这股浪潮的过程中，对人工智能与法律如何有效融合，缺乏足够有深度的思考和体系化的设计。本文分析了当下我国人工智能法学教育存在的知识体系模糊不清、能力培养不够充分、师生匮乏和教育评价机制存在障碍等现实问题及其产生原因，进而提出了系统的完善方案。作为一门交叉学科或者新兴的领域法学，人工智能法学确实可能带有外延模糊等特点。但从法学教育的角度而言，需要大家在碎片化的思考和特色化的发展中凝聚共识，确定其培养目标、培养体系和培养路径。希望本文的浅见可以起到抛砖引玉的作用，引发法学教育界更多的研究和讨论。

涉外法治人才培养的翻译学支撑

——基于视译研究的学术史观察[*]

◎戴嘉佳[**]　许　可[***]

摘　要： 涉外法治人才培养需要翻译学的支撑，视译研究是翻译学的重要内容。通过对视译研究的学术史进行观察，可以发现近年来学者们立足实际，不断创新，形成了一批研究成果。研究的话题焦点从单一到多元，研究方法日益拓展，研究工具日臻丰富，并逐渐出现认知转向、技术转向和实证转向，因此视译研究的总体趋势、研究主题、研究方法等维度值得总结和思考，视译研究未来的发展趋势值得关注。通过回顾和梳理过

[*]　本文是中国政法大学科研创新项目"法庭口译的制度建构及其理论展开"（项目编号：19ZFQ74001）的阶段性成果，受中央高校基本科研业务费专项资金资助。2019年北京市社科基金项目"多语双向跨模态翻译语料库的研制与应用"（项目编号：19YYB011）。

[**]　戴嘉佳，北京外国语大学博士研究生，中国政法大学外国语学院讲师。
[***]　许可，北京邮电大学人文学院讲师。

去三十年多年来视译研究的发展历程，总结其中的亮点、不足并探索未来课题，同时对标国际口译进行研究，可以为新时期视译研究的持续发展贡献力量，为涉外法治人才培养提供翻译学的理论支撑。

关键词：涉外法治人才　视译研究　口译研究　学术史

一、引言

习近平总书记指出："坚持统筹推进国内法治和涉外法治。要加快涉外法治工作战略布局，协调推进国内治理和国际治理，更好维护国家主权、安全、发展利益。"[1] 当前，我国涉外法治人才严重不足，极大限制了涉外法治工作战略布局的落实。大力推进涉外法治人才培养，是加快涉外法治工作战略布局，更好维护国家主权、安全、发展利益的基础性工作。外语是涉外法治人才的基本技能，涉外法治人才培养需要翻译学的支撑。视译研究是翻译学的重要研究内容，本文尝试对视译研究的学术史进行梳理和观察，总结其中的亮点、不足并探索未来课题，同时对标国际口译进行研究，以期为新时期视译研究的持续发展贡献力量，为涉外法治人才培养提供翻译学的支撑。

视译（sight interpreting/sight translation），不仅是一种翻译实践形式以及翻译教学和培训的模块，同时也是翻译实践者、涉外法治人才的基本技能，其重要性不言而喻。自视译研究在国内破题以来，三十余年间收录于国内核心期刊的视译研究相关论文不足五十篇的规模，相较于其他口译模式或笔译研究，视译研究的数量和范畴在国内文献中量小力微。因此，近年来国内学者在视

---

〔1〕　习近平：《论坚持全面依法治国》，中央文献出版社 2020 年版，第 5 页。

译领域不断耕耘和创新，以期深化对视译研究的认识和把握。对一项研究的述评，需要明晰研究对象、研究主题、研究方法及其未来趋势。本文试图通过视译的概念界定、国内视译研究的现状描述、国内外研究的现状比较、国内视译研究的未来演进这四个方面来对国内视译研究的学术图景进行勾勒，以梳理和考察视译研究的学术史。

二、视译概念的界定

概念是研究的基本工具，视译概念也是视译研究的逻辑起点，目前对视译的定义仍缺乏广泛共识，部分视译研究也缺乏对这一核心概念的清晰界定，视译作为一种多重功能性的翻译实践的内涵和本质有待进一步挖掘。[1] 因其性质和工作模式有着不同于交传及同传的特征，被视为口译的基本模式之一，也因视译中存在口译和笔译两种翻译工作形式的重叠，常常也被认为是一种介乎口译和笔译之间的特殊翻译模式。迄今为止，大部分的视译研究并未对视译的定义和变量进行界定，导致存在定义不清、概念混淆的问题。此外，视译的术语目前也存在多重表述，例如"视阅口译""视听口译""视稿口译""有稿同传"等。

在现有研究中，基于不同的视角，主要存在以下几种对视译的定义：一是着眼于信息接收和输出的形式，将其界定为"以书面形式接收源语，以口头形式输出译语"；[2] 二是着眼于口译和

〔1〕 See X. D. Li, "Sight Translation as a Topic in Interpreting Research: Progress, Problems, and Prospects", *Across Language and Cultures* 15, 2014, pp. 67-89.

〔2〕 See S. Lambert, "Shared Attention during Sight Translation, Sight Interpretation and Simultaneous Interpretation", *Meta* 49, 2004, pp. 294-306.

笔译的复合性，将其界定为"口笔译混合体"，[1] 赛莱斯科维奇和勒代雷认为，视译更接近于笔译，是一种以口译形式进行的笔译；三是着眼于同声传译的参照谱系将其界定为"接近同声传译的一种工作方式"，类似于"带稿同传"，其中以赫伯特为最早代表。[2]

　　视译这一关键术语缺乏普适性的定义，可能是由于考察视译模式和视译实践难以脱离某一类特定场景，而视译在不同翻译实践场景或语境中存在内在含义和外在表现的差异，因此难以避免以一隅之见认定道止如此。本文参照王建华[3] 和 Li Xiang-dong[4] 的方法，提出视译定义的关键在于分析视译不同于笔译及其他口译模式的变量，即源语信息接收方式和认知加工的差异，以及不同变量组合体现在视译外在表现形式和功能定位方面的差异。

　　根据源语信息接收方式的不同，视译可分为视听口译（sight interpreting）和视阅口译（sight translation）。前者主要应用在正式国际会议等场景，指的是译员拿着演讲者的发言稿，边听边看边进行传译；后者主要应用在社区口译等场景，指的是译员以阅读方式接收源语信息，例如拿着法律文书或庭审证据，边阅读边

　　〔1〕　R. D. González et al. , *Fundamentals of Court Interpretation: Theory, Policy and Practice*, Durham, Carolina Academic Press, 1991, p. 893. M. Agrifoglio, "Sight Translation and Interpreting: A Comparative Analysis of Constraints and Failures", *Interpreting* 6, 2004, pp. 43-67. B. Dragsted & I. G. Hansen, "Exploring Translation and Interpreting Hybrids. The Case of Sight Translation", *Meta* 54, 2009, pp. 588-604.

　　〔2〕　J. Herbert, *Manuel de l'interprète*, Librarie De L'Universite, 1952. 詹成：《视译教学的原理、步骤及内容》，载《上海翻译》2012 年第 2 期，第 48~50 页。

　　〔3〕　参见王建华：《同声传译中的视译记忆实验研究》，载《中国翻译》2009 年第 6 期，第 25~30 页。

　　〔4〕　See X. D. Li, "Sight Translation as a Topic in Interpreting Research: Progress, Problems, and Prospects", *Across Language and Cultures* 15, 2014, pp. 67-89.

进行现场口译。除了这两类主要应用场景之外，还存在交传中的视听口译（sight interpreting in consecutive interpreting，SI）和交替视译（consecutive sight translation，Consecutive SI）。前者主要应用在外交拜会、学术研讨、商业会谈等场景，指的是译员拿着提前获得的发言稿，等发言人说完一段话后再一边阅读发言稿一边基于所听到的内容进行口译，发言人暂停后译员才开始翻译，发言人和译员交互进行。后者主要应用在双语法庭、口译学习者练习等场景，是指译员自己拿着发言稿，先朗读一段原文，然后再边看边将先前的一段源语信息翻译成译入语，一段源语一段译语交互产出。除了信息输入通道的变量，输入信息被译员接收后所激活的认知加工方式也存在差异，视译可能涉及纯视觉形式的信息加工，如法庭上的书面证据视译，也可能涉及口语表达和视觉形式复合的信息加工，如学术研讨会或国际会议上的带稿同传，见下表 1 所示。

表 1　视译的变量、表现形式和功能定位[1]

认知加工 信息源	纯视觉	口语和视觉复合	表现形式	功能定位
发言人声音+文字稿	无停顿	视听口译	译员能提前获得演讲者的发言稿，现场边听发言人边看发言稿边同步进行传译	视译作为一种交流工具，被应用于正式国际会议等场景。

---

　　[1]　基于王建华和 Li Xiangdong 的研究，本文根据视译的信息来源（发言人声音、译员声音、文字稿）及认知加工方式（纯视觉、视觉听觉复合）两个变量的组合提出四种视译类型，即"视听口译 SI""视阅口译 ST""交传中的视听口译 SI in CI"和"交替视译 Consecutive SI"，并对这四种视译的表现形式和功能定位进行描述。

续表

认知加工信息源	纯视觉	口语和视觉复合	表现形式	功能定位
发言人声音+文字稿	有停顿	交传中的视听口译	译员拿着提前获得的发言稿，等发言人说完一段话后再一边阅读发言稿一边基于所听到的内容进行口译，发言人暂停后译员才开始翻译，发言人和译员交互进行。	视译作为一种交流工具，被应用于外交拜会、学术研讨、商业会谈等场景。
纯文字稿	无停顿	视阅口译	译员以阅读文本方式接收源语信息，例如拿着法律文书、庭审证据、商业合同、医疗诊断书等，边阅读边进行现场口译。	视译作为一种交流工具，被应用于商务谈判、社区口译等场景。
译员人声音+文字稿	有停顿	交替视译	主要应用在双语法庭、口译练习等场景，是指译员自己拿着发言稿，先朗读一段原文，然后再一边看边将先前的一段源语信息翻译成译入语，一段源语一段译语交互产出。	视译作为一种交流工具，被应用于双语法庭等场景，或作为一种翻译教学工具，被应用于口译学员自主练习等场景。

三、国内视译研究的现状

从我国视译研究的总体发文趋势来看，视译研究目前经过萌芽期已进入发展期，如下图1所示。

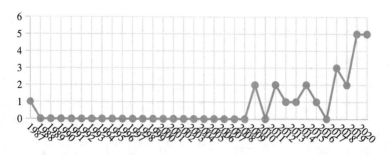

图 1　我国视译研究近四十年核心期刊发文趋势图

1987 年，秦亚青在《外交学院学报》发表了国内首篇视译研究，向国内学者和口译员介绍视译，并结合实例分析视译的译入语语序和视译单位。[1] 但是直到 2000 年，才再有公开发表的视译成果。2000 年至 2008 年是国内视译研究的萌芽期，初期文献量小且主题较为单一。这一时期国内期刊发表的四篇研究论文主要围绕视译教学展开，值得一提的是，香港城市大学郑定欧发表了国内首篇"方言——普通话"视译教学研究。[2] 2009 年至今是国内视译研究的发展期，研究成果逐渐丰硕，这一时期国内期刊上发表了百余篇视译研究论文，核心期刊也刊发四十余篇视译相关研究论文。除了文章数量的快速增长，研究主题、理论框架、研究方法均呈现多元发展态势。主要表现为以下几个特征：

第一，研究主题的新领域日益开拓，视译记忆研究、视译信息加工研究等视译的认知过程研究论文不断涌现。在跨文化、跨民族、跨国界交流呈频繁发展的大背景下，视译被更广泛地运用在国际会议、涉外案件等场景，视译活动的社会文化影响因素研

---

〔1〕　参见秦亚青：《浅谈英中视译》，载《外交学院学报》1987 年第 1 期。

〔2〕　参见郑定欧：《广东话——普通话视译训练》，载《语言文字应用》2001 年第 1 期。

究也被提上日程。

第二，研究的新视角日渐拓展，视译研究的认知转向、技术转向和实证转向为视译研究注入新的灵感和活力，为译员角色和行为、主体性和权力等议题提供了新的分析工具。

第三，研究的新方法和新范式日趋丰富，初见视觉引导范式、眼动跟踪靶域（TD）眼动实验方法等发端于信息科技、心理学的研究方法在视译研究中被逐渐运用。[1]

虽然国内关于视译研究的数量总体呈现增长趋势，但相较于其他的口译形式，视译研究的规模较小，仍然是口译研究中"被忽略的边缘地带"。[2] 下面从研究视角、研究目的和主题、研究方法与策略三个方面进行评介。

（一）研究视角

国内研究者多从认知心理学、心理学语言学、语料库语言学等多重理论视角分析视译问题，例如认知心理学所建构的多维空间互映理论与试译认知能力构成要素及认知机制、认知负荷模型理论关于认知负荷对试译译文质量的影响、口译认知图示理论与视译文本信息提取和加工模式等。

（二）研究目的与主题

从研究目的方面来看，描述性研究、探索性研究、相关性研究、解释性研究是口译研究的主要方法。[3] 目前，国内视译研究多属于描述性研究或解释性研究。在描述性的视译研究中，学

〔1〕　参见郭亚玲、鲁忠义：《视译过程中时间——空间隐喻的具身加工机制》，载《外语教学与研究》2020年第5期。康志峰、连小英：《视译眼动跟踪靶域：注视点与绩效》，载《上海翻译》2020年第1期。
〔2〕　参见马星城：《眼动跟踪技术在视译过程研究中的应用——成果、问题与展望》，载《外国语》2017年第2期。
〔3〕　参见张威：《口译研究的科学方法论》，载《外语学刊》2012年第2期。

者们尝试通过心理、社会、教育、传播等视角，运用实证试验、个案分析、文本剖析、问卷访谈等方法，对视译活动、译员的身份作用、口译效果和质量等进行客观观察和描写，进而寻求普遍规律。而在解释性的视译研究中，不少学者通过交际学、人类学、心理学等理论的运用，结合具体口译活动，解释分析特定场景的口译现象。

表 2　我国核心期刊中视译研究主题分类和数量统计

主　题	话　题	文章数量
视译过程	双语现象（大脑偏侧、主导语言、神经语言、方向性）	3
	同步性（精力分配、停顿、时间滞差、EVS）	0
	理解（语言理解、知识理解）	7
	记忆（存储、处理、工作记忆、长期记忆）	5
	产出（有声停顿、自我纠正、非语言因素）	1
	信息输入变量（视觉/听觉、口音/声调、语速、源语内容的难易程度、信息密度）	6
	策略（面向过程的应对策略、面向产品的交流策略、现场策略、准备策略）	3
视译产品和译员表现	话语（话语类型、场景结构）	1
	源语/译语对比（忠实度、准确性、信息增减等错误、面子）	1
	效果（认知效果、听众评价）	1
	译员角色（角色定位/评价、译员表现、职业性）	3
	质量（评价标准、测量判断、评价模式）	4

续表

主 题	话 题	文章数量
视译教学	课程设置（培养层次、学术/专业型、课程内容）	1
	人才选拔（入学测试、能力测试）	0
	教学[1]（教材、教学）	6
	测试/评估	2
	元学习（继续教育、教师培训、用户培训、研究者训练）	0
视译理论和元研究	研究评述	1
	研究方法	2
	研究趋势	2
	研究视角	1

从研究主题的面向看，结合 Pöchhacker[2] 和王茜、刘和平[3]提出的口译研究主题分类，视译研究主要涵盖了视译过程、视译产品和译员表现、视译教学、视译理论和元这四大类别，如上表 2 所示。

第一大类别：视译过程。视译过程研究涉及视译过程中的深层次加工认知（大脑偏侧、方向性、双语译员的主导语言等）、视译认知与训练的关系、认知负荷对译文质量的影响等相关研

―――――

〔1〕 国际上，学者们对视译在翻译或口译教学课程内的功能和定位仍有争议，有学者认为视译是口译培训的练习方式或翻译专业（口译方向）入学测试的一项考试科目，而非翻译或口译教学课程体系内的一门课程。

〔2〕 See Pöchhacker, F., *Introducing Interpreting Studies Second Edition*, London, Routledge, 2016.

〔3〕 参见王茜、刘和平：《2004—2013 中国口译研究的发展与走向》，载《上海翻译》2015 年第 1 期。

究；此外，视译的过程研究还涉及快速阅读、理解大意、按意群断句、顺次表达、协调产出、自我监控等环节，[1] 以及顺句驱动等口译策略和定语从句、长句拆分等笔译中常用的翻译策略是否适用于视译并促进译语产出的探讨。[2] 近年来，视译过程研究发展快速，这主要归因于研究者和译员对口译过程更深入理解的渴求，以及研究设计、研究方法和数据收集方法的不断改进。[3]

第二大类别：视译产品和译员表现。视译产品研究包括视译效果（听众评价）、视译质量（源语/译语对比、非流利度/流利度）、译员表现等。

第三大类别：视译教学。视译教学研究主要关注教材编写、教学及课程、训练及训练模式、能力及形成性评估（formative assessment）。在教学实践中，视译常被视为交替传译和同声传译的预备技巧训练，视译训练也被认为对其他口译模式起到辅助或促进作用，因而视译教学研究反映教学需求，探究视译课程在口译课程体系中的必要性及其定位、视译与笔译或口译的差异及教学模式转换、视译技巧向笔译、交传、同传训练的迁移等话题。[4]

第四大类别：视译理论和元研究。有学者通过综述考察视译

---

〔1〕 参见万宏瑜：《基于形成性评估的口译教师反馈——以视译教学为例》，载《中国翻译》2013 年第 4 期。

〔2〕 参见马星城：《眼动跟踪技术在视译过程研究中的应用——成果、问题与展望》，载《外国语》2017 年第 2 期。

〔3〕 参见冯佳、王克非：《探悉翻译过程的新视窗：键盘记录和眼动追踪》，载《中国翻译》2016 年第 1 期。

〔4〕 参见许晖：《视译在交替传译教学中的应用研究》，载《海外英语》2019 年第 22 期；王畅：《论视译在同传教学中对译语语速和翻译质量的影响》，载《现代交际》2016 年第 24 期；代红：《视译与笔译的差异及教学模式转换》，载《湖北函授大学学报》2018 年第 14 期。

研究型论文的研究方法、研究趋势和研究视角，[1] 也有学者尝试把认知诗学的图示理论引入视译文本加工研究，拓宽了视译研究的方法。[2]

从主题的面向看，与同时期国际视译研究相比，视译理论和元研究、视译产品的话语和语境分析、视译效果的听众评价、视译元学习（继续教育、教师培训、用户培训、研究者训练）、视译过程中的同步性（精力分配、停顿、时间滞差、EVS）、视译教学中的选拔性测试和课程设置等话题尚存在许多空白有待进一步挖掘。从语对关系的面向看，研究主要关注英汉语对，对汉语与其他非英语通用语种、小语种或方言语对关注较少。此外，目前国内关于视译研究也旁涉了一些新主题，比如方向性对视译流利度的影响、时空隐喻、视译认知加工模式、最大依存距离对口译流利度的影响等，但仍未形成足够的研究规模和影响力。

2006 年至 2007 年是我国翻译教育的里程碑之年，翻译本科和翻译硕士专业获准设立，口译研究进入蓬勃发展阶段。[3] 与国内其他口译研究领域相比，虽然视译研究从数量上看未能趁势追赶其他翻译和口笔译研究领域，但此阶段的视译研究在方法和视角层面，印证了同一时期国际和国内口译研究的认知、技术、实证转向，虽然视译研究的社会转向尚未发生，但从一定程度上说明视译研究的视角正逐渐开阔、方法正逐渐多元。

---

〔1〕　参见邓玮：《国内视译研究 30 年（1987—2016）回顾与反思——基于中国知网（CNKI）的文献计量分析》，载《外国语文》2017 年第 5 期。

〔2〕　参见王建华：《认知图式理论视角下的视译信息加工研究》，载《外国语文》2014 年第 6 期。

〔3〕　W. Ren et al., "A review of 40 years of interpreting research in China（1978-2018）", *Babel* 66, 2022, pp. 1-28.

（三）研究方法与策略

国内关于视译的研究在研究方法层面呈现出不同方法和不同维度的交织与融合。

第一，实证vs非实证：非实证研究是基于思想、思辨或框架，或基于经验的浓缩凝练；而实证研究则以相关理论为前提，以实验、问卷、调研、访谈、案例等为基础，以客观数据、计算或统计分析为佐证。近年来，实证性视译研究比重逐步上升，开始成为视译研究的主要进路。

第二，定量vs定性：根据对数据处理的差异，可分为定量研究（包括问卷调查、标准化采访、结构性观察、实验等）、定性研究（包括非量化观察、直觉与内省、历史研究、个案研究等）、定性与定量综合研究（包括行动研究、比较研究、评价研究等）。[1] 目前国内视译研究多采用定性研究或定性与定量综合研究。

第三，横向vs纵向：根据时间的维度差异，可分为横向研究（共时性描写研究、对比研究）和纵向研究（历时性研究）。除少数教学相关研究，目前国内关于视译的研究几乎均为侧重共时性和对比性的横向研究。

第四，新方法vs老方法：一些学者也开始利用眼动技术客观记录语言加工活动中的认知负荷、阅读模式、文本干扰、翻译策略、视译速效等，从心理认知视角揭示视译的认知过程，促进了视译研究的理论深度。

我国视译研究在研究方法层面，与国际视译研究范式和路径相比，可进一步改进研究方法，突出问题意识，结合实践需求、

---

[1]　参见张威：《口译研究的科学方法论意识》，载《外语学刊》2012年第2期。

立足不同的口译场景和语境，展开更多的实证研究。

四、面向未来的视译研究

过去三十年间，视译研究领域出现了一些比较优秀的研究成果，推动了视译研究持续发展，但研究中依然存在薄弱环节，即对视译实践中应当回应和解决的问题有待深入探究；在研究方法上应拓展视野，选取与研究话题相适应的方法；具有比较明显的"单一语对""单一场景"倾向，仍有进一步拓展的空间。

（一）扩展研究主题，丰富研究视角

口译研究源于实践，应始终坚持理论与实践相结合，秉承应用型研究取向，注重研究与产品相结合，注重教学与实践的优化，注重对标语言服务新业态。未来的视译研究可以突破语言层面转换，从认知、心理、生理、社会等角度认识视译活动的过程与更深层的本质；亦可突破时空局限，开展视译活动相关社会历史背景的考察，从人类学、历史学、社会学、文化学等角度探究影响口译及口译员的政治、经济、社会、意识形态等因素；还可突破传统口译形式，借鉴传播学、交际学等理论视角，考察"远程口译"、人工智能辅助口译等新兴形式的口译活动。

（二）借鉴研究方法，提升研究深度

根据不同的选题，视译研究可借鉴多样化的研究方法，例如实验法、调查法、观察法、多元互证法（triangulation）、语料库研究方法等。近年来，脑电图（EEG）、功能性磁共振成像（fM-RI）、眼动跟踪（eye-tracking）等生理测量（physiological meas-urement）技术和研究工具的运用推动了视译的实证研究，开拓了视译认知过程研究的思路。但仅靠技术依然难以考察视译认知过

程的全貌；此外实证研究的设计由于主客观的限制，其系统性、代表性和可重复验证性也有待于进一步加强。实证性定量研究方法与工具并非是提高口译质量的唯一选择，针对具体研究对象，合理确定研究工具的性质或组合策略才更为关键。[1] 此外，也可关注国外口译研究的"社会转向"，即通过社会语言学或社会学的镜头透视口译现象的复杂性和丰富性，[2] 探索视译活动中的参与者、主体性以及权力等相关社会因素。

（三）促进语对多元，优化口译场景

目前视译研究关注的语言对应关系较为单一，英汉语对较多，日汉、俄汉语对以及普通话—广东话方言对也有少数研究发表，未见其他语对和方言对研究发表。此外，视译研究关注的口译场景较为单一，多为会议口译；在实践中视译广泛应用在社区口译（如警务口译、法庭口译、医学口译），因此仍存在大量值得深入探究的研究问题。

五、结语

本文基于涉外法治人才培养的翻译学支撑，从视译研究的核心概念出发，从研究视角、研究目的和主题、研究方法与策略等层面勾勒我国视译研究近四十年的学术图景，未来视译研究领域仍有许多值得关注挖掘的话题和值得借鉴学习的国际新方法、新视角。需要指出的是，本文观察到视译领域的技术、实证、认知转向，但由于篇幅有限未对这些转向何时发生、为何发生等话题

---

〔1〕 参见张威：《口译研究的科学方法论意识》，载《外语学刊》2012 年第 2 期。
〔2〕 参见任文：《口译研究的"社会学转向"——Claudia Angelelli 教授对话访谈录》，载《中国翻译》2016 年第 1 期。

展开深入探讨，且只分析了发表于我国内地（大陆）期刊的文献，期待未来能够拓展搜集我国香港、澳门、台湾等地区的研究型文献，聚焦重点、精雕细琢，绘就视译研究图景的"工笔画"。

京津冀一体化背景下数字人才培养的产学研模式研究[*]

◎张丽英 徐曦哲 史沐慧 段佳葆[**]

前 言

近年，数字经济正在强势崛起，工业经济时代进入数字经济时代。[1] 2020 年我国数字经济规模达到 39.2 万亿元，较 2019 年增加 3.3 万亿元，占 GDP 比重 38.6%，数字经济增速是 GDP 增速的 3 倍多。[2] 2020

* 本文为中国政法大学研究生院研究生产学研项目："京津冀一体化背景下数字人才培养的产学研模式研究"的成果。

** 张丽英，中国政法大学国际法学院教授、博士导师，"京津冀一体化背景下数字人才培养的产学研模式研究"项目负责人。徐曦哲、史沐慧、段佳葆均为中国政法大学国际法博士生，"京津冀一体化背景下数字人才培养的产学研模式研究"项目成员。

[1] 《全球进入数字经济时代我国数字智库如何发展?》，载 www.cecc.org.cn/m/view/id/528321，最后访问时间：2021 年 11 月 17 日。

[2] 中国信息通信研究院：《中国数字经济发展白皮书 2021》，载 http://www.caict.ac.cn/kxyj/qwfb/bps/202104/t20210423_374626.htm，最后访问时间：2021 年 11 月 21 日。

年的新冠肺炎疫情使许多行业陷入深度衰退，而数字经济不退反进，新技术、新业态、新模式层出不穷，成为后疫情时代世界经济复苏的引擎。

数字经济重要的基础和推动力量是人才。[1] 2020 年中国国际服务贸易交易会上，数字贸易成为服务贸易的一大亮点。[2]及时进行数字化转型是我国企业在数字时代立于不败之地的战略关键。然而数字化人才的作用越发凸显，数字化人才缺口越来越大。[3] 我国教育体制以注重培养专业化人才为主，导致现阶段既了解传统知识，又能够掌握和应用数字技术的复合型人才严重缺乏。《中国 ICT 人才生态白皮书》（2019 版）显示，到 2020 年我国数字化人才缺口将接近 1100 万，[4] 调查显示，实现数字化转型最大阻碍是缺乏人才，特别是懂技术又懂业务的融合型人才。作为全国创新驱动经济增长新引擎，京津冀地区的一体化发展具有技术、人才以及资金的基础条件，应当优先开展数字产业的产学研项目试点。[5] 同时，借助人才与科研成果推进京津冀地区的数字经济发展，平衡京津冀地区的教育人才资源。

面对大数据带来的深刻变革，京津冀如何培养人、怎样培养

〔1〕　国务院发展研究中心国际技术经济研究所：《数字人才的发展现状与应对策略——基于德国和加拿大等 6 国的比较》，载 https：//baijiahao. baidu. com/s? id =1714594385484344265&wfr=spider&for=pc，最后访问时间：2021 年 11 月 10 日。
〔2〕　《全球数字经济发展仍大有可为》，载 https：//baijiahao. baidu. com/s? id =1677134836727748442&wfr=spider&for=pc，最后访问时间：2021 年 11 月 19 日。
〔3〕　"Digital Marketing Talent Study: Skills Are Inflated and Talent Is Slim"，available at https：//www. onlinemarketinginstitute. org/blog/2013/11/state-of-digital-marketing-tal-ent-report/，last visted on November 10，2019.
〔4〕　《中国 ICT 人才生态白皮书》（2019 版），载 https：//baijiahao. baidu. com/s? id =1627250323976644250&wfr=spider&for=pc，最后访问时间：2021 年 11 月 17 日。
〔5〕　《京津冀协同发展规划纲要》，载 http：//www. bjchp. gov. cn/cpqzf/315734/tzgg27/1277896/，最后访问时间：2021 年 11 月 21 日。

人、培养怎样的人等问题令人深思。大数据应用是一场改变人类新知识获取、创造新价值、新源泉的信息化革命。舍恩伯格教授认为，大数据是一种对现实的新型观察方式，是对现实世界的重新认识和思考，以及对我们所要前进的方向的重新明确。[1] 大数据时代的到来，意味着以大数据为核心的技术、管理、应用和研究等为标志的人类社会发展开始进入到新的历史时期。教育实践和人才培养应如何适应社会发展的人才需求和时代需求，具有时代性与现实性的重要研究意义。为此，中国政法大学研究生院资助立项"京津冀一体化背景下数字人才培养的产学研模式研究"课题。本课题立足于大数据时代，着眼京津冀地区数字贸易发展，通过结合人才培养与学术研究以及成果转化，探索如何在数字贸易产业中实现产学研结合。

一、大数据时代京津冀人才培养面临的问题

大数据思潮由计算领域发端，并延伸到科学和商业领域，并在近几年逐渐被教育界广泛接纳。以大数据为代表的信息技术更新和发展成为了影响和改变传统教育实践和人才培养的重要因素，同时催动着教育教学与信息化技术的创新融合。未来学家阿尔文·托夫勒（Alvin Toffler）在其著作《未来的冲击》中预测"未来的教育"将面对服务、面对创新，未来学校界限的消失也将成为时代发展的必然趋势。

培养数字贸易相关人才，不仅是解决跨境行业发展瓶颈的关

---

〔1〕　[英] 维克托·迈尔-舍恩伯格、肯尼思·库克耶：《大数据时代》，周涛等译，浙江人民出版社 2013 年版。

键必要事项，也应当成为京津冀一体化中的优先事项。[1] 以跨境电子商务为例，目前超过70%的跨境电商认为专业人才缺乏是数字贸易进一步发展的最大瓶颈。[2] 目前某些管理者和教育工作者对大数据时代新型教育和人才培养的趋势认识还不够充分；相关政策和模式还未能有效响应大数据的技术和思维层面的突破，数据能力鸿沟成为无法逾越的瓶颈，制约着人才培养的实质性进展。京津冀三地教育文化底蕴和数据处理能力差异显著，地区人才培养模式和机制大相径庭，有的地区局限于传统的人才培养模式，禁锢了人才创新意识的培养和发挥，缺乏动态的、实时人才管理模式，导致很多人才难以适应大数据时代带来的巨大变革。突出表现在以下几个方面：

（一）三地在教育政策、教育资源分布上相差甚悬，教育资源协同发展不足

京津冀三地在教育政策、人才引进与培养、教育资源方面存在差异，主要表现在下面几个方面：

第一，京津冀三地人才政策存在较大差异：北京市坐拥大量优秀的教育资源和高端人才，非常重视人才培养，北京市仅2021年就发布了55项与人才培养相关的政策文件，与人才引进相关的政策35件。天津市2021年发布了与人才培养相关的政策文件20件，与人才引进相关政策27件。河北省2021年发布与人才培

---

〔1〕　彭飞：《电子商务复合型人才协同培养模式研究——基于京津冀协同发展背景》，载《天津中德应用技术大学学报》2018年第6期。

〔2〕　孙家广：《数字贸易人才培养需要加强国际合作》，载新华网：http://www.xinhuanet.com/fortune/2021-05/19/c_1127466850.htm，最后访问时间：2021年10月12日。

养相关的政策文件 11 件，与人才引进相关政策 17 件。[1] 考虑到三地自身状况的差异，河北省更应关注如何引进高质量人才，提升区域吸引力和人才待遇。但从政策数量角度分析，河北省的政策还需要更加重视人才培养和人才引进两个领域。

第二，京津冀三地教育资源分布不均衡，但目前尚未受到政策充分关注：作为数字经济的试验区以及全国政治、经济和文化中心，北京市具有培养数字贸易人才所需要的国内、国际教育资源，人力资本集聚程度很高。以双一流大学的数量为例，北京市共有 34 所大学具有双一流学科，其中 8 所为世界一流大学，在全国省市中名列前茅。相比之下，天津市有世界一流大学 2 所，具有双一流学科的大学 5 所，而河北省则仅有 1 所大学具有双一流学科。截至 2020 年末，河北省有普通高等学校 125 所，企业技术中心 759 家、技术创新中心（工程技术研究中心）797 家、重点实验室 273 家[2]。但迄今为止河北省高校仅与京津 63 家高校、科研院所开展深度协同合作[3]，仍有极大的提升空间。

在京津冀协同发展政策指导下，2017 年，天津市教委发布了《京津冀协同发展教育专项规划》，自此之后，天津市陆续制定和实施了一系列的优势和特色的学科建设，逐步实现了京津冀三地

---

〔1〕 数据来源于北京市人民政府门户网站、天津市人民政府网、河北省人民政府网，载 http：//www. beijing. gov. cn/zhengce/zfwj/、http：//www. tj. gov. cn/zwgk/szfwj/、http：//info. hebei. gov. cn/hbszfxxgk/6898876/6898879/index. html，最后访问时间：2021 年 11 月 5 日。

〔2〕 河北省统计局：《河北省 2020 年国民经济和社会发展统计公报》，载河北省人民政府：http：//info. hebei. gov. cn/hbszfxxgk/6806024/6810698/6810701/6961011/index. html，最后访问时间：2021 年 11 月 1 日。

〔3〕 《京津冀教育协同发展取得积极进展》，载河北省教育厅：http：//www. hee. gov. cn/col/1405610764482/2019/12/13/1576200066307. html，最后访问时间：2021 年 11 月 1 日。

高校之间的学分互认、跨校选课等合作和交叉培养学生的路径。2019 年 1 月 7 日，北京市教委、天津市教委、河北省教育厅联合发布了《京津冀教育协同发展行动计划（2018—2020 年）》（以下简称《计划》）[1]。《计划》涵盖了优化提升教育功能布局、推动基础教育优质发展、加快职业教育融合发展、推动高等教育创新发展、创新教育协同发展体制机制的五大方面内容。2019 年河北省在推进《计划》工作中，鼓励和支持河北省高校在师资队伍建设、学科建设、人才培养模式创新、深化教学改革、加强课程建设等方面不断深化合作，利用"走出去"和"请进来"两种方式，充分共享京津高校高水平的教学、科研资源。

　　虽然这一系列政策在促进京津冀科研工作协同发展上取得了一定的成效，但从这些政策中可以解读出，一是京津冀教育协同发展的重点工作仍主要集中在基础教育阶段；二是在促进京津冀高校学科互补优势，开展协同创新攻关与成果转化应用，为地方政府发展提供智力支持，推动高校创新支撑服务城市空间布局和产业集群发展方面的政策支持有待加强；三是天津市和河北省的相关教育政策几乎未涉及适应大数据时代的新模式。为了切实促进京津冀三地的协同发展，政策上仍有较多的工作需要妥善安排，切实推进。

　　第三，京津冀三地教育资源协同发展需求不同：由于地理位置、空间大小限制，北京市缺少数字贸易人才培养所需要的跨境贸易港口、工业园区等实践资源，同时，北京市人才较多却无法提供充足的工作岗位。与北京市相比，天津市的教育资源相对薄

---

〔1〕　《京津冀教育协同发展行动计划（2018—2020 年）》，载百度百科：https://baike.baidu.com/item/京津冀教育协同发展行动计划（2018—2020 年）/23290588? fr=aladdin，最后访问时间：2021 年 10 月 21 日。

弱，但是作为老牌工业城市以及沿海城市，天津市不仅具有相关基础以及实践资源，更拥有以滨海新区为首的科创研发转化中心。河北省面临较大的数字人才缺口，根据相关河北省大学生人才就业地选择的调研，过半数的大学生不考虑在河北省就业。[1] 河北省具有更广阔的就业空间，可以为数字贸易人才提供实习机会以及就业岗位，却由于教育资源的限制无法培养出充足的数字贸易人才。随着京津冀一体化，三地协调发展应以互补为主要切入点，北京市可以为进一步发展数字贸易人才输送新鲜血液，天津市可以为数字贸易人才提供更多与跨境贸易有关的实践实习机会，而河北省可以为北京市培养的数字贸易人才提供更广阔的就业渠道。

京津冀的协同人才培养，意味着各地充分发挥优势，取长补短相互补充，实现共赢。在这一大背景下，电子商务人才培养可以考虑充分倚重学生的求知求索精神，借助网络进行授课，创业实践，采用网络进行综合考核，从根本上培养电子商务人才所需要的创新精神，逐步培养出具有综合能力的、京津冀一体化过程中急需且合格的电子商务人才。由于网络的无地域性，河北省以及天津市的学生能同步接收到北京市的高质量电子商务教育。同时也可以考虑在京津冀的不同高校之间开展培养方案互通、课程互选、教师交流互聘、短期访学等相关教育创新机制探索；此外，北京市高校可以与天津市以及河北省的相关科技、对外贸易企业深度合作，定期开展实习实践，让学生实地应用知识，化知识为能力，把课堂上学到的知识应用到未来的学习工作之中。

数字贸易人才培养需要各地区开展广泛交流和协助，对各地

---

[1] 剧上铭等：《京津冀一体化背景下河北省人才流动问题与对策》，载《合作经济与科技》2019 年第 3 期，第 102~104 页；韩庚君：《京津冀区域高等教育一体化思考》，载《合作经济与科技》2021 年第 6 期，第 152~153 页。

区之间的合作水平提出较高的要求。目前京津冀一体化过程中，仍旧存在各自为政的现象，缺乏能够统筹人才培养的统一规划，协同创新的人才培养制度尚不健全，一体化意识尚有提升空间。现存的政策以北京市教委、天津市教委、河北省教育厅联合发布的《京津冀教育协同发展行动计划》以及天津市教委发布的《京津冀协同发展教育专项规划》为主，并未针对数字贸易的人才培养进行针对性研究，也尚未出台能够协调各方，灵活应用京津冀不同地区优势，实现资源共享，加强交流协作培养数字贸易专门人才的具体细则。虽然相关文件高屋建瓴地对不同阶段的驾驭协同，指明了一定方向，但是由于数字贸易的前沿性、特殊性，相关文件很难对数字贸易人才的培养进行系统的顶层设计，统筹协调资源，产生切实的指导作用，阻碍了数字贸易教育一体化的实现。因此，为充分发挥京津冀一体化优势，大力培养高质量数字贸易人才，相关商务部门、教育部门可以考虑有针对性地发布文件，厘清一体化进程中数字人才培养面临的问题，统合三地的优势资源，进一步推进数字贸易人才培养流程的建立，打通产学研之间的潜在壁垒，在产学研充分结合的前提下，实现全面的数字人才培养创新探索。

（二）地区界限分明，难以实现人才共享，数据分析模式和数据获取难以统一

2014 年，习近平总书记强调将京津冀协同发展上升为重大国家战略，提出"要坚持优势互补、互利共赢、扎实推进，加快走出一条科学持续的协同发展路子"[1]，2018 年 4 月，京津冀三地

---

〔1〕　新华网：《打破"一亩三分地"习近平就京津冀协同发展提七点要求》，载 http：//news. Xinhuanet. com/politics /2014-02 /27 /c_119538131. htm，最后访问时间：2021 年 10 月 28 日。

同时发布《人力资源服务规范》和《人力资源服务机构等级划分与评定》两项成果，这是全国首个人力资源服务区域协同地方标准，也是京津冀三地在社会管理和公共服务领域的首部区域协同的地方性标准。虽然文件为人力资源领域提供了统一的标准，但其内容局限于人力资源服务与机构评定等内容，并未深耕大数据时代人才共享的领域。[1]

受传统公共行政体制的影响，京津冀人才培养仍然采用的是行政区行政的治理模式，纵向上层级节制，横向上以行政区为界限，在面对区域性人才共享时，人才共享的公共性与分割式管理模式的专业性产生冲突，阻碍三地政府间数据的传递。一方面，受官本位、政府本位、权利本位、"各人自扫门前雪，休管他人瓦上霜"等封闭性传统文化的影响，三地政府还没有从垄断和保密的习惯思维方式中解放。政府部门间缺乏以人才培养、人才共享为核心的信息资源共享意识，习惯于将所掌握的信息视为政府内的"私有财产"和"权力领地"，彼此间互相敌对和缺少信任，缺乏共享意愿，导致信息不对称；另一方面，在"理性经济人"理念导向下，三地政府间以自身利益为重，各自为政、自成体系、相互割裂，产生了严重的"信息孤岛"现象；三地各有一套对数据的管理系统，数据采集渠道、标准、信息代码不尽相同，降低了政府之间数据传递的效率。

（三）地区差异导致人才培养空间差异显著，制约京津冀间协同人才培养的障碍

在京津冀区域，北京市是我国的政治中心、文化中心和经济

---

〔1〕《京津冀发布首个人力资源服务区域协同地方标准》，载 www.mohrss.gov.cn/SYrlzyhshbzb/dongtaixinwen/dfdt/gzdt/201804/t20180426_293037.html，最后访问时间：2021 年 11 月 5 日。

中心，天津市是直辖市、国家中心城市、首批沿海开放城市，全国先进制造研发基地、北方国际航运核心区、金融创新运营示范区、改革开放先行区。河北省是京畿重地，文化底蕴深厚，资源也丰富，是中国重要粮棉产区，拥有在国内居重要地位的工业分类和工业产品。

一方面，河北省人才大量流失到京津两市。受到产业发展、人才资源、环境差异的限制，河北省在人才培养的质量上明显落后京津地区。且由于经济条件、城市发展能力等影响，河北省高校所培养出的人才大量地流向北京市和天津市，进一步增加了河北省高校人才培养的难度。京津冀三地的技术和人才分布的严重不均衡，形成负反馈，不断加剧三地人才培养的不均衡。

另一方面，北京市与津冀两地数字经济发展差异显著。大数据时代的教育政策、人才引进机制以及人才培养模式应以大数据为核心的思维和技术的广泛性应用，对数据的全面抓取、分析和整合是新模式中必不可少的环节。技术和人才是大数据时代必不可少的要件。我国的数据资源虽然丰富，但数据挖掘技术、数据整合技术、数据使用技术的缺乏，严重阻碍了大数据的开发和利用。以天津市为例，《天津市科技创新"十四五"规划》对科技创新的基础和现存问题进行总结，认为天津市面临：重大创新平台和顶尖科技人才数量不多，科教潜力发挥不充分，评价激励机制不健全，发展新动能"底盘"偏小等薄弱环节。与国内先进城市相比，面临"不进则退、慢进亦退"的严峻竞争局面。[1]

北京市自贸区提出"推动京津冀协同发展战略等要求……加

---

〔1〕 天津市人民政府办公厅：《天津市科技创新"十四五"规划》，载 http：//www.tj.gov.cn/zwgk/szfwj/tjsrmzfbgt/202108/t20210812_5532506.html，最后访问时间：2021 年 11 月 3 日。

快打造服务业扩大开放先行区、数字经济试验区", 河北省自贸区总体方案则强调该区将"建设数字商务发展示范区……支持建立数字化贸易综合服务平台。探索符合国情的数字化贸易发展规则, 参与数据资产国际贸易规则和协议制定"。同时, 2020 数字贸易合作发展论坛也选择在河北省举办。[1] 天津市作为第二批国家跨境电商综合试验区, 则已经在数字贸易发展过程中取得了较大的早期成果, 各类跨境电商主体 300 余家, 仅 2021 年上半年部分区域数字经济核心产业就实现了 837.5 亿元的营业收入。[2] 同时, 天津市高度关注数字贸易的持续发展, 并针对性制定了《天津市加快数字化发展三年行动方案》(2021—2023 年)。2020 年, 北京市数字经济规模超过了 1 万亿元, 数字经济占 GDP 比重更是达到 55.9%, 位列全国第一; 天津市数字经济规模超过 5000 亿元, GDP 占比也超过全国平均水平接近 50%; 河北省虽然数字经济规模同样超过了 1 万亿元, 但 GDP 占比不及 35%[3]。从以上数据可以看出, 北京市在数字经济发展程度上领先全国, 依托政策优势、技术优势、区位优势、人才优势等, 数字经济研发投入位列全国第一位, 远高于其他地区, 成为数字经济创新资源聚

---

〔1〕 《中国(河北)自由贸易试验区总体方案》, 载 www. gov. cn/zhengce/content/2019-08/26/content_5424522. htm, 最后访问时间: 2021 年 11 月 15 日。

〔2〕 《天津市擦亮"数字服务"招牌 一批重点企业和项目近年来发展迅速》, 载 http: //tradeinservices. mofcom. gov. cn/article/shidian/gzjz/202109/121966. html;《北方跨境数字贸易生态核心区在天津启动建设》, 载 http: //www. gov. cn/xinwen/2020-09/25/content_5547244. htm, 最后访问时间: 2021 年 11 月 1 日。

〔3〕 中国信息通信研究院:《中国数字经济发展白皮书 2021》, 载 http: //www. caict. ac. cn/kxyj/qwfb/bps/202104/t20210423_374626. htm, 最后访问时间: 2021 年 11 月 21 日。

集地、全国数字产业化的值高低和产业数字化方案输出地[1]；天津市占比较高说明数字经济获得较好的发展，但总量较小，整体经济发展不及北京市和河北省；河北省的总量较高，但占比较低，说明数字经济发展水平尚有待提升。

二、数字化人才的能力要求

在对京津冀数字人才培养面临的问题进行分析后，本课题组着手对数字化人才的能力要求进行了研讨。数字能力的概念与技术发展同步出现，随着数字经济的高速发展，人们已经认识到对数字人才的能力要求需要不断地更新，必须始终结合当前技术及其应用来对待。不断发展的技术支持并创造了新的数字能力内涵，例如，信息技术素养、数字素养、媒体素养、信息素养、互联网素养等。目前大数据、人工智能、区块链等高新技术的发展，使得运用计算机、互联网等技能素养不能等同于具备数字能力。[2] 数字人才所要具备的能力并不是一个或几个能力的简单加成，而是一个有机结合的综合体，包括使用技术执行任务、解决问题、沟通、管理信息、协作的能力；以及具备有效适当、安全、批判性、创造性、独立并合乎道德地创建和共享内容的知识、技能和态度。[3]

---

〔1〕　中国信息通信研究院：《中国数字经济发展白皮书 2021》，载 http：//www. caict. ac. cn/kxyj/qwfb/bps/202104/t20210423_374626. htm，最后访问时间：2021 年 11 月 21 日。

〔2〕　Deursen, Alexander J. A. M. , "Internet skills: vital assets in an information society", available at https：//www. researchgate. net/publication/256996919_ Deursen_AJAM_ Internet_skills_vital_assets_in_an_information_society, last visited on October 26, 2021.

〔3〕　Anders Skov, "What is Digital Competence?", available at https：//digital-competence. eu/dc/front/what-is-digital-competence/, last visited on October 26, 2021.

实际上，经济合作与发展组织（OECD）曾于 2009 年提出 21 世纪所需要具备的数字能力包括三个不同级别：①ICT（Information and Communications Technology）功能性能力（functional competences），即使用不同 ICT 应用程序的能力；②ICT 学习能力，包括认知能力或高阶思维能力与使用和管理 ICT 应用相结合的能力；③21 世纪能力，包括信息层面、交流沟通层面，以及伦理和影响层面的相关能力。[1] 但是由于数字经济的迅猛发展，以上的能力要求似乎无法适用于目前对数字人才的衡量和评估。基于这一认识，欧盟不断完善其对数字人才的培养框架，坚持以能力为目标导向开展数字教育，不断更新数字人才所应具备能力的内涵。欧盟最新的《公民数字能力框架 2.0》中表明，将数字能力量化为数字化内容编辑应用等五大领域 21 种能力，每项能力在不同学习阶段又可细分为 8 个层级。欧盟的该《框架》可以较为全面的为数字人才所需能力提供指导，具体阐述如下：

（一）领域一：信息和数据能力

该领域包括三种具体的能力要求：第一，浏览、搜索、过滤数据、信息和数字内容的能力；第二，评估数据、信息和数字内容的能力；第三，管理数据、信息和数字内容的能力。互联网上大量的可用信息以及数据库的激增，使得快速有效地查找和组织信息成为一项关键技能。它假定学生首先理解，然后根据问题、议题或任务明确定义信息需求；知道如何识别数字相关信息源；并且知道如何根据需要解决的问题以有效的方式查找和选择所需的数字信息。一旦发现信息，学生就必须能够评估信息源及其内

---

〔1〕 Ananiadou, K. and M. Claro (2009), "21st Century Skills and Competences for New Millennium Learners in OECD Countries", *OECD Education Working Papers*, No. 41, available at http://dx. doi. org/10. 1787/218525261154, last visited on October 27, 2021.

容对手头任务的价值和有用程度，并能够有效地存储和组织数据或数字信息，以便再次使用。

（二）领域二：交流与合作能力

该领域包括六种具体的能力要求：第一，通过数字技术进行交互的能力；第二，通过数字技术实现共享的能力；第三，通过数字技术行使公民权利、承担公民义务的能力；第四，通过数字技术进行合作的能力；第五，网络礼仪；第六，管理数字身份的能力。沟通能力在培养学生成为终身学习者，甚至成为有担当的社会成员方面起着重要作用。数字人才需要具备沟通、交流、批评和展示信息及想法的能力，包括使用 ICT 应用程序参与数字文化并做出积极贡献。

（三）领域三：数字内容创作能力

该领域包括四种具体的能力要求：第一，开发数字内容的能力；第二，整合和重新阐述数字内容的能力；第三，版权和许可证；第四，编程。这一领域的能力要求年轻人可以通过各种方式转换和发展信息，根据待解决的问题或任务发展解释或自己的想法。例如整合和总结信息、分析和解释信息、建模信息、观察模型如何工作及其元素之间的关系，最后生成新信息以开发新想法。

（四）领域四：安全能力

该领域包括四种具体的能力要求：第一，保护装置的能力；第二，保护个人数据和隐私的能力；第三，保护健康和福祉的能力；第四，保护环境的能力。这个领域要求年轻人有应对新数字时代挑战的意识和能力。也就是说，信息和通信技术对个人及社会的经济、文化影响，信息和通信技术对社会生活的巨大影响是年轻人应该思考的问题。

（五）领域五：解决问题的能力

该领域包含四种具体的能力要求：第一，解决技术问题的能力；第二，确定需求和技术回应的能力；第三，创造性地使用数字技术的能力；第四，识别数字能力差距的能力。在知识具有核心价值的社会中，仅仅能够处理和组织信息是不够的，还需要能够对信息进行建模和转换以创造新知识或将其用作新思想的来源。这方面的核心能力就是研究和解决问题的能力，涉及定义、搜索、评估、选择、组织、分析和解释信息。

社会和经济的持续发展要求年轻人具有与之适应的新技能和新能力，使他们能够从新兴的社会化新形式中获益，并在以知识为主要资产的系统下为数字经济发展做出积极贡献。这些技能和能力的培育和养成全面贯穿在学习和生活的各个层面，年轻人需要基于以上五大领域不断充实自我，成为新时代数字经济所需要的复合型人才。

三、京津冀高等院校数字人才培养项目

数字人才作为数字经济的核心要素，在数字经济发展中起着重要支撑作用。在数字经济时代，数字人才质量、存量与储备量之争，已经成为综合国力和区位竞争的重要方面。为此，京津冀地区普遍认识到培养数字人才的重要性和紧迫性，在相关的人才培养方面，通过政府制定政策为引领，高校之间、高校与企业之间联合的形式，创设了一系列致力于培育适应数字经济发展的数字人才项目。本项目组对京津冀高等院校数字人才培养项目进行了调研，现将一些主要项目分述如下。

（一）北京数据人才培养项目

北京大学光华管理学院于 2020 年创设了数字经济青年人才项目，这是光华管理学院为培养拥有多元学科背景人才，专门为大学优秀在校青年创立的项目。学生们在光华管理学院用一年的时间系统地学习经济学基础理论，以及随着数字经济时代应运而生的新知识。学生们不仅可以在课堂内外与光华管理学院的教授们深度互动，还能与来自国内外优秀高校的同学一起学习成长。课程包括三个模块：经济与社会（涉及微观经济学、经济史等课程）；金融与会计（涉及金融市场与金融机构、货币金融学等课程）；以及数据与实践（涉及新媒体营销与精准广告、数据分析与商业决策等课程）。[1]

为了促进交叉学科建设，培养跨学科综合性人才，中央财经大学中国互联网经济研究院创办了"互联网与数字经济"拔尖人才培养项目，立足互联网与数字经济学交叉前沿学科，培养学术拔尖人才。中国互联网经济研究院成立于 2013 年，同时也是北京市教育委员会和北京市哲学社会科学规划办公室批准成立的北京市哲学社会科学重点研究基地——首都互联网经济发展研究基地。中国互联网经济研究院围绕互联网经济理论、电子商务、互联网金融和大数据四个研究方向，组建协作、共享的跨学科研究团队，入选首批"中国智库综合评价核心智库"。"互联网与数字经济"拔尖人才培养项目旨在为对互联网与数字经济前沿研究具有浓厚兴趣的同学提供一个科研训练与科研实践的平台，项目课程分为必修和选修两个模块。其中必修模块包括参与互联网与数

---

〔1〕　参见北京大学光华管理学院官网，载 http://www-gsm-pku-edu-cn-s. vpn. sdnu. edu. cn/jxxm/szjy_bf_1/a2021szjjqnrcpyxm.htm，最后访问时间：2021 年 11 月 3 日。

字经济系列讲座的学习、作为团队老师的科研助理完成必要的互联网与数字经济研究工作等；选修模块包括参与互联网与数字经济研究讨论班的讨论，完成对学术前沿研究的学习和展示以及进行实地调研等活动。项目鼓励参与学生在老师指导下长期进行学术论文合作，并为参与学生提供社会调研和课题研究的机会。项目对参加必修模块 80% 以上、选修模块 40% 以上的同学颁发"互联网与数字经济拔尖人才培养项目结业证书"。[1]

此外，中国人民大学信息资源管理学院制定了 2021 年"数字记忆厚重人才培养计划"实施方案。"数字记忆"计划充分利用全国第一个大型区域性数字记忆平台——"北京城市记忆"数字资源库，通过"理论教学—社会实践—科研项目—国际交流"的培养模式，逐一进行相关的专业教育、专题实践、学术研究、国际交流及第二课堂成果，依托课程学习、专题讲坛、读书沙龙（兰台读书会）、参观学习、研究实践、课题研究、国际交流等方式，为优秀学生在人文素养、信息技术方面搭建成长成才的平台，着力培养专业扎实、学识渊博、胸怀宽阔，兼具国际视野和本土情怀，具有创新意识和实践能力的信息资源管理英才。[2]

（二）天津数据人才培养项目

天津市在数字人才培养方面也做出了有益尝试，2021 年 7 月海河教育园区管委会副主任、阿里巴巴集团淘宝教育校企合作负责人分别发布了天津市数字经济人才培养联盟计划，和天津市大

---

〔1〕《中国互联网经济研究院"互联网与数字经济"拔尖人才培养项目招生公告》，载 http：//www.cufe.edu.cn/info/1186/10730.htm，最后访问时间：2021 年 11 月 13 日。

〔2〕《中国人民大学信息资源管理学院 2021 年"数字记忆厚重人才培养计划"实施方案》，载 https：//irm.ruc.edu.cn/upfile/file/20201209093307_577028_46870.pdf，最后访问时间：2021 年 11 月 3 日。

学生新媒体创作人才培训计划。数字经济人才培养联盟，由天津开放大学、天津机电职业技术学院牵头共同推动，旨在为全市数字经济产业发展提供优质人才支撑。首期培训班遴选参训学员120人，学员分别来自天津理工大学、天津商业大学、天津城建大学、天津农学院、天津电子信息职业技术学院、天津机电职业技术学院等高校。首期培训班主要培训内容是学习掌握阿里云的计算、存储、网络、安全类核心产品的应用技术。通过培训考核后，学员们将取得阿里云基础产品的专业技术认证证书（Alibaba Cloud Certified Associate，ACA）。[1]

（三）河北数据人才培养项目

2021年6月1日，河北省数字经济联合会与河北师范大学签署了战略合作协议，通过"政、产、学、研、创"多边资源的协同发展，加强高校内外资源的协同发展。项目在河北省数字经济生态建设、"名校+名企"推动数字技术成果创新转化、前沿产业与数字人才培养的布局下，在产教基础上融合人才培养、服务地方经济社会发展，发挥优势，抓住重大发展机遇、认真谋划，集中力量寻找突破点。当前，河北省大力实施以数字经济为引领的创新驱动发展战略，签约和揭牌仪式代表着数经联和高校联合创新发展机制的确立。河北师范大学软件学院将以中心、基地授牌为契机，发挥校企合作充分连接、资源融合的优势，推出一系列数字赋能研究成果、产品孵化、应用推广举措，开发实施国内专

---

〔1〕《我校承建天津市数字经济人才培养基地项目首期培训班开班》，载 http://www.tjrtvu.edu.cn/info/1155/4143.htm，最后访问时间：2021年11月13日。

业性数字经济人才培养及教育项目。[1]

四、协同发展背景下的京津冀数字人才培养的路径

课题组在分析了京津冀数字人才培养存在的问题、数字人才所需要的能力以及京津冀数字人才培养项目进行了研讨、调研和分析后，对协同发展背景下的京津冀数字人才培养的路径进行了研判。

2014 年 2 月 26 日举行的京津冀协同发展工作座谈会上，国家主席习近平首次将京津冀协同发展上升到国家战略层面。2014年 3 月，国务院总理李克强作政府工作报告时谈到，2014 年重点工作时，提出"加强环渤海及京津冀地区经济协作"。随着政策的出台，京津冀区域已经成为备受瞩目的地区。京津冀地区同属京畿重地，战略地位十分重要。21 世纪的竞争是人才的竞争，城市的经济发展不会脱离人才的培养而独立存在，同样京津冀协同发展也需要大量人才，尤其是随着云计算、大数据技术的兴起与发展，海量数据信息正在加剧膨胀，在已经到来的数字经济时代，数字人才更是当前市场的紧缺人才。所谓京津冀协同发展，就是要把京津冀三地作为一个整体协同发展，要以疏解非首都核心功能、解决北京"大城市病"为基本出发点，调整优化城市布局和空间结构，构建现代化交通网络系统，扩大环境容量生态空间，推进产业升级转移，推动公共服务共建共享，加快市场一体化进程，打造现代化新型首都圈，努力形成京津冀目标同向、措

---

〔1〕 《"河北省数字经济创新中心"及"河北省数字经济人才培训基地"在我校揭牌》，载 http://software.hebtu.edu.cn/a/2021/06/04/2DBAF5D47F5D4E859F7F0A6D4BF2FEB7.html，最后访问时间：2021 年 11 月 15 日。

施一体、优势互补、互利共赢的协同发展新格局。[1]"协同"应是京津冀政府与学校、社会之间基于共识、突破传统范畴的多角度、全方位的深度协作。

京津冀协同发展的核心目的是要解决资源在区域之间分布不平衡的难题,实现优质资源的共有共享,为协调发展提供动力支撑。在实施创新驱动发展战略的时代背景下,区域发展的主要动力来源是高端人才的智力创造,因此人才是发展的第一资源,京津冀协同发展人才培养也要一体化。具体可以采取以下几个方面的措施:

(一)资源共有共享,缩小地域差异

从京津冀区域人才培养的基本情况来看,优质教育资源在三地的分布显著不均衡。在高等教育领域,北京市、天津市的名校的密度大且教学排名较为靠前,反观河北省并非高等教育质量的强省,然而学生体量巨大,教学水平等无法与之匹配。因此,要落实和推进京津冀协同发展国家战略,需要着重在京津冀三地人才培养均衡发展上发力,在人才培养经费与资源配置均衡的基础上,实现教师、学生与学校发展等多个层面的均衡。对此,可以考虑在政府制定的相关政策引导之下,积极打通人才流动、使用等环节中的体制机制障碍。同时,建立三地的数字人才资源数据库,在保证信息资源安全的基础上,将其中的资源进行互通共享。还可以搭建统一开放的人才交流平台,以便于三地的人才信息高效率、高质量地应用。不仅如此,通过对人才数据库的定期

---

〔1〕《京津冀人才培养一体化刻不容缓》,载中国社会科学网:http://ex.cssn.cn/jyx/jyx_xzljy/201509/t20150915_2321559.shtml,最后访问时间:2021年11月20日。

分析，不断更新培养项目的实施目标、实施路径、及时评估项目取得的成果和经验教训，促进三地相互之间的思想碰撞和科研资源的共享。

（二）产学研相结合，推动协同共进

数字经济作为一种新的经济形态，不仅需要数字人才具备复合型的数字化思维和相应的实践能力，同时能够理解企业、行业运作方式。因此要注重整合多种资源，动员多方利益主体共同参与培养数字人才。可以在京津冀三地发起成立"数字技能与就业联盟"，将各地教育主管部门、数字化企业协会、高等院校及相关教育协会、培训机构与教育公益基金等多个利益相关方纳入数字教育框架，并成立日常管理机构协调推进，为在校学生提供相匹配的数字能力培训与认证。定期进行培训，内容覆盖数字编程、数据分析和网络安全等专业技能，并提供大量的实习和就业机会等。

倡导培养实践型数字人才的理念，主张企业实训和学校教育同等重要，依托观念、制度和实践的"双元制"人才培养体系，校企双方与行业协会在实习培训目标、计划、内容、方式等方面相衔接，共同实施教学与培训计划。各方的具体措施包括：在政府层面，应在政策、财政、基础教育设施等层面加强力度，不断完善教育培训体系，提供更好地培养机会和途径。为增强数字教育的吸引力，可以考虑将实习培训所获学分或证书纳入了高等院校学分体系与资格证书框架，使实训成果在三地，甚至全国范围内得到广泛认可。

（三）利用大数据技术，赋能数字人才培养

当前大数据、区块链等技术发展突飞猛进，可以将其进行充

分利用，结合京津冀协同发展目标，助推三地数字人才的高效高质量的培养。具体来讲，一方面，可以利用互联网和大数据技术，整合地区优质教师共建课程体系和教学资源，根据产业需求建立跨区域培养方案。推进不同领域的数字人才合作项目，实现优秀研究成果的转化与应用。统筹、深化三地人才合作交流、需求对接。缩小差异化培养，实现京津冀一体化人才协同培养的管理模式。另一方面，利用大数据技术和手段，充分挖掘数据资源价值，有效支撑政府治理、结构调整、转型升级、创新创业和协同发展，促进北京市、天津市和河北省的人才有序聚集，以北京市为中心强化创新和引导，天津市起到带动和支撑作用，河北省承接和转化的人才培养协同创新发展机制，破解封闭式的区域人才培养模式，解决同质化的人才培养制度，实现京津冀地区多元化、全方位协同发展的总体目标。[1] 此外，上文所提到的人才数据库的建设也应充分利用区块链技术，实现地区间人才信息的互通，分析构建京津冀地区合理的人才供需机制，调整优化布局结构和学科专业结构，对接地方特色优势产业，提升区域数字人才培养质量。

结论

京津冀一体化背景下数字人才培养的产学研模式研究项目组在分析京津冀人才培养上的差异、数字人才所需要的能力、京津冀数字人才培养相关项目的基础上，对协同发展背景下的京津冀数字人才培养的路径进行了研判。在课题组研究期间，课题组安

---

〔1〕　张焕生等：《基于大数据的京津冀应用型人才协同培养模式研究》，载《计算机产品与流通》2020 年第 4 期，第 243 页。

排学生到河北省保定的产业园、交通出版社、律师事务所等进行与数字相关业务的实习，并参与了其数字合规项目，相关合规报告得到了企业的采纳。为了避免与实际相脱离，课题组与数字人才需要实务部门进行了多次的研讨，经过研讨，课题组认为：当前实现数字化转型最大阻碍是缺乏人才，特别是懂技术又懂业务的融合型人才。

京津冀在人才培养、教育资源、产业分布等方面上存在差异，数字人才的培养需要三地进行协同，取长补短，以解决数字复合型人才培养的问题。数字经济重要的基础和推动力量是人才，京津冀协同发展自 2014 年即已被定位为重大国家战略，而"十四五"时期又是我国数字经济实现跨越式发展的重大战略机遇期。2021 年 11 月 11 日，《中共中央关于党的百年奋斗重大成就和历史经验的决议》再次明确指出，全面实施供给侧结构性改革，加快发展现代产业体系，发展数字经济；同时强调，党实施区域协调发展战略，促进京津冀协同发展。在双重重大国家战略发展中，人既是战略的目的，又是战略的核心，因此借力大数据能力，培养具备多种数字能力的复合型数字人才是推进战略发展的基础和题中应有之意。面对巨大的数字人才缺口，京津冀三地应坚持优势互补、互利共赢、协同发展的人才培养道路，均衡共享资源；采取产学研相结合的方式，以大数据、数字化模式培养复合型专业人才，让人才从实践中来再应用到实践中去。围绕国家重大战略需求，凭借数字经济飞跃式发展的东风，充分释放数字经济发展红利，推动双重国家战略更好地落地。

法学本科生民事实体法与民事程序法一体运用能力培养模式探究[*]

◎胡思博^{**}

摘　要：鉴于民事实体法学与民事诉讼法学的紧密关系，在本科课程体系改革中，应注重更新教学观念、优化教学内容、改革教学方法、落实学生主体地位。在课程建设上，除传统的理论讲授课程外，应增加研讨课、案例课、实务技能课程比例，构建从课堂教学、校园教学等理论教学到仿真教学、全真教学等实务教学的课程体系。同时以民事实体法和民事程序法知识的协同灌输为基础，辅之对司法实务的切实体验，以取得本科生民事法掌握能力显著提升的教学效果。

---

* 本文系教育部供需对接就业育人项目"法大—云德法学硕士理论与实务贯通培养实习基地"和中国政法大学教学改革立项项目"本科生民事实体法与民事程序法一体运用能力培养模式的研究与实践"研究成果。

** 胡思博，中国政法大学诉讼法学研究院副教授，最高人民检察院与中国政法大学共建检察基础理论研究基地执行副主任。

关键词：民事实体法学　民事诉讼法学　联动一体教学模式

一、《民法学》《商法学》与《民事诉讼法学》目前在本科教学中的互动脱节

　　民事实体法与民事程序法在本科教学过程中的人为割裂和难以融通是当前法学教育的盲点和难点之一，应重视民事实体法与民事程序法之间教学内容的相互渗透，缓解传统意义上民事实体法与民事程序法各自为政的尴尬窘境。现代高层次法律人才必须通晓民事实体法和民事程序法，二者缺一不可，这既是法官、检察官、律师等实务人员办案的必备技能，同时也是立法者、教学科研工作者的基本业务素质。长期以来，我国在民事实体法与民事程序法的教学上存在一些隔阂，本科法学教育存在"重实体、轻程序"的弊端，导致学生注重对民事实体法的学习而忽略对民事程序法的学习，割裂了民事实体法与民事程序法的内在联系，忽视了民事诉讼是民事实体法和民事程序法共同作用的"场"。即便是民事程序法本身的教学，也人为的与民事实体法割裂开来，造成了学生知识体系的不完整和法律思维的僵化。"实体法与程序法教学内容的脱节，导致存在于每一个真实案件中的完整内容被割裂，违背了案例分析的基本规律，不利于培养学生全面分析问题和解决问题的能力，也阻滞了不同学科之间知识的交融和理论研究的深入。"[1] 当然，民事实体法与民事程序法的混合教学本身给授课教师提出了很高的要求，仅依靠民事实体法或民事程序法单一学科教师并不现实。为此，构建本科生民事实体法

────────

〔1〕　张玉敏、刘有东：《双师同堂解析民事案例——案例教学模式的新尝试》，载《海南大学学报（人文社会科学版）》2010 年第 5 期。

与民事程序法一体运用能力培养模式，民法学科和民事诉讼法学科的教师共同备课、共同授课是有效解决上述问题的最佳方法。

二、本科生培养目标中所需要的民事实体法与民事程序法一体运用的能力

（一）分别从民事实体法和民事程序法的角度对同一问题进行不同的理解和掌握

民事实体法与民事程序法一体化教学的关键在于抓住民事实体法与程序法在实践中的契合之处，具体体现在基本原则、民事法律关系、民事主体、代理制度等内容当中。以民事主体为例，现行《民法典》规定的民事主体有自然人、法人和非法人组织，而并非所有参与纠纷的民事主体在民事诉讼中都可以直接作适格为当事人，在判断是否能作为当事人抑或其他诉讼主体时，需要结合民事诉讼法中的相关制度进行分析，从而使得这一问题兼具实体法与程序法双重属性。因此，在教学时不仅要着重于对学生的实体法思维进行训练，更应该结合实务工作对于学生的程序法思维进行发散，使其成为法律职业人才。

（二）加强民事实体权利与民事诉讼权利的相互转换能力

民事实体法与民事程序法不分家，在某些方面有许多共通之处，比如民法中的平等原则在民事诉讼法中转化为当事人诉讼权利平等原则，民法中的意思自治在民事诉讼法中转化为当事人可以决定诉讼程序的开始与结束、诉讼权利的行使与放弃、诉讼契约的达成等。以民事实体法的视角看待民事诉讼权利，或以民事程序法的视角看待既有的民事纠纷产生原因，做到两种权利的贯通与融合。旨在通过理论教学与实践操作训练的联动设计，培养

学生一体化分析解决民事问题能力。

（三）厘清现行法下部分程序问题和实体问题的不兼容原因并提出解决方案

本科生教学要注重启发性教学，激发学生的问题意识与创新意识，这需要教师注重实体法与程序法的一体化教授，能够从宏观上向学生介绍整个知识结构体系，使得学生能够对知识进行横向对比了解。在教学中引进实体法与程序法比较的教学方法，启发学生把民法与民事诉讼法中具有可比性的制度放在一起进行比较，加深学生对知识的理解的同时，也激发学生去探索制度的缘起与解决两法的不兼容问题，达到提高学生思考能力与理论水平的目的。

（四）培养学生司法实务中民事实体法和民事程序法共同运用和分析的思维模式

一个问题的两个方面本是认识世界的基本态度。同时掌握民事实体法知识和民事程序法知识并开展共同运用，这是应有的常态，但也是打通现有教育科学壁垒的难度之所在。"实体法教师与程序法教师就同一个法律问题或同一个实际案例或相关联的法律条文展开实体法与程序法的关联教学，展现不同专业领域、不同部门法之间教学交融的成果，能从根本上解决实体法与程序法的衔接问题。双师同堂还可迫使教师理解和尊重对方的理论工具，实现了实体法与程序法知识体系的共享，打破不同学科之间的人为隔阂 。"[1]

---

〔1〕 陈磊:《双师同堂推动程序法与实体法交融的教学进路探索》，载《法学教育研究》2020 年第 3 期。

三、全流程民事实体法与民事程序法相融合课程的整体设计

民事法学的双重要求使"民事实体法与民事程序法一体化教学"有着迫切的现实需要。课程的整体设计应充分发挥教师的引导作用，采取基础讲授与研讨交流相结合、案例教学与情景模拟相结合、课堂讲解与现场观摩相结合、校内教师与实务专家相结合、民商法学教师与民事诉讼法学教师相结合等方式。

（一）必修课讲授

民法总论、债权法、物权法、亲属与继承法、商法总论、公司法、证券法、保险法、信托法、破产法等民事实体法课程应率先开设。民事实体法对民事程序法的影响全方位体现在立法与实践层面，所以学好民事实体法知识是学好民事程序法的重要前提。传统课堂常采取教师灌输式和讲授式教学，重在讲解民商法原理和分析现行法基本规定，此时学生还处于基础知识的吸收阶段，需要借助一体化教学予以深化。

民事程序法教师在讲授民事诉讼法、民事证据法、民事强制执行法、仲裁法、调解法、公证法时，应注重从《民法典》的相关条文出发，引导和分析某些诉讼制度的实体法根源，分析部分实体法制度和程序法制度脱节的原因，赋予学生最基本的实体和程序双重交叉思维。"我国的民诉教材编写体例主要是注释法典类型，内容注重理论梳理而缺乏举例说明，教学偏重知识点讲授而疏离实体法。"[1]

（二）研讨课

专注于某一部门法的教学难以培养学生跨学科、跨部门法的

---

〔1〕 王次宝：《民事诉讼法学教学改革畅想篇》，载《民事程序法研究》2015年第2期。

思考能力，研讨课应采取双师同堂的教学模式，由民法学和民事诉讼法学教师共同对一个问题分别从实体法和程序法的角度进行讲解。此种教学模式不仅可以摆脱传统教学理念和模式的不足，还能突破实体法教学与程序法教学之间的壁垒，实现二者之间的有机对话。

第一，课程总体安排。法学专业核心课的教学通常采取大班上课的方式，由老师单方面输出知识。但是研讨课更注重在教师的引导下学生的积极参与，因此，为了让每一位同学都能在课程有限的时间里得到充分展现的机会，课程规模不宜太大，应当采用小班教学。此外，课程所研讨是实体法与程序法交叉的争议问题，难度较大，选课的同学应当已经修读完相应的基础课程，在时间安排上，安排在大三较为合适。

第二，课前准备。双师需要共同选取实体法与程序法交叉的专题，并提前一周将下节课研讨的问题和阅读资料发布给学生，告知其讨论的重点和难点，引导学生的思考。在专题选择方面可以从《民法典》的具体规定出发，探索某一制度在程序法上的具体落实，从而展开实体法与程序法之间的关联教学，以实现程序法与实体法之间的衔接。

第三，课堂教学。课堂教学由学生展示、老师发问、深化总结这三个部分构成。为了强化每一位同学的参与，可将全班分为若干个小组，每周的课程中，由一组的同学主讲。在学生展示完毕后，老师分别从实体法和程序法的角度进行引导发问，由各组同学讨论并派出代表回答。"学生可以跟随一方教师，在层层研讨和互动中加深自己的立场，或获得更多的理论支持，强化和拓展自己的观点，进而引发更深层次的思考。"[1] 两位老师根据同学们的回答进行点评，并进行理论延伸。在讲授的过程中，两位老师应注重理论与实践、实体法与程序法的联系，要做到有所侧重，分工合理，知识点衔接顺畅。

第四，课程完善。学生是研讨课的参与者，他们能最为直观地感知到教学的效果，因此需要建立科学的评价机制，听取学生的建议。在双师同堂课程结课后，老师可向学生发布匿名调查问卷，鼓励学生指出课程的不足并提出建议，授课老师在听取学生的建议后完善下一期课程，以此实现教学质量的稳步提升。

第五，课程考核。不同于专业核心课，研讨课更加注重学生的参与，在师生互动、师师互动、生生互动中产生观点碰撞，从而启发学生积极思考，训练学生的思维，深化对所学知识的理解。因此，在课程考核方面应当建立有效的奖励机制，课程最终成绩由结课论文和平时成绩两部分构成，增加平时成绩的比重，并将课堂发言作为平时成绩的重要判断标准。

（三）构建以案例分析课与模拟法庭课相结合的全流程司法实务模拟课程

案例分析课是法学院的传统"实务"课程之一，纵观该本课程长期以来的效果，"实践教学课的内容体系没有脱离理论教学的内容体系，仍是根据理论教学的内容体系来设计的；案例缺乏真实性；案例教学中仍以教师讲授为主，学生参与性不强。"[2]

为了建设"同步实践教学"模式 2.0 版本，为学生创造在校

---

[1] 程雪梅：《应用型本科法律职业人才培养之路——以民事诉讼法课程为例的线上线下双师教学模式研究》，载《司法智库》2020 年第 3 期。

[2] 唐力、刘宥东：《反思与改革：法学本科实践教学创新模式研究——以法律职业教育为视角的一种思考》，载《西南政法大学学报》2010 年第 1 期。

期间全程演练、全程参与、全程体验所有司法诉讼环节的机会，真正实现法治人才培养、法学同步实践教学由点向线、由线向面量与质的内涵式提升，中国政法大学目前依托学生模拟公安局、学生模拟人民检察院、学生模拟人民法院、学生模拟互联网法院和学生模拟律师事务所开设《侦查实务（模拟公安局）》《检察实务（模拟检察院）》《审判实务（模拟法院）》《网络审判实务（模拟互联网法院）》和《律师实务（模拟律师事务所）》课程，共同组成"司法实务全流程模拟"课程组。该课程组 5 门课程均为法学专业选修课中的实务技能课程。每门课程开课周次为 1~8 周，每周 4 课时，共 32 课时。本课程组最终以各方共同参加模拟法庭的方式结课。

现行模拟法庭的通常模式主要是通过案情分析、角色划分、法律文书准备、预演、正式开庭等环节模拟民事审判的过程，最终由分别扮演原告和被告的双方对案件的实体问题进行辩论，旨在调动学生的积极性与创造性，提高学生写作法律文书的能力，但对程序问题的重视程度较低。事实上，在中国的基层司法审判中，各种形形色色的程序不规范、程序不完整、程序正义不重视是普遍存在的，模拟法庭的开展不应处于真空的状态，而是应当反映出中国司法实践的现状。为此，应该在仅以开庭为程序背景的模拟法庭中，增设申请回避、鉴定人出庭、哄闹法庭、申请撤诉、调解、证人说谎、法官发飙、当事人与律师意见不一致等接近真实的程序环节，进而使得模拟法庭能更好地集实体法训练与程序规则训练于一体，更好的接近中国司法审判的实际。

（四）法院、律师现场实务体验

学校应完善赋予学分的专业实习制度，加强校际合作、校地合作、校企合作的协同育人，由相关授课老师带队前往法院或律所进行实习，现场指导学生接洽当事人、书写起诉状、从事书记员的日常工作、参与开庭、进行调解等。目的性、创造性和发散性思维在实务中发挥着非常重要的作用，而这些品质在非实践性课程中是难以灌输和培养的。

四、全流程民事实体法与民事程序法相融合课程的具体知识切入点

本着理论与实践相结合的原则，整合实体法与程序法的教学内容，保证案例分析的完整性。按照司法审判的一般流程设计专题，每一专题由若干典型案例组成，以案例分析为载体，以实体法和程序法有机结合为教学内容，形成较完整的课程体系。

知识单元 1：民事主体与民事诉讼当事人

学习内容：

（1）民事权利能力（民事责任能力）与民事诉讼权利能力的关联。

（2）必要共同诉讼的实体法基础。

（3）当事人适格的实体法判断标准。

（4）程序法为配合特定实体法规则而进行的针对性设置及由此带来的弊端。

学习目标：

（1）了解民事实体法律关系的主体向民事诉讼当事人的转化。

（2）掌握民事诉讼当事人的实体权利基础所决定的诉讼地位。

知识单元 2：民事责任与诉讼请求

学习内容：

（1）民事责任向诉讼请求的转化。

（2）各类民事责任的彼此关系所决定的各个诉讼请求之间的相互关系。

学习目标：

（1）了解诉讼请求的实体法基础。

（2）掌握诉讼请求增加、变更、放弃对"管辖权恒定"的影响。

（3）掌握诉讼请求对"一事不再理"判断的影响。

知识单元 3：实体契约与诉讼契约

学习内容：

（1）民事调解协议、民事和解协议的司法属性。

（2）诉讼和解的界定标准。

学习目标：

（1）了解当事人在不同场合对民事权利义务进行约定的类型差异。

（2）掌握民事调解协议的不可诉性。

知识单元 4：民事法律行为的构成要件与证明

学习内容：

（1）民事法律行为的构成要件与证明责任的一般分配。

（2）特殊侵权中的证明责任倒置。

学习目标：

（1）了解恶意串通法律行为与恶意诉讼的关联。

（2）掌握撤销权纠纷中的证明问题。

知识单元 5：民事行为能力、监护制度与民事非讼程序

学习内容：

（1）认定无、限制民事行为能力案件中的实体法规则与程序法规则。

（2）宣告失踪、死亡案件中的监护人问题。

学习目标：

（1）了解非讼程序的特点和实体法基础。

（2）掌握监护人与法定诉讼代理人的关联。

知识单元 6：民事代理与诉讼代理

学习内容：

（1）民事代理和诉讼代理的属性差异。

（2）诉讼代理对民事代理中相关规则的借鉴与完善。

学习目标：

（1）了解诉讼代理的司法属性。

（2）掌握诉讼代理的范围与权限。

知识单元 7：诉讼时效的程序法解读

学习内容：

（1）诉讼时效与民事起诉的联系。

（2）诉讼时效与上诉期限、申请再审期限的比较。

学习目标：

（1）了解诉讼时效制度的法律意义。

（2）掌握现行法下诉讼时效所规制的权利。

知识单元 8：家事案件中的特殊诉讼程序规则

学习内容：

（1）家事案件中的特殊诉讼规则。

（2）家事案件中的证明难度。

学习目标：

（1）了解家事案件中现有的零散诉讼规则与我国《民事诉讼法》中"特别程序"的完善。

（2）掌握家事案件的实体特点与特殊程序规则的设立。

知识单元 9：判断管辖中对民事法律关系的认定

学习内容：

（1）案件性质对级别管辖的影响。

（2）判断特殊地域管辖时对民事法律关系的分析。

学习目标：

（1）了解多重民事法律关系复合案件中确定管辖的原则。

（2）掌握现行法所规定的管辖规则。

知识单元 10：民事公益诉讼中的相关实体问题

学习内容：

（1）对公益的界定。

（2）公益与私益的区分与竞合。

学习目标：

（1）了解公益利益与国家利益、社会利益的界限。

（2）掌握公益诉讼中的诉讼请求与《民法典》"总则编"所规定的民事责任的关系。

知识单元 11：保全中的实体和程序交错问题

学习内容：

（1）保全中的实体规则与程序规则。

（2）保全中对《民法典》"物权编"和"合同编"的运用。

学习目标：

（1）财产保全中的担保问题。

（2）行为保全中的强制措施。

知识单元 12：强制执行中的实体和程序交错问题

学习内容：

（1）强制执行中的实体规则与程序规则。

（2）强制执行中对《民法典》"物权编"和"合同编"的运用。

学习目标：

（1）执行异议中的实体权利对抗。

（2）参与分配中的债权顺位。

课堂与教学

Curriculum and Teaching

习近平法治思想指引下高校刑事法律诊所课程的再完善[*]

◎孙道萃[**]　阮方晓[***]

摘　要：刑事法律诊所以其独特的人才培养优势，成为培养新时代高素质法治人才的重要承载。我国刑事法律诊所教育及其实践已经积累了丰富而成熟的经验，应当以习近平法治思想为根本指导，总结经验，进一步完善高校刑事法律诊所教育及其实践。针对课程内容本身，应完善多元化案例教学体系，加强刑事法律诊所的实践教学，促进师资多元建设改革；针对课程评价体系，应增加过程性考核比重，扩充实践性考核内容，增加特色内容性考核机制；针对课程成果转化，应着力推

*　基金项目：研究阐释党的十九届四中全会精神国家社科基金重大项目"健全社会公平正义法治保障制度研究"（项目编号：20ZDA032）。
**　孙道萃，中国政法大学国家法律援助研究院副教授、硕士生导师，中国刑法学研究会副秘书长，研究方向为刑事法学。
***　阮方晓，中国政法大学刑事司法学院本科生，研究方向为刑事法学。

进产用、研学的双向一体化。由此，可以实现刑事法律诊所教育与中国特色社会主义伟大法治实践双向互动、协调发展，共同推动法治事业的进步。

关键词：习近平法治思想　刑事法律诊所　法学高等教育　教育实践改进

一、问题的提出

诊所式的法律教育，起源于 20 世纪 60 年代的耶鲁大学法学院，是一种法学教育新模式，这种模式主要是通过教师指导学生参与法律实践，以律师等身份办案，为处于困境中的委托人提供咨询，"诊断"法律问题，开出"处方"。[1] 在众多门类的法律诊所中，以刑事法律诊所最具特色。刑事法律诊所这一教学模式在 2000 年前后被引入中国后，目前已有数百所高校开展或者正在开展刑事法律诊所课程实践，它也逐渐在中国高校中成为法学知识与实践相结合的主要教学场域。经过二十余年的发展，刑事法律诊所已经取得了长足的进步，也积累了丰富的成功经验，是中国法律诊所教育中极为精彩的部分。

2017 年的 5 月 3 日，习近平总书记考察中国政法大学并发表重要讲话，提出"法治人才培养上不去，法治领域不能人才辈出，全面依法治国就不可能做好。"习近平法治思想系统阐述了新时代中国特色社会主义法治思想，深刻回答了新时代为什么实行全面依法治国、怎样实行全面依法治国等一系列重大问题。同时，习总书记还强调："立德树人，德法兼修，培养大批高素质

----

〔1〕　参见刘勇：《法律援助与法学教育的互动模式及其本土化路径——评〈大学生法律援助立德树人培养机制研究〉》，载《中国教育学刊》2021 年第 9 期。

法治人才。"这为法学教育提出了宏观的目标与要求。

习近平法治思想是全面依法治国的根本遵循和行动指南。其一就是要坚持建设德才兼备的高素质法治工作队伍。要加强理想信念教育，推进法治专门队伍革命化、正规化、专业化、职业化。高等学校是法治人才培养的第一阵地，是贯彻习近平法治思想的重要阵地，是研究与阐释习近平法治思想的重要力量。具体到方法论层面，法学学科又是实践性很强的学科，法学教育要处理好知识教学与实践教学的关系，实践教学由此成为当下法学教育的刚需。习近平法治思想为推动法学教育高质量发展、培养德才兼备的高素质法治人才指明了前进方向、提供了根本遵循，为国家法治人才的培养事业描绘了新的蓝图，对高校刑事法律诊所的改革也具有重要的引导意义和价值。[1] 随着《中华人民共和国法律援助法》（以下简称《法律援助法》）的实施，刑事法律援助制度迎来新的发展，这使得刑事法律诊所的教学工作迎来了新的机遇和挑战。

当前，如何应对中国特色社会主义新时代的机遇和挑战，遵照习近平法治思想的基本精神和要求，把握教育部的相关政策红利，按照当前改革的主流方向，结合《法律援助法》实施等新的契机，进一步加强刑事法律诊所的课程完善，已经成为高校法律实践教育和法学人才培养体制改革的重中之重。其中，应当从课程内容、课程评价体系、成果转化方面，继续做好、做实、做深刑事法律诊所教育综合改革。

---

〔1〕 参见教育部办公厅发布的《关于推进习近平法治思想纳入高校法治理论教学体系的通知》（教高厅函〔2021〕17号）。

二、全面优化课程内容设置

创新刑事法律诊所教育的培养模式，应该深入研究和解决好为谁教、教什么、教给谁、怎样教的问题。

（一）完善多元化案例教学体系

在法学学科从一门教条化、理论化的学科向以实践为导向、以技能为基础的学科演进的过程中，法学院的诊所扮演着一个必不可少的角色。[1] 目前，中国高校刑事法律诊所课程特色之一就是以案例为对象和"教材"，课堂教学围绕案例，采取提问、讨论、模拟、反馈等方式，在对案例的互动交流中，让学生自己获得事实和法律上的认识和判断。根据"立德树人、德法兼修"的根本要求，应当构建多元化案例教学体系。为此，可以从以下几个方面进一步改进：

1. 丰富课堂案例来源

要打破高校和社会之间的体制壁垒，将实务部门的优质实践教学资源引入高校，加强法学教育者、法学研究工作者和法治实践工作者之间的交流，把学习观察和实践思考结合起来。[2]

目前，刑事法律诊所课堂所选用的案例大部分为老师根据真实案例的改编，代代传承，皆较为经典，兼顾了典型性与趣味性，老师对案例的改编也使得案例的教学更加具有针对性，更好地满足学生学习的要求，使学生在有限的案例学习时间内获得更

---

〔1〕　参见［美］小查尔斯·J. 奥格利特里：《法律援助的作用及其与政府、法律职业者和法律教育的关系》，载司法部法律援助中心：《各国法律援助理论研究》，中国方正出版社 1999 年版。

〔2〕　参见光明日报评论员：《把学习观察实践同思考结合起来》，载《光明日报》2017 年 5 月 6 日，第 1 版。

多更有价值的知识。同时，在注重保密和信息模糊化处理的基础上，案例选取可以尽可能以真实发生的、已经生效的有效判决的案例为主，应深入政府、司法机关、法律实务部门等司法实务的一线调研考察，收集司法实践中的新现象、新进展、新问题，并将其及时带入到刑事法律诊所的课堂里，使课堂案例教学更加新颖务实。由此，同学们可以窥见真实的案例情况，并将自己的处理意见与司法实务者的处理意见相比较，不仅可以使得刑事法律诊所的法学学习更加贴近实际，也可以精准查找自身的不足，为今后从事法律实务工作做准备。

此外，大部分的诊所教学以教师提供的案例为主，但是学生在法律援助的过程中也承办了较多的案例，其中不乏精彩而有教育意义的案例，可以由学生进行经典案例总结汇报，在刑事法律诊所的课堂上分享案件处理的方式方法与自己的心得体会，以学生的视角先行处理法律实务工作，最后再由老师进行评价，以此提高学习的效果与效率。

2. 增加法律职业伦理案例教学内容

习近平总书记强调："我们要始终坚持立德树人、德法兼修，从党和国家事业发展全局的高度，为中国特色社会主义事业培养更多德才兼备的高素质法治人才，为加快建设社会主义法治国家提供人才保障。"[1] 中国特色社会主义法治道路的一个鲜明特点，就是坚持依法治国和以德治国相结合，强调法治和德治两手都要抓、两手都要硬。法学教育要坚持立德树人，不仅要提高学生的法学知识水平，而且要培养学生的思想道德素养。易言之，

─────────────

〔1〕　姚晓丹、黄雨薇：《德法兼修，为国育才》，载《光明日报》2021 年 7 月 9 日，第 5 版。

法律职业伦理教育在法治人才培养中尤为重要和关键。

以中国政法大学"刑事法与刑事法律科学诊所"为例，该刑事法律诊所课程在案例教学之外，也充分加入了法律职业伦理的特色培训内容，邀请专业的授课教师，从律师、检察官、法官、公证员等角色角度，以法律条文为基础，以理论学习为主线，教育学生要以德为本，德法兼修，作为法律人万万不可知法犯法、逾越法律的底线。在刑事法律诊所课程已有的法律职业伦理的知识教学基础上，可以逐步增加法律职业伦理相关的案例教学，让学生了解具体案件的案情与案件处理结果，目睹锒铛入狱的法律人前后的反差，以更加直观和生动的方式，为学生敲响遵纪守法、遵守法律职业伦理的警钟。如此，也可以加强理想信念教育，确保刑事法律诊所培养出的法治人才忠于党、忠于国家、忠于人民、忠于法律。

3. 加强案例检索能力培养

目前，刑事法律诊所的授课内容历经数十余年的演化、改进，教学机制已经较为成熟。授课内容遵循一定的章法，所用的案例大多为授课教师检索与改编后与同学们进行分享，由教师引导，学生进行分析讨论与观点展示，再由教师进行点评与补充，兼顾了高效性与实用性。但是，除了案件的分析与处理，案例教学的关键点和精髓之一，就是要培养学生的案例检索能力，但这一能力的培养往往被刑事法律诊所教育所忽略。

习近平总书记在全国教育大会上提出要"着重培养创新型、复合型、应用型人才"，法学人才培养也必须贯彻这一理念。[1]

----

〔1〕 参见高学强：《智能时代的法学教育革命》，载《中国社会科学报》2020 年 8 月 26 日，第 3 版。

面向人工智能全方位深入和支撑司法的网络时代，案例检索能力的培养应以电子检索为主，刑事法律诊所可以增强学生们使用"中国裁判文书网""无讼""北大法宝"等网站与平台进行案例检索的能力，深入学习具体的案件检索流程，学会精确个案检索、类案检索与模糊大范围案件检索，逐步学习域外法律法规与权威判例的检索，并以检索的案例为基础在课堂上进行分享，增强动手的能力，为今后的法学实证研究与法律实务工作奠定基础。

4. 推进国内外案例联合教学

坚持统筹推进国内法治和涉外法治，是习近平法治思想的核心要义之一。新时代推进全面依法治国，必须积极参与全球治理体系与改革建设，必须要加强涉外法治体系建设和涉外法治人才培养。目前，我国刑事法律诊所根植于中国特色社会主义法治建设实践，立足于中国特色社会主义法治体系，树立中国特色社会主义法治道路自信、法治理论自信、法治体系自信和法治文化自信，形成了以中国法为中心的中国特色的刑事法律诊所教学内容体系建设。这是新时代牢固树立法治"四个自信"、抵御西方错误思潮的必然要求。但同时，也不能忽视和弱化涉外人才建设。

习近平总书记强调："要加快推进我国法域外适用的法律体系建设，加强涉外法治专业人才培养，积极发展涉外法律服务，强化企业合规意识，保障和服务高水平对外开放。"[1] 近年来，随着世界经济全球化进程的不断加快，尤其是"一带一路"倡议的持续推进，国家、社会对涉外法律人才的需求不断上升。在新

---

〔1〕　参见新华社：《习近平主持召开中央全面依法治国委员会第二次会议强调：完善法治建设规划提高立法工作质量效率 为推进改革发展稳定工作营造良好法治环境》，载《人民日报》2019 年 02 月 26 日，第 1 版。

时代，对中国法律工作者的国际化水平提出了更高的要求。因此，在刑事法律诊所教学体系中，要更多地让学生了解中国与国外的法律体系、法律知识和法律内容，培养精通国际规则的复合型、实践型人才。[1] 具体而言，可以采取举办英文模拟法庭、撰写英文书状教学、应用国外法律解决案件问题等培养方式，切实提升学生在涉外法律领域的实践能力。同时应注意，在推进国内外案例联合教学的过程中，应坚持"以我为主、为我所用"的基本立场，立足中国法体系。

（二）深化刑事法律诊所实践教学

法学教育的目标之一，就是让学生能够运用法学知识，对司法实践中遇到的问题进行分析处理，这是法律诊所课程的重要原动力与基本预期目标。因此，在刑事法律诊所的教学实践中，对学生实践能力的培养不容忽视。

1. 强化模拟法庭辩论培养

模拟法庭辩论是由学生围绕案例扮演包括审判员、律师在内的各种角色，以更好地掌握与诉讼程序有关的知识和相应的实务操作技巧的一种教学方法。目前，绝大多数刑事法律诊所都已经有各具特色的模拟法庭辩论部分，值得推广和完善。

以有着先进实践经验的中国政法大学"刑事法与刑事法律科学诊所"为例，该诊所的模拟法庭辩论教学初步形成了较为先进的"庭前——庭中——庭后"的实践教学体系，具体而言：①"庭前"的法律文书写作方法教学，刑事法律诊所的授课老师会以实践应用为导向，进行法律文书的方法论教授，比如法律文

---

〔1〕 参见汤瑜：《注重培养涉外型法治人才》，载《民主与法制时报》2019 年 11 月 28 日，第 5 版。

书的分类、法律文书的共通要素、法律文书的写作方法；在教授完基本方法论之后，刑事法律诊所的学生会亲身参与到法律文书的写作过程中，法律文书撰写的质量与用心程度关系到结课考核的分数；同时，刑事法律诊所指导老师将对司法流程、相关法律知识进行细致讲解，辅之以情景化教学的方式教学内容比如会见、阅卷、法庭发问的方法、法庭辩论的技巧等；② "庭中"的模拟法庭争锋，学生自行进行角色分配，让学生模拟会见当事人、模拟讯问，并扮演审判组、公诉人、辩护人、证人、被告人等不同的角色出庭，亲身体验法庭调查、庭辩争锋等环节，根据各自的 "身份" 完成任务，指导老师也会观看整个庭审的过程；③ "庭后"的评价、感想交流与文书上交，由指导老师和旁听同学对庭审过程进行评价与纠偏，由参与庭审的同学发表参与的感想，以求在每一次经过模拟法庭实践后，学生们对司法实践的理解程度可以有所提高。应该注意的是，在模拟法庭辩论教学的过程中，除了对庭审技巧等知识的学习，教师应该以习近平法治思想为指引，引导学生在模拟庭审的过程中 "在其位谋其事"，树立正确的社会角色感与信念感。

2. 完善诊所的法律援助模块

刑事法律诊所的课程学习与法律援助值班一般同步进行，由当期刑事法律诊所的学员接待当事人或者收取当事人的案件材料，在商讨后出具专业性较高的法律意见，并将结果反馈给当事人，使学生在模拟情境中学习和掌握各种实务操作的技巧。以中国政法大学的法律诊所的法律援助实践为参照，具体可以从以下几个方面，进一步改进刑事法律诊所的法律援助模块：

首先，建立案件处理的共商机制。大部分高校的刑事法律诊所部门法属性都较强，有着独立的接案机制，有时遇到交叉领域的案件或者当事人错投部门法领域的案件，则难以处理。参照中国政法大学本科生"刑事法与刑事法律科学诊所"，①可以建立"会诊"机制；中国政法大学的不同部门法学科的法律诊所在同一个值班室进行值班，大家交流便利。这种做法的积极启示就是，对于交叉领域的案件，可以由校学生会等组织或者法学院教师等牵头，组织不同的法律诊所或者法律援助社团进行共商共议，以提供更加全面、专业的法律援助意见；②可以建立"转诊"机制。中国政法大学有着不同的法律援助社团，各个法律诊所对于收到的非诊所部门法领域的案件，会及时移送到相关专业的刑事法律诊所或者法律援助社团，及时为当事人提供更为专业的法律援助意见；③可以建立"接力"机制。刑事法律诊所在寒暑假往往提供法律服务缺失，而法律援助社团因为招新等缘故，在学期初提供法律援助服务有限，因此，它们之间可以在时间上进行"接力"，减少刑事法律援助服务"真空"的情况产生；④可以建立"校外合作"机制。不同高校的刑事法律诊所之间互相交流，比如中国政法大学的法律诊所或者法律援助社团曾与外校的相关机构进行线上或线下交流，由此为跨地区来寻求法律援助的当事人提供更好、更加具有接续性的法律服务。

其次，培养学生以人民为中心的思想。习近平总书记在中央全面依法治国工作会议上指出："全面依法治国最广泛、最深厚的基础是人民，必须坚持为了人民、依靠人民。"〔1〕法律援助事业是为弱势群体服务的事业，也是为人民服务的事业。应当将课

〔1〕 参见《坚定不移走中国特色社会主义法治道路 为全面建设社会主义现代化国家提供有力法治保障》，载《人民日报》2020 年 11 月 18 日，第 4 版。

程思政理念贯穿于法律援助的全过程，开展德育教育，教育学生全心全意为人民服务，将"心怀天下苍生""以人民为中心"的种子种到学生心里。开展社会公益教育，继续组织学生开展法律援助的公益服务，让学生在法律援助工作的时间中坚定崇高理想，培育学生的公益精神、法治信仰和家国情怀，[1] 树立为人民服务的崇高志向。

最后，完善推广完整的案件跟踪反馈机制。在接受当事人的案件材料之后，刑事法律诊所成员根据案件类别进行案件的归档记录，然后完成案件事实梳理、分析法律适用并出具具体法律建议，发送给当事人。但是，由于刑事法律诊所周期性的特点，出具的法律意见难以收到效果的反馈，刑事法律诊所案件的跟踪反馈机制需要加强。过去往往很多刑事法律诊所采用纸质化的存档方式，对于案件查找与归类也多有不便。因此，可以成立专门的反馈追踪小组，建立专门的法律援助数据库，专门对案件进行随访与归档管理，也可以吸取前面法律援助意见的经验，对今后刑事法律诊所的法律援助工作进行改进。

（三）促进师资多元建设改革

师资是课程的先导，是课程质量的关键。刑事法律诊所教育的改革与创新是一项系统工程，除了要从课程内容方面着手，还要从师资力量方面进行努力。

1. 师资学术背景实现多元化

目前，我国多数刑事法律诊所专业性较强，集中于刑法与刑事诉讼法这个相对单一的学科领域，且多为实体法领域。这显然

---

〔1〕　参见胡明：《创新法学教育模式　培养德法兼修的高素质法治人才》，载《中国高等教育》2018 年第 9 期，第 27~28 页。

会出现知识结构"不齐整"等问题。因此，有必要加入程序法方面的师资力量，参照中国政法大学研究生刑事法律诊所，该诊所的授课老师兼顾了部门法与程序法，可以有效促进法学教育一体化。同时，在实践导向的基础上，也应该提高法理学课程在刑事法律诊所整个课程体系中的比重。除了部门法和法理学背景之外，还要创新培养内容，突出交叉学科特色，扩大知识容量，适当加入社会学、心理学、文学等领域的教学，并且在法律英语、逻辑推理、人际交流与谈判、人工智能、跨文化沟通等实用性学科的基础上，强化职业伦理、人文素养、政治素养教育，以此培养融会贯通型法治人才。要加强涉外法治人才的培养，在"以我为主"的基础上，还须兼收并蓄，创新国际合作模式，适当引进优质外籍师资，推进诊所英文课程的体系化建设，拓展优质教学资源。

2. 师资中心思想实现特色化

习近平总书记指出，高校思想政治工作关系高校培养什么样的人、如何培养人以及为谁培养人这个根本问题，要着力提升法学专业教师思想政治素质，引导教师坚定理想信念，带头践行社会主义核心价值观，促进理论和实践相结合，多用正能量鼓舞激励学生。[1] 目前，中国高校法学专业学生运用马克思主义法治理论和中国特色社会主义法治理论的专业知识进行实践的能力是有所不足的，这也反映出法学教育的欠缺之处。所有刑事法律诊所的授课老师应将习近平法治思想作为法学教育和法治人才培养的根本遵循，应着力于有思想、伦理、道德、信念和丰富的法学

---

〔1〕 参见《中共教育部党组关于深入学习贯彻习近平总书记在中国政法大学考察时重要讲话精神的通知》（教党〔2017〕21 号）。

知识的教师队伍构建,[1] 做好法治思想与思政教育的融合, 发挥高校作为法治人才培养第一阵地的作用。[2] 法学专业教师要带头践行社会主义核心价值观, 追求言为人师、行为世范, 用自己的实际行动引导带动学生。

三、构建精准科学的课程评价体系

完善的课程评价考核机制, 是全面衡量教学效果和学生学习效果的重要标准之一。可以从以下三个方面, 对课程评价体系进行完善:

(一) 增加过程性考核比重

在考核激励方面, 刑事法律诊所实践性的特性决定了其考核不能是一元论, 而是应贯彻新时代法治人才培养的多元化思想。在考核目标上, 应以法律实务工作为主要导向, 同时重视对学生探知法律事实能力的培养, 和法律素养、法律思维、法律品格、法治精神等的塑造。因此, 刑事法律诊所应将课堂表现等作为考核的关键要素, 增加过程性考核比重, 贯彻全过程评价原则、能力评价原则、多方参与评价原则、与诊所活动同步评价原则,[3]以此激励学生多多参与课堂的实践内容。学生的课上表现情况可以作为过程性考核作业成绩的一部分。诊所结课时应以 "考查"而非 "考试" 为主, 试卷也应多设置开放性试题与综合性试题, 不设标准答案, 鼓励学生用自己的思考和诊所课上所学到的知识

---

〔1〕　参见柴国生:《依法治国视域下法治人才培养机制的优化路径——评〈法学本科实践教学教程〉》, 载《中国教育学刊》2019 年第 3 期, 第 140 页。

〔2〕　参见马怀德:《法学教育法治人才培养的根本遵循》, 载《中国党政干部论坛》2020 年第 12 期, 第 50~53 页。

〔3〕　参见汪燕:《从法律赋能的角度谈法律诊所课程的学生成绩评定》, 载《湖北民族学院学报 (哲学社会科学版)》2014 年第 4 期, 第 163 页。

进行答题，不鼓励死记硬背的现象。

（二）扩充实践性考核内容

习近平总书记在中国政法大学考察时指出，法治理论的学习最终还是要落实到法治实践当中。法治实践就是用所学的法律知识去分析解决现实中的法律问题，只有具备扎实的理论基础，才能准确认定事实、正确适用法律、公平有效地解决实际问题。对于法治人才的考核强调通过案例分析考查考生运用法治思维解决法律实际问题的能力，重视检验考生的法治实践水平，以凸显法学实践学科的特性。

因此，刑事法律诊所课程中的文书写作、模拟法庭、法律援助值班等实践性内容，应成为考核的重要指标之一，实践性考核应注重以下几个能力，即：一是案例检索能力，可以通过限时检索案例的考核方式加以检验；二是案例分析能力，可以设置课堂小组展示、辩论等环节；三是接待当事人的能力，观察法律援助案件接待记录簿，综合评测法律意见书的质量，模拟接待各式各样的当事人；四是语言表达能力，观察学生在模拟法庭庭审上的表现与临场反应；五是面向网络时代和国家司法考试的计算机化时代，应强化学生计算机操作能力的教育与考核。

刑事法律诊所学生考核不能只停留在"模拟司法实务"的阶段，要强调与真实的法律实务相结合。刑事法律诊所的实务专家除了教学任务之外，更应参与到学生的结课考核之中，以更加实务与真实的视角参与教学效果评判。此外，实务专家可以参与学校对实践类课程讲义、考核题目的编写，将有益经验引入课堂讲义和考核题目，从理论与实践相结合的角度对学生学习效果加以检验。

（三）增设特色内容性考核机制

法学教育和法治人才培养在推进全面依法治国中具有重要地位，也是我国法治事业兴旺发达的重要保障。习近平法治思想是新时代法学教育和法治人才培养的行动指南，是法学教育和法治人才培养的思想引领。[1] 在法律诊所课程内容的考核上亦是如此，不仅要调整考核的一些原则和理念，也要优化相应的规则等。

刑事法律诊考察的主要内容就是以习近平法治思想为指导解决法治领域现实问题的能力，和用社会主义法治理念分析社会热点法治事件的能力。要充分发挥刑事法律诊所课堂主渠道作用，将习近平法治思想进行科学有机的学理转化，将其核心要义、精神实质、丰富内涵、实践要求贯穿于刑事法律诊所课程。[2] 杜绝只考核能力、缺少价值观引领的考查倾向，在过程性考核和结课试题中，要深度体现习近平法治思想的核心要义与主要内容，着重体现中国立场、中国智慧、中国特色、中国力量，突出体现中国特色社会主义核心价值体系和社会主义核心价值观的导向，选取习近平法治思想指导法治建设实践的成功案例作为考核的素材。考核的素材应及时更新，与典型案例、社会热点事件、国际新闻、英模人物事迹相结合。引导学生以习近平法治思想为指导，运用所学法律知识分析问题、解决问题。

---

〔1〕　参见《进一步全面贯彻实施宪法，推进全面建设社会主义现代化国家》，载《人民日报》2021 年 12 月 9 日，第 14 版。

〔2〕　参见教育部办公厅《关于推进习近平法治思想纳入高校法治理论教学体系的通知》（教高厅函〔2021〕17 号）。

四、着力推进产学研用的一体化

中共中央、国务院作出的《关于深化教育改革全面推进素质教育的决定》中明确指出，努力改变教育与经济、科技相脱节的状况，促进教育和经济、科技的密切结合，高等教育实施素质教育，要加强产学研结合。教育部与中央政法委联合印发实施《关于坚持德法兼修 实施卓越法治人才教育培养计划 2.0 的意见》，其中提到要深协同，破除培养机制壁垒。切实发挥政府部门、法院、检察院、律师事务所、企业等在法治人才培养中的作用，健全法学院校和法治实务部门双向交流机制，不断提升协同育人效果。[1] 产学研用结合的本质是经济、教育、实践与科技的结合，核心是各种创新资源的优化配置。[2] 法学领域产学研用相结合，是科研、教育、生产、实践应用不同社会分工在功能与资源优势上的协同与集成化，是学术创新上、中、下游的对接与耦合。这已经成为当今法治人才培养的新要求、新方向。在法律诊所课程中，应及时全面植入这一重要内容。

（一）以产用促学研

1. 推动诊所学生到校外基地的实践锻炼

常言道："纸上得来终觉浅，绝知此事要躬行"。校内学习与校外实习实践相结合，是当前法学教育的主导模式，这种模式也蕴含了产学研相结合的精神。在新要求下，更要全方位打破高校和社会之间的体制壁垒，将实际工作部门的优质实践教学资源引

---

〔1〕 参见教育部、中央政法委《关于坚持德法兼修 实施卓越法治人才教育培养计划 2.0 的意见》（教高〔2018〕6 号）。

〔2〕 参见余冠仕：《产学研扩展为政产学研用结合》，载《中国教育报》2011 年 3 月 5 日，第 2 版。

进高校，加强校企、校地、校所合作，发挥政府、法院、检察院、律师事务所、企业等在法治人才培养中的积极作用。

高校应积极与实践部门牵线搭桥，构建更为丰富的法学专业实习平台，让有志于从事法律职业的学生，能够依据职业选择到相关实践单位开展实习，使学生在毕业前有充分的机会投身实务工作，在实践的打磨历练中巩固专业能力、提高实践能力；也可以积累丰富的实践案例资源，为教义法学的研究提供源头活水。

在强化校外基地的实践训练过程中，也要坚持"双导师制"的模式：一是安排法律实务工作者担任实践指导老师，对学生工作中遇到的具体问题进行专业的指导；二是校内刑事法律诊所的负责老师应当为学生的校外实践制定精细化的计划与方案，并提供全程的跟进指导，使实务部门工作与法律诊所教学深度融合；三是校外实践基地可以为校外实践导师与校内实践导师提供一个法学交流的平台，使法律实践得以促进学术研究。

2. 聘请司法实务人员作为诊所授课教师

师资队伍仍然要延续理论与实践相结合的特质。刑事法律诊所的师资多为学校的法学专业教师，由法学专业教师联系校外法律实务工作者作为实务教师。目前，以中国政法大学"刑事法与刑事法律科学诊所"为例，已有许多优秀的法官、检察官、律师等，被刑事法律诊所请回分享经验、讲授知识，弥补刑事法律诊所教学过程中实践内容的缺漏。参照该优秀经验，刑事法律诊所在教师教授理论的基础上，应坚持实施学校与实务部门人员双向互聘管理办法，选聘实务部门专家参与学校人才培养和教学科研工作，引进法律实务部门的优势师资，将熟悉法律实践的法律实务工作者请进课堂，与学生们交流心得体会，更为直观地为学生传授鲜活的法治实践一手经验。及时而充分地将法治建设最新实践经验引入法学教育，使学生在刑事法律诊所的课堂上充分浸润实践氛围、深入体会实践要领，增进学生对法律知识的理解。

（二）以学研促产用

推动应用型高校科研工作高质量发展，有利于学校加快学科建设，优化专业结构，创新人才培养模式，同时为经济发展提供人才和智力支撑。[1] 在刑事法律诊所产学研一体化的深度拓展与具体实现过程中，科学调动实务部门的积极性至关重要。可持续地获得实务部门长期、稳定的支持，就需要为实务部门在刑事法律诊所的课程参与中积极赋能，实现法律实践与学术研究在诸多领域的双向共赢。

概言之：一是切实贴合实务单位的具体学术研究的需求，以此提高实务单位的积极性，让刑事法律诊所所在法学院的教师为实务部门的科研工作进行指导与帮扶。例如，联合出版相关著作、联合发表论文等，或者定期前往实务部门开展法学前沿理论的讲座与交流会，为实务部门开展学术研究工作提供软件、硬件的帮助；二是从刑事法律诊所选拔优秀的学生，输送到合作的法律实务工作部门，参与实习，给予留用机会。刑事法律诊所的学生经过了专业系统的训练，理论与实践的综合素养往往会得到提升。而且，法科学生的参与，也可以分担实务部门一部分的事务性工作量等。

五、结语

习近平总书记曾强调，中国的未来属于青年，中华民族的未

---

〔1〕　参见王学宇：《推动高校"政产学研用"协同创新》，载《中国社会科学报》2021 年 11 月 23 日，第 10 版。

来也属于青年。青年一代的理想信念、精神状态、综合素质，是一个国家发展活力的重要体现，也是一个国家核心竞争力的重要因素。青年法学人才的全面教育与能力培养是关乎国家未来的关键行动。教育部印发的《全国教育系统开展法治宣传教育的第八个五年规划（2021—2025 年）》中提到："到 2025 年，普法的针对性和实效性明显增强，教育系统法治素养和依法治理水平显著提升，广大干部师生尊法学法守法用法的自觉性和主动性不断提高。法治课教师教学能力明显提升，法治实践教育成效显著，'互联网+'法治教育深入推进，政府、司法机关、学校、社会、家庭共同参与的法治教育体系基本形成，教育系统法治宣传教育的质量和水平迈上新台阶。"[1] 这指明了未来法学实践教育的重要内容和具体要求。全面推进依法治国是一个系统工程，法治人才培养是其重要组成部分。"为国养士、为国举才"，不仅是高校刑事法律诊所肩负的基本使命与职责，也是法学教育的重要课题。

---

　　〔1〕　参见教育部《全国教育系统开展法治宣传教育的第八个五年规划（2021—2025 年）》（教政法〔2021〕13 号）。

《习近平法治思想概论》的教学之道[*]

◎郭　晔[**]

摘　要：习近平法治思想的诞生是中国特色法学基础理论的重大突破和创新，而讲好《习近平法治思想概论》课程，是推动习近平法治思想融入学校教育、纳入高校法治理论教学体系的关键一环。主讲教师要从四个方面领悟该门课程的教学之道：一是教学目标要明确、搞明白"为什么讲"；二是教学内容要饱满、弄清楚"讲什么"；三是教学方法要科学、把握好"怎么讲"；四是教学效果要突出，力争"讲出水平"。讲好习近平法治思想概论，必然要下苦功夫、练真本领，以"熟能生巧"臻至"信、达、雅"之境。

---

　　[*]　北京师范大学 2022 年青年教师教学发展基金项目《案例研讨在"习近平法治思想概论"课程中的应用》（项目编号：2022115）。
　　[**]　郭晔，北京师范大学法学院讲师，北京市习近平新时代中国特色社会主义思想研究中心特约研究员。

关键词：习近平法治思想　课程思政　教学方法

《习近平法治思想概论》（以下简称《概论》）的出版是新中国法学史上的一件大事。新中国成立以来，中国法学与新中国发展同呼吸、与新中国法治共命运，经过了建立社会主义新法学、创立中国特色社会主义法学、构建中国特色法学体系的三次革命性探索。在长期的发展中，我们形成了多类型、多层次的法学教育体系，建成了种类齐全、内涵丰富的法学学科体系，但由于缺乏中国特色、中国气派和中国风格的理论根基，我们尚未建立起中国特色法学教材体系和学科体系。习近平法治思想的诞生是中国特色法学基础理论的重大突破和创新，也为构建中国特色法学教材体系和学科体系带来了新希望。《概论》教材成功出版发行后，教育部随即修改《法学类教学质量国家标准（2021年版）》，将法学专业核心课程体系重构为"1+10+X"（"1"即是"习近平法治思想概论"），中国特色学科体系至此终于完整了。接下来，中国特色法学教育的重担就落到了每一位授课教师肩上，如何用好《概论》教材、讲好《概论》课程，成为摆在我们面前的历史性课题。作为《概论》教材编写的见证者，和《概论》教学实践的亲历者，我在《概论》课程的教学中由衷感受到习近平法治思想在课堂上焕发的光彩、在育人中绽放的活力、在校园里飘荡的回响。我认为，我们可以从以下四个方面领悟《概论》教学之道。

一、教学目标要明确，搞明白"为什么讲"

《概论》是一门"新"课，既"新"在全新的教材、全新的知识体系、全新的课程设置，也"新"在新时代、新思想、新定位。可以说，我们的教材立在时代法学的最前沿，我们的课程行在法治理论的最前线，而我们的教学也必将挺在法学教育的最前方。作为《概论》的讲授者，我们在方向上不能动摇、在目标上不能模糊，在最根本的问题上不能支支吾吾，这个根本问题就是《概论》课程的定位问题，即"为什么讲"。

首先，《概论》是习近平法治思想进课堂、入头脑的主要阵地。习近平法治思想是习近平新时代中国特色社会主义思想的重要组成部分，是马克思主义法治理论中国化最新成果，是全面依法治国的灵魂和旗帜，是法治中国建设的根本遵循。法学界、教育界要义不容辞地承担起推动习近平法治思想融入学校教育、纳入高校法学课程体系的政治责任。《概论》是全面了解中国特色社会主义道路优势、制度优势和理论优势的知识宝库，是系统认识全面依法治国基本精神和核心要义的思维导航，更是学习和讲授习近平法治思想的精工良器。与普通的法学专业课不同，《概论》这门课不仅要传授关于法律、法治、法理的基本知识，而且承担坚守意识阵地、校正法治立场、传播科学精神、凝聚思想共识的政治使命。

其次，《概论》是中国特色法学体系的理论基石，是法学核心课程体系的最高统领。习近平法治思想是习近平新时代中国特色社会主义思想在法治领域的科学集成，但它并不是从整体上机械切割下来的一个部分，而是经过法学思维淬炼后形成的有机体系。从这个意义上讲，《概论》不是高校思想政治课程体系的一个"子公司"或"分支机构"，而是法学专业课程体系的统领，是构建和完善中国特色法学体系的圭臬。《概论》课程为其他法学专业核心课铺设了基石，使理论和实践教学有了更稳固、更可靠的思想根据，使各个部门法学不再各自为政而是融贯一体，使法学学科体系更为健全、更有生命力。正因此，《概论》这门课作为法学专业核心课程，必须要由法学专业的教师来讲授，必须要把当代中国法治思想播种在法学的田野上，让习近平法治思想成为新时代法官、检察官、律师、法学家等的安身立命之本和修身养性之学。

再次，《概论》是树立正确法治观的科学指导，是新时代培养德才兼备的法治人才队伍的重要法宝。只有深谙中国法治之道的人才才能建设好法治中国，只有悟透中国法理之魂的精英才能再创法治奇迹。习近平法治思想为我们确立了正确的法律世界观、法治人生观、法理价值观、法学方法论，是我们领略中国特色社会主义法治魅力的窗口，是我们培养法治思维、运用法治方式、锤炼法治精神的宝典。法学教育实现立德树人之使命，必须要依托《概论》这门课程，以伟大的科学精神引领学生学习法学知识，以崇高的德性润泽学生的法治素养。而衡量这门课是否讲好的真正标准，并不在于学生们上了多少课时、背过多少原理、考了多少分数，而在于学生们在知识上有多少获得感、在心灵上有多少满足感、在职业生涯中有多少使命感。

最后，《概论》是深入研究习近平法治思想、创新发展中国特色社会主义法治理论体系的初始门径。习近平法治思想是当代中国马克思主义法治理论和二十一世纪马克思主义法治理论，是随着实践不断发展、随着时代不断更新、随着历史不断前进的思想体系。我们法学院的学生，今天是习近平法治思想的学习者和传播者，明天则是习近平法治思想的传承者和创新者，是马克思主义法治理论代代相传的创作者和贡献者。《概论》课程不能简单地把知识版块从书中移到课堂，而是要把马克思主义的火炬传给年轻人，鼓励他们继续寻觅中国法治的密钥、追逐法治强国的梦想。我们固然不可能奢望这门课程能够培养多少法治领域的思想家和研究者，但必然要把夯实理论基础、增强理论能力、提高理论水平作为要务，使学生们面对问题有办法、面向未来有自信，在中国特色社会主义法治道路上大展宏图、建功立业。

二、教学内容要饱满，弄清楚"讲什么"

如果我们把教学喻为一场思想旅行，那么它绝不是说走就走的"印象之旅"，而是有备而来的"精品之旅"，也就是说，我们要对这一路的风景有一个"预览"，知道"讲什么"。《概论》课程要带同学们领略的风景，既有山川大河的壮美景观，也有清泉溪水的涓涓细流，更有涌在眼眶的泪水和滋润心灵的甘露。

一是讲清习近平法治思想形成发展的实践逻辑、理论逻辑、历史逻辑，回答习近平法治思想从哪里来这一前提问题。习近平亲身经历的社会主义法治实践、马克思主义法治理论及其中国化的成果、中华优秀传统法文化和人类法治文明成果，构成了习近平法治思想的三大来源，也分别述说着其实践逻辑、理论逻辑、历史逻辑。我们只有以这三大逻辑为线索讲清楚习近平法治思想从哪里来，才能完整地呈现这一思想体系"从无到有"的成长和"人无我有"的特征。同时，向同学们讲述这三大逻辑的过程，也是一个"再发现"的过程。一方面，我们会发现习近平在地方领导实践中产生的诸多概念和命题正是习近平法治思想中某些重要观点的雏形，比如他在正定时提出"农村法制建设特别要对封建宗族势力，黑恶势力加以防范，露头就打"，[1] 在福建时提出"市场经济就是法制经济"[2]"依法治湖"[3]"依法治省"，[4] 在浙江时提出"法治浙江"和"平安浙江"概念，[5] 在担任国家副主席时提出"和平发展、共同繁荣"。[6] 另一方面，我们会发现习近平法治思想的诞生，不是历史上偶然的突变，而是与马克思主义理论一脉相承。例如，关于"民主集中制"，毛泽东将之喻为"自由"与"纪律"的关系，邓小平将之喻为"个人利益"与"集体利益"的关系，习近平则更升华为"蓬勃活力"与"团结统一"的关系，这说明理论创新恰是时代更新的映射。

二是讲透习近平法治思想的理论体系，打通其主动脉、理顺其主干道、认清其主路标。习近平法治思想是博大精深、内容丰富的思想系统，我们在教学中不可能面面俱到地展开每一个细节，而必须从主要立场、观点和方法层面抓住其基本精神、阐明其核心要义。这就需要我们要在系统研究习近平法治思想体系的基础上，完整讲述其基本结构、内在逻辑、思想脉络，精准呈现其思想干货、理论难点、知识重点。具体而言，我们必须根据不同层次的授课对象找到适合的教学范式。对法学本科生而言，《概论》教学可以"六论"为基本范式，从全面依法治国的重大

〔1〕　参见中央电视台大型政论片《法治中国》第 1 集解说词。
〔2〕　习近平：《论"〈政治经济学批判〉序言"的时代意义》，载《福建论坛（经济社会版）》1997 年第 1 期。
〔3〕　参见赵永平、颜珂、王浩等：《筼筜湖治理的生态文明实践》，载《人民日报》2021 年 6 月 5 日，第 1~2 版。
〔4〕　习近平：《在省长办公会上的讲话》，载《福建日报》1999 年 8 月 10 日。
〔5〕　参见习近平：《之江新语》，浙江人民出版社 2007 年版，第 199 页、第 202 页。
〔6〕　习近平：《在中美建交 30 周年纪念晚宴上的讲话》，载《光明日报》2009 年 1 月 13 日。

意义、政治方向、工作布局、重点任务、重大关系、重要保障六个方面，系统呈现习近平法治思想的"灵魂"和"骨干"。对硕博研究生而言，《概论》教学可以"三基本"为基本范式，从法治的基本原理、中国特色社会主义法治的基本理论、新时代全面依法治国的基本观点三个层次，全面展现习近平法治思想的思想高度、学理深度、学术厚度。对非法学专业者而言，《概论》教学则可以以"十一个坚持"和"五大辩证关系"为主要内容，科学勾勒出习近平法治思想的核心立场、基本原则和主要方法。不同教学范式下，习近平法治思想的理论体系转化为或深或浅的教学大纲，既要内容完备、有教无类，又要重点突出、因材施教。

三是讲出习近平法治思想的创新和优势，向同学们讲述当代中国马克思主义法治理论、二十一世纪马克思主义法治理论为什么行。《概论》教学不是"教义"的宣讲，而是科学的启蒙和真理的论证，我们选择习近平法治思想，不是"主观的偏爱"，而是"客观的确信"。一方面，它回答了古往今来许多思想家想回答却只能勉强作答的问题。例如，近代以来，人们围绕"什么是人权"给出了"天赋人权""人权即自由""人权法定"等多种多样的答案，但这一具有现实意义的问题却往往在抽象层面争辩着。习近平一语中的地说"人民幸福生活是最大的人权"，揭示了人权概念的现实本质，也跳出了西方式人权理论的窠臼。另一方面，它解决了诸多实践中想要解决却长期没有突破的难题。例如，城镇化过程中如何解决农村土地大量空置的难题？习近平提出"三权分置"，将农村土地的承包经营权拆分，承包权归承包户，经营权流转给愿意种地的经营主体。这一制度后来在我国《民法典》中得到了确认。诸如此类的理论和实践创新在习近平法治思想中处处可见，我们在教学中要有章有节地将它们表达出来，让科学的理论以科学的方式赢得掌声。

四是讲明习近平法治思想的思维和方法，让同学们知道"正确的法治理论如何认识和指导正确的法治实践"。习近平法治思想之所以能够引领我们攀爬法治的科学高峰，不仅在于它述说着这个时代的科学道理，而且在于它在思维和方法上的正确性。例如，辩证法贯穿于全面依法治国的总过程，包括认识和处理政治与法治的关系、法治与改革的关系、发展与安全的关系、秩序与活力的关系、依法治国与以德治国的关系、依法治国与依规治党的关系等，我们在教学中不能仅停留于具体的关系层面，更要上升到逻辑和方法层面，让同学们领会辩证法在当代法治生活中的生命力。再如，马克思主义实践观是习近平法治思想认识论的灵魂，它既回答了"是什么""为什么"，又指出了"怎么办"。习近平总书记指出："法律是什么？最形象的说法就是准绳。用法律的准绳去衡量、规范、引导社会生活，这就是法治。"总书记不是用抽象的概念变戏法，而是从社会实践的角度来认识法律和法治，从而顺理成章地提出"运用法治思维和法治方式治国理政"。此外，习近平法治思想的系统思维、历史思维、战略思维都是我们在《概论》课程中应当重点介绍的思维方式，它们既与法治思维相辅相成，又深深蕴涵于法治思维之中。

五是讲好全面依法治国实践中的故事和道理，让同学们透过"实践的中国"更深知"思想的中国"。习近平法治思想脉络中充斥着许多感人至深的法治故事值得讲述。其中有修改宪法、编纂民法典、制定重点领域法律等立法故事；有推行政府权力清单制度、建立行政机关内部重大决策合法性审查机制、建立执法全过程记录制度、推进政府信息公开等执法故事；有推进以审判为中心的诉讼制度改革、实行立案登记制、完善司法责任制、纠正冤假错案、废止劳动教养制度等司法故事；还有"枫桥经验""乡村善治""依法治网""依法治港治澳""依法反腐""依法治疫""依法应对'长臂管辖'"等前沿故事。在《概论》课程教学中，我们要善于用娓娓道来的故事串联起环环相扣的理论，让道理自觉陈述于故事中，使学生更易听懂、更愿接受。此外，我国法治建设实践中还有许多微观的故事，虽然并没有出现在习近平法治思想的原文原著中，但却道出了其中蕴含的法治道理。比如，衢州"最多跑一次"改革以"打破政府信息壁垒、实现互联互通"来打通"改革最后一公里"的故事，形象说明了"法治政府和法治社会必须一体建设"的道理。云南"卢荣新强奸案"因非法证据排除规则而被改判的故事，生动表明以审判为中心的诉讼制度改革不仅有益于审判，而且也促进了公安执法的规范化。这些"小故事"只是中国法治宏观叙事的一瞥，却成了诸多思而不得的"大道理"。我们要善于在《概论》课程的教学中"点石成金"，让学生们在身边的小事、岁月的点滴中感受到习近平法治思想的真理力量。

三、教学方法要科学，把握好"怎么讲"

当明确了"讲什么"之后，习近平法治思想的风景便映入我们的眼帘，但所见仍然只是二维的世界，要让其生动地为我们所感知、立体地为我们所理解，还需要从授课思路和教学方法上下功夫。

第一，立足原文原著原意来讲。习近平法治思想集中体现在习近平关于全面依法治国的重要论述中。我们要把《概论》教材与《论坚持全面依法治国》有机结合起来，引导学生学习习近平的原著原文。实际上，许多道理的理解必须放到原文中才能获得。例如，我们在讲"坚持党的领导、人民当家作主和依法治国相统一"的时候，必然会提到"人民代表大会制度是坚持党的领导、人民当家作主和依法治国有机统一的根本制度安排"。如果不立足习近平总书记在庆祝全国人民代表大会成立六十周年大会上的讲话，而只是从"坚持党的领导""人民当家作主""依法治国"三个方面分别进行阐述，那就忽略了这一命题的两个重要方面。习近平在提出这句论断之前对党领导人民探索建立人民代表大会的历程进行了论述，这不仅是单纯的回顾，也是对这句论断的一个事实证明。换言之，人民代表大会制度是在中国共产党领导下创立的，是中国历史上第一个人民当家作主的制度实践，同时它也是通过宪法规定而确立的根本制度，这"三者统一"不是基于先验概念的演绎，而是一个历史事实的证明。此外，在这一论断之后，习近平总书记除了强调"坚持党的领导""人民当家作主""依法治国"这三点之外，还特别提到了"民主集中制"，以表明人民代表大会制度也是民主集中制优势的重要体现。如果不回到原著原文，仅仅断章取义甚至异想天开，我们就无法理解习近平法治思想中诸多科学论断的深刻内涵，也必然会错过更多有意义的讨论和探究。

第二，结合实践实际实例来讲。"习近平法治思想在中国特色社会主义法治实践的土壤中萌发、孕育、成长，在中国特色社会主义法治实践中应用、检验、升华，并引领中国特色社会主义法治事业阔步前行。实践性是其本质属性，实践逻辑是其根本逻辑。"当然，习近平法治思想的实践性不仅体现在它形成发展的实践逻辑上，而且体现在它对法治实践问题的回答和指引上。因此，我们要以问题为导向，通过实践中的生动案例来更准确和形象地阐明习近平法治思想的科学内涵。例如，在讲授"坚持以人民为中心"时，我们可以结合新时代的《民法典》如何通过保障人民权利来阐释"为了人民"的内涵，可以结合乡村基层民主决策实例来说明"依靠人民"，可以结合纠正冤假错案等实例来说明"保护人民"，结合各地生动感人的扶贫故事来说明"造福人民"，还可以结合中国共产党百年来的人权实践来增进同学们对"以人民为中心"这一法理的理解。又如，在阐释"法治与德治的关系"时，我们除了结合宏观的依法治国和以德治国实践之外，还可以引导学生关注嘉兴市"让有德者有所得"等基层社会治理实例，从身边的故事中理解和感悟德治与法治的互补作用。

第三，置于国史、党史、法史中讲。习近平法治思想是运用历史唯物主义观察法治、分析法治、论证法治的理论典范，处处闪动着历史思维的灵光。习总书记正是从我国古代变法规律中找到了改革和法治的关系，他表示："改革和法治相辅相成、相伴而生。我国历史上的历次变法，都是改革和法治紧密结合，变旧法、立新法，从战国时期商鞅变法、宋代王安石变法到明代张居正变法，莫不如此。"我们在讲授第三编"改革与法治的关系"时，便可以将之放到我国古代变法历史例证中，使同学们对二者关系的理解更直观、印象更深刻。再如，关于党对全面推进依法治国的部署，习总书记将其定性为"我们党在治国理政上的自我完善、自我提高，不是在别人压力下做的"。对此我们可以从苏联共产党执政失败的历史教训讲起，讲清"党的领导离不开社会主义法治"的历史规律和法理依据，讲明我们党依法执政的科学认识和坚定信念。习近平曾郑重言道："历史是最好的教科书。"历史事件、历史规律、历史逻辑为我们提供了理论学习的最佳参考，我们不但要教会学生历史中的理论观点，而且要教会他们以史为鉴的历史思维。

第四，融入哲理法理学理中讲。习近平法治思想是中国特色社会主义法治实践的科学凝练，但不是对法治建设经验的平铺直叙，而是饱含了哲理的追问、法理的慎思、学理的分析。我们只有深入到这些哲理法理学理中去而不是停留于话语表面，才能看到习近平法治思想内在闪光的灵魂，才能言之有物、言之成理。一方面，习近平法治思想中包含着诸多哲理法理学理，我们必须阐释清楚、论证全面、讲述生动。例如，"公平正义是法治的生命线"就是习近平法治思想中非常重要的法理命题。我们在讲课中既要让同学们知其然，又要知其所以然，必须回答好"为什么公平正义之于法治如此重要""为什么法治是实现社会公平正义的必然选择""如何运用法治方式维护和促进社会公平正义"等问题。另一方面，习近平法治思想也为我们理解和学习关乎法治的哲理、法理、学理提供了参考和指南。古往今来思想家们围绕法律与道德的关系提出了诸多有益的观点，习近平在把握人类法治发展规律的基础上提出"法律是成文的道德，道德是内心的法律""法安天下、德润人心""法治和德治相辅相成、相得益彰"，正是对这一学理问题的科学回应。对于将来耕耘于法治前线的法科学生而言，学习习近平法治思想所获得的不仅是科学的知识、正确的立场、思辨的能力，更重要的是受益一生的法治思维和法理思维。因此，我们要通过《概论》课程的讲授，把具有中国特色、中国风格、中国气派的法治论语和法理智慧传播下去，让深邃的法律思考、醇厚的法治思想、闪光的法理思维深入人心。

第五，分成多元、多维、多阶来讲。习近平法治思想是内涵丰富的有机系统，它不是平面的理论组合，而是立体的思想体系。一是全面展现这一体系的概念命题论述等多元要素，尤其是其中具有创新意义的要素，如"良法善治""法治中国""依宪治国"等概念、"中国特色社会主义法治体系""在法治轨道上推进国家治理体系和治理能力现代化"等命题、关于全面依法治国要处理的多种重大关系的论述；二是充分展开解读这一体系的多维视角，不仅从本体论、认识论、价值论、方法论等传统理论视角分析习近平法治思想，而且从话语论、修辞论、系统论、辩证论等新维度对习近平法治思想进行理论概括等；三是由浅入深地剥开这一体系的多阶结构，展现其作为法律、法治、法理多阶理论的特色。以习近平法治思想中的宪法理论为例，我们不仅要讲明作为国家根本法的宪法，而且要讲清作为治国理政总章程的宪法，更要讲透作为执政兴国总依据的宪法，从多阶理论出发阐明宪法理论的科学内涵。在某种意义上，习近平法治思想之所以发出璀璨耀眼的真理之光，就在于它是一颗多面反射、多棱架构的金刚石，它值得我们从不同的角度用心观摩欣赏品味。

四、教学效果要突出，力争"讲出水平"

教学不仅是以知识启迪知识的技术，而且也是以思想唤醒思想的艺术，应当永无止境地臻于至善。习近平法治思想本身就是具有科学性和强大感召力的思想体系，我们在教学中要不断追求卓越，把思想的火种传递给青年、让真理的光芒普照校园。

首先，讲准习近平法治思想的精神实质，让同学们念好法治的真经。有限的课时容量难以真实再现无限的思想内容，但我们必须要把"求真"放在第一位，务必把每一个概念、每一条命题、每一段论述都精准讲述出来，不留疑点、不遗漏洞、不设盲区。这就要求我们必须要反复研读原著，既要弄清楚习总书记在什么情况下作的讲话或致辞、围绕什么主题进行的报告或说明、针对什么问题作出的指示或要求，又要弄清楚这些原文背后的哲理、道理、学理，以及这些原文所对应的实践问题或要求。只有老师们把原文原意熟稔于心，才有可能保证讲授的内容不偏不倚，学生们也才能获得"正道"和"真知"。这尤其体现在一些政治性问题的把握上，我们很容易因为疏忽大意或用功不深而犯错。例如，习总书记反复强调，公正司法必须着力解决领导机关和领导干部违法违规干预问题，确保人民法院依照法律规定独立行使审判权。但是，这并非如外媒所评论的"司法独立"，更不是什么"三权鼎立"。我们在涉及中国特色社会主义制度的内容时，要特别注意与西方式的话语标签划清界限，旗帜鲜明而准确无误地把习近平法治思想的立场、观点和方法阐清释明。

其次，讲明习近平法治思想的科学本性，让同学们品出真理的味道。虽然《概论》课程有着思想政治课和法学专业课的双重使命，但是我们不能将其等同于政治宣讲课，而要更注重从法学思维出发对习近平法治思想进行科学诠释和理性解读。我们要善于把习近平法治思想融入法学理论体系中，使它们在概念上统一、在内容上相合、在话语上相契。例如，在讲到"法治思维"时，我们要注意将其置于法学思维体系中，把法律思维、法治思

维、法理思维的内涵和层次讲明白，从而才能更好地使同学们理
解为什么要提高领导干部运用法治思维和法治方式治国理政的能
力。我们还要善于从学理上对理论上的创新概念和命题进行论
证，而不是仅仅让同学们记住某些论断。例如，"中国特色社会
主义法治体系"是具有独创性的概念，它在实践上是"中国特色
社会主义法律体系"的延续和升级，在理论上则体现了从"规
则"到"制度"再到"治理"的法概念创新，"党内法规体系"
的提出更展示出这一概念的独创性价值。我们可以综合运用比较
研究的方法、历史研究的方法、理论联系实际的方法等，把习近
平法治思想的科学意义挖掘出来，让同学们不仅做到"心知肚
明"，而且要"心领神会"且"触类旁通"。

再次，讲透习近平法治思想的精深义理，让同学们习得法理
的真谛。"中国之治"以"中国之理"为支撑才更显得光彩夺目，
而"中国之理"在法治领域的体现就是习近平法治思想。《概论》
课程所讲授的是良法善治的智慧，不是"法治"之术，而是"法
理"之学。这就意味着，我们应当让同学们通过习近平法治思想
的学习，理解法律既关乎规则也关乎正义、法治既规范权力又保
护权利，懂得立法须科学、执法须严格、司法须公正、监督须有
力，领悟法治背后有精神、裁判背后有温度、法条背后有人心，
等等。更重要的是，我们要尽可能地让这门课与同学们的心灵产
生意义关联。一方面，让他们能够对自己未来职业有正确的法理
认知，明白做一名法律人，并不是做一个法条的售卖机，而是要
手中有天平、胸中有正义。另一方面，让他们对中国法治道路、
制度、理论有自信，在面对现实时有理性、面向未来时不恐慌，
能够在内心深处与习近平法治思想产生法理共鸣。事实上，这并

非难事，而是这门课应当且能够做到的事，因为习近平法治思想本就是法理的宝库，但这需要授课教师自身先补足功课以通透法理。

最后，讲出习近平法治思想的崇高境界，让同学们爱上思想的乡土。一切美好的课程如同一切有趣的灵魂一样，不止因其渊博而让众人赞叹，而且因其智慧而令人心向往之。习近平法治思想是《概论》课程的对象，但更是它的灵魂所依，我们要用言语去刻画它的崇高和优美。严复在《天演论》中谈到翻译时说："译事三难：信、达、雅。求其信，已大难矣！顾信矣，不达，虽译，犹不译也，则达尚焉。"教学作为传递思想的信使，同样要努力追求"信、达、雅"这三重境界。信，就是"实事求是"，不悖原文原著原意；达，就是"通达义理"，不拘泥于文本和表象；雅，就是"止于至善"，让思想经由转述保持更加旺盛的生命力。对从事习近平法治思想的教学工作者而言，"信"必经由"明辨"，"达"定需要"慎思"，而"雅"则是一门"艺术"了。讲好习近平法治思想概论，必然要下苦功夫、练真本领，以"熟能生巧"臻至"信、达、雅"之境。

民法课程思政育人实践路径研究

——以"社会主义核心价值观"为中心

◎郏立军*

摘 要：针对民法课程思政育人中存在的民法课程与思政"两张皮"现象、教师在民法课程思政建设方面意识薄弱现象和民法课程思政缺乏完善的评价体系问题，论证社会主义核心价值观作为民法课程思政育人的可行性。从立德树人之国家层面要求、人才培养质量之课程思政要求与民法课程思政之课堂教学建设要求三个方面进行分析，认为贯彻社会主义核心价值观是民法课程思政育人实践路径。大思政的协同效应、培养具备育德能力的高素质的课程思政教学教师队伍和建立民法课程思政完善的评价体系，是践行社会主义核心价值观和建设民法课程思政的重要方式。

---

* 郏立军，法学博士，上海对外经贸大学法学院副教授，硕士生导师。

关键词： 民法课程思政　社会主义核心价值观　协同效应
评价体系

任何一门学科都蕴涵着丰富的思政教育资源，具有德育作用。国家高度重视高校思想政治教育工作，提出"课程思政"这个新时代的要求和挑战性的实践命题。思政课程是一门课程，而"课程思政"不同于思政课程，"课程思政"相对于高校传统教学而言，是一种新的教学理念，[1] 其是指在高等院校思政课程之外的专业课等课程教学中挖掘该课程中内置的思想政治教育元素，将该思政元素融入教学各方面，从而对学生进行思想政治教育，实现"立德树人"的育人教育的目标。简而言之，课程思政就是将思政课程内容融入非思政课程的专业课程教学之中，在专业课教学中实现多元化育人的目的。民法课程作为专业课程进行课程思政自不例外。

一、民法课程思政育人中存在的问题

（一）课程讲授中存在的民法课程与思政"两张皮"现象

由于民法课程知识体系庞大，在传统的民法课程教学中，教师会将备课时间与上课精力更多地放在民法专业知识的传授上。与传授纯粹的民法专业知识相比，开展民法课程思政会导致教师更大的压力与实践挑战。

民法课程思政教学存在一些问题。首先，在教学中没有将民法中的思政元素融入教学内容中，民法课程思政就社会主义核心

---

〔1〕 时显群：《法学专业"课程思政"教学改革探索》，载《学校党建与思想教育》2020 年第 4 期，第 59~60 页。

价值观等思政元素空谈，流于形式，思政与民法专业知识点不能有机衔接；其次，教师在教授民法知识时，为了满足课程思政而强行加入无联系的思政内容，浮于表面地或者大篇幅地在专业课上讲述思政，尽管加入了思政元素，但不能将知识、价值观塑造与能力培养有机联系为一整体，不能达到"润物无声的育人效果"。

可见，思想政治教育教学与民法专业课程教学分列而非有机结合讲授，使得思政课程与课程思政协同性差。在教育教学理念上，民法课程更注重民法理论知识的体系性，在民法课程教学中，体现为民法体系的完整性，民法课程中的思想政治教育元素未能得到充分挖掘，不能很好地处理知识传授和价值引领之间的关系，课程思政缺乏系统的设计，育人功能不能很好地体现出来。实质上是全课程育人与全员育人理念未能得到很好地贯彻，使得民法专业课程教学与思政教育呈现"两张皮"现象。具体可概括为：育人目标和功能不明确，育人能力不足。因此，针对此现象，需要解决两者之间的联系和一体化问题，从而发挥学科优势，全课程、全方位育人。

（二）教师在民法课程思政建设方面意识薄弱

在民法课程教学中，将思政教育融入民法专业教学中，构建民法的课程思政模式，培养立德树人具有重要意义。但是现有民法课程思政建设中存在一些问题，如专业课教师重视不够，进行课程思政的思政内容生搬硬套而融入度过于浮浅，达不到民法专业与思政一体融合。

民法课程教师一般认为，学生已经系统学习了思政等相关课程，专业课老师应当尽可能多地传授民法专业知识与专业技巧能力，而忽视了在传授民法专业性知识与技巧时有意识地将正确的世界观、人生观、价值观传授给学生。例如，针对一些社会热点问题如"代孕"事件的法律问题及道德问题，通过民法课程思政教学，让学生理解法律及道德层面的问题，从而提高学生的思想理论水平，同时，这对民法专业教师的思想政治修养也有相当高的要求。如果专业教师对该问题不能很好地从社会主义核心价值观的思政高度去理解，很难起到思政教育的效果，会出现民法课程思政与思政"两张皮"现象。课程思政作为立德树人的一种新尝试和专业教育的新常态，突破了传统教育教学的范式，对教师政治素质与专业素养提出了教学挑战。[1] 尽管实践中课程思政构建已有进展，但如何有效建设民法课程思政建设，加强民法教师课程思政建设方面的意识，发挥民法课程思政育人功能，值得关注。

教师在民法教学时，只是注重民法专业知识的讲授，而对民法课程中的课程思政资源挖掘不够充分和深入，没有挖掘出教学内容中所蕴含的思政教育资源，对法学学生在思政素养培养方面有待提高。思政教学与民法专业课程教学存在"两张皮"现象的原因，在于民法课程思政建设水平问题，民法专业课程教师的育人能力有待进一步提升，教师在民法课程思政建设方面意识较为薄弱。

（三）民法课程思政缺乏完善的评价体系

课程思政教学受到传统民法教学方式的时空的限制，课程思政建设过程中对思想政治理论课程的关注度高于民法课程。民法

---

〔1〕 李小侠：《经济法课程思政元素的教学应用》，载《高教论坛》2020 年第 9 期，第 19~22 页。

专业课在整个法学课程体系中所占比例较大，影响颇大，主要目标在于培养法科学生在本专业范围内发现问题、分析问题和解决问题的能力，但如何深度挖掘民法课程体系中的思政元素，值得探讨。评价教学效果不仅仅在于评价教师的民法教学与学术业务水平、民法教学方法和教学态度，还应当注重在民法教学中对学生思政、专业知识、专业技能的提升。

一般高校课堂教学质量评价表由教学内容、教学组织、语言教态等评价项目组成。具体而言，教学内容主要包含评价内容为：教学目标明确，思路清晰，重点突出，内容充实；理论联系实际，深入浅出，条理清楚，承前启后，循序渐进；能反映或联系学科发展新思想、新概念或新成果。教学组织主要包含评价内容为：教学过程安排合理，教学方法灵活自如，教学设计方案完整；对教学内容娴熟，启发性强，能给予学生思考和创新的启迪；课堂应变能力强，能有效调动学生思维和学习积极性；熟练运用多媒体等教学手段，板书与多媒体相配合。语言教态主要包含评价内容为：语言清晰流畅、准确生动，语速节奏恰当；仪表得体，自然大方，精神饱满，肢体语言运用合理恰当；教学风格突出，感染力强，教学效果好。由于民法课程思政教学是一种新的教学模式，缺乏完善的课程思政评价体系指挥棒，为充分挖掘民法课程中的思政元素，在教学中切实提升学生的道德素养，原有的课程评价体系应当在民法课程思政教学评价体系方面进一步做出完善。

二、社会主义核心价值观作为民法课程思政育人途径的可行
性分析

（一）立德树人之国家层面要求：培育和践行社会主义核心
价值观

落实立德树人根本任务的战略举措就是要全面推进课程思政
建设。课程思政主要是将各课程中的思想政治教育元素融入课程
中，实现立德树人的目的。

2020 年，教育部印发《高等学校课程思政建设指导纲要》，
其明确指出"立德树人成效是检验高校一切工作的根本标准。落
实立德树人根本任务，必须将价值塑造、知识传授和能力培养三
者融为一体、不可割裂。""全面推进课程思政建设，就是要寓价
值观引导于知识传授和能力培养之中，帮助学生塑造正确的世界
观、人生观、价值观。"在价值塑造、知识传授和能力培养"三
位一体"的人才培养目标方面，价值塑造处于首要地位。培养人
才的本质就是为学生塑造正确的"三观"，即世界观、人生观和
价值观。将这些价值观贯彻于知识传授与能力培养之中，则需要
全面推进高校课程思政建设。价值塑造、知识传授和能力培养三
者融为一体、缺一不可。以价值观引领知识传授与能力培养，具
体表现为以教师队伍为"主力军"、课程建设为"主战场"、课堂
教学为"主渠道"，"使各类课程与思政课程同向同行，将显性教
育和隐性教育相统一，形成协同效应，构建全员全程全方位育人
大格局"。

在民法课程教学中，以社会主义核心价值观作为以德树人的
思政基础，符合国家层面立德树人的要求。早在 2016 年 12 月，
中共中央办公厅、国务院办公厅印发的《关于进一步把社会主义

核心价值观融入法治建设的指导意见》强调，以富强、民主、文明、和谐，自由、平等、公正、法治，爱国、敬业、诚信、友善为主要内容的社会主义核心价值观是社会主义法治建设的灵魂，明确要求大力培育和践行社会主义核心价值观，运用法律法规和公共政策向社会传导正确价值取向，把社会主义核心价值观融入法治建设和法律教育中。2018 年 5 月，中共中央印发的《社会主义核心价值观融入法治建设立法修法规划》强调，社会主义核心价值观是全国各族人民团结奋斗的共同思想道德基础，力争经过5 到 10 年时间，推动社会主义核心价值观全面融入中国特色社会主义法律体系，筑牢全国各族人民团结奋斗的共同思想道德基础。上海市高校率先围绕"知识传授与价值引领相结合"的课程理念，以"课程思政"为目标的课堂教学，培养学生的爱国情怀、社会责任、理想信念、价值观念、道德观念，符合《中华人民共和国民法典》（以下简称《民法典》）第 1 条"为了保护民事主体的合法权益，调整民事关系，维护社会和经济秩序，适应中国特色社会主义发展要求，弘扬社会主义核心价值观"规定精神和课程育人目的。

民法是法学专业的核心课程和基础课程，在高校课程思政建设的大背景下，培育和践行社会主义核心价值观，将社会主义核心价值观融入民法课程教学，既是民法课程教学的需要，也是民法课程思政建设的需要。

（二）人才培养质量之课程思政要求：社会主义核心价值观能解决专业教育和思政教育"两张皮"现象

如果要解决法律纠纷，法学学生不仅要具有扎实的法学专业基本功，特别是民法基础，还需要具备一定的沟通能力。培养具有一定道德素养的高素质法学人才，是高校德育工作的重点。将思政教育融入法学特别是民法课程教学之中，需要从理想信念、治学态度与法律职业道德等方面对学生进行潜移默化的教育。

"课程思政"并非增设一门课程，也并非增设一项活动，而是围绕"知识传授与价值引领相结合"的课程目标，将高校思想政治教育融入课程教学，润物无声地实现立德树人目的，强化显性思政，细化隐性思政，从而达到构建全课程育人战略目标。[1]"课程思政"与"思政课程"均为思想政治教育不可或缺的核心内容，"课程思政"与"思政课程"同向同行，相互之间形成协同效应，在专业课教学中使学生既能学习到专业知识和专业技能，又能潜移默化地接受思政教育，从而到达思政育人的效果。[2] 可见，建立一套有效的课程思政与思政课程形成合力的协作机制，能够使课程思政与思政课程两者同向行进。

在教学中，存在民法课程与思政教育"两张皮"现象，两者之间的育人合力尚未形成，难以发挥专业课程育人的功能。民法教学实际上是对《民法典》进行体系诠释，中共中央印发的《社会主义核心价值观融入法治建设立法修法规划》中强调，《民法典》的精神灵魂为社会主义核心价值观塑造，推动民事主体自觉践行社会主义核心价值观，完善中国特色社会主义法律体系，使法律法规更好体现国家的价值目标、社会的价值取向、公民的价值准则。中央有关部门负责人就《社会主义核心价值观融入法治建设立法修法规划》答记者问中提到，把社会主义核心价值观要

---

〔1〕 高德毅、宗爱东：《从思政课程到课程思政：从战略高度构建高校思想政治教育课程体系》，载《中国高等教育》2017年第1期，第43~46页。

〔2〕 时显群：《法学专业"课程思政"教学改革探索》，载《学校党建与思想教育》2020年第4期，第59~60页。

求融入法律规范、贯穿法治实践，法律才能契合全体人民道德意愿、符合社会公序良俗，才能真正为人们所信仰、所遵守，实现良法善治，需要引导人们自觉践行社会主义核心价值观。在民法课程教学过程中，以习近平新时代中国特色社会主义思想为指导，以树立正确的世界观、人生观、价值观为重点，以学习实践社会主义核心价值体系为核心，以良好的道德修养为支撑，达到培养学生爱国情怀、社会责任、理想信念、价值观念、道德观念等方面的教学目标。全面推进高校课程思政建设才能全面提升人才培养质量，正如 2020 年，教育部印发的《高等学校课程思政建设指导纲要》中指出，"高等学校人才培养是育人和育才相统一的过程。建设高水平人才培养体系，必须将思想政治工作体系贯通其中，必须抓好课程思政建设，解决好专业教育和思政教育'两张皮'现象""深入挖掘各类课程和教学方式中蕴含的思想政治教育资源，让学生通过学习，掌握事物发展规律，通晓天下道理，丰富学识，增长见识，塑造品格"，课程思政建设能够解决专业教育和思政教育一体化问题，弘扬社会主义核心价值就能很好解决这一"两张皮"现象。

（三）民法课程思政之课堂教学建设要求：社会主义核心价值观能够推进民法课程思政建设全过程

2017 年，教育部印发的《高校思想政治工作质量提升工程实施纲要》提出构建"课程育人质量提升体系""大力推动以'课程思政'为目标的课堂教学改革"，挖掘蕴含的思想政治教育元素，"实现思想政治教育与知识体系教育的有机统一"。2020 年，教育部印发的《高等学校课程思政建设指导纲要》中指出："专业课程是课程思政建设的基本载体。要深入梳理专业课教学内容，结合不同课程特点、思维方法和价值理念，深入挖掘课程思政元素，有机融入课程教学，达到润物无声的育人效果。"作为课程设置、教学大纲核准和教案评价的重要内容的课程思政要融入民法课堂教学建设，课程思政建设的主渠道的民法课堂教学。首先，要在课堂教学管理中全面将课程思政建设融入民法课堂教学建设全过程，即落实设计好课程目标、修订教学大纲、编审选用教材、编写教案课件等方面。其次，创新教育教学方法，在课程思政教学中应用现代信息技术手段，创新民法课堂教学模式，深挖第二课堂思政教育元素，拓展诸如社会实践、志愿服务、实习实训活动等多种形式的课程思政建设方法和途径，从而实现思想启迪与价值引领作用。

正如中央有关部门负责人就《社会主义核心价值观融入法治建设立法修法规划》答记者问中所提到，社会主义核心价值观是全国各族人民在价值观念上的"最大公约数"，是社会主义法治建设的灵魂。"课程思政强调育人的价值性与方向性，是中国特色社会主义教育的方向属性的集中体现，离开了思政的课程，知识教学就会失去灵魂、迷失方向，也就不能很好地完成教育基本的功能。因此，要在专业课教学中把知识传授、能力培养与价值引领紧密结合，不断推动各专业课程总结提炼课程思政的教学元素，梳理开发课程思政的丰富教学资源。"[1] 关于民法专业课程如何推进民法的课程思政建设，《高等学校课程思政建设指导纲要》指出"要深入梳理专业课教学内容，结合不同课程特点、思维方法和价值理念，深入挖掘课程思政元素，有机融入课程教

---

〔1〕 张大良：《课程思政：新时期立德树人的根本遵循》，载《中国高教研究》2021 年第 1 期，第 5~9 页。

学，达到润物无声的育人效果""要在课程教学中坚持以马克思主义为指导，加快构建中国特色哲学社会科学学科体系、学术体系、话语体系。要帮助学生了解相关专业和行业领域的国家战略、法律法规和相关政策，引导学生深入社会实践、关注现实问题，培育学生经世济民、诚信服务、德法兼修的职业素养。"由于法律与思想政治教育在内容方面有着天然的高度契合性，民法课程与思政教育内容同向同行，民法教育教学中教师应挖掘课程中隐藏的思政元素和寻找思政元素在法学专业课程内容中的结合点，[1] 将民法课程思政贯彻和弘扬社会主义核心价值观融入课堂教学建设全过程，与思政教育共同协作，达到共同育人的效果。

三、民法课程思政育人实践路径：贯彻社会主义核心价值观

2016 年，中共中央、国务院印发《关于加强和改进新形势下高校思想政治工作的意见》指出："要培育和践行社会主义核心价值观，把社会主义核心价值观体现到教书育人全过程，引导师生树立正确的世界观、人生观、价值观，加强国家意识、法治意识、社会责任意识教育，加强民族团结进步教育、国家安全教育、科学精神教育，以诚信建设为重点，加强社会公德、职业道德、家庭美德、个人品德教育，提升师生道德素养。"因而，有必要实现民法课程思政动态化调整，进行民法课程设计和安排民法课程，解决民法课程思政中存在的问题。

---

〔1〕 李小侠：《经济法课程思政元素的教学应用》，载《高教论坛》2020 年第 9 期，第 19~22 页。

（一）协同效应：大思政解决思政课程与民法课程思政之间"两张皮"现象

现有的法学专业人才培养方案可能更多注重法学学生在专业与就业技能上的培养，对思政素质方面的要求简单和模式化，培养目标中的民法专业课程设计不能充分体现育人育德作用。

社会主义核心价值观可以被内化为法学专业学生的思想信念与行动指南，外化为对社会主义核心价值观在法学理论与实践方面的追求与践行。将社会主义核心价值观融入民法课程教学的全过程，可以强化课程的价值导向，通过导向作用将学生价值观判断逐渐引入符合社会期待的方向发展。[1] 整体而言，当前高校民法课程教学偏重于知识传授和专业能力的培养，教师以讲授民法法律知识点为主，与教育部对课程思政的要求还有些差距，缺乏对学生进行价值引导，没有发挥民法课程在立德树人方面的应有的作用。针对这一问题，须将社会主义核心价值观融入民法课程教学的全过程，根据社会主义核心价值观要求来完善民法课程的教学内容与教学体系，明确民法课程教学的重难点，优化教学内容，针对相应章节采取相应的教学方法。

如何推进"课程思政"建设，现在有诸多论文在讨论思政课程与民法课程思政之间的关系，主要停留在形式和纸面上，如何有效构建和实践民法课程思政教学模式，有待检验。解决思政课程与民法课程思政之间"两张皮"问题，首先要考虑消除思政课程与民法课程思政之间的割裂现象，并构建整个高校思政教育体系，这些举措必须协同行进。

---

[1] 韩桥生、张文：《社会主义核心价值观融入法学概论课程的教学探究》，载《大学教育》2021年第6期，第118~120页。

有人认为，思想政治教育是思政教师和辅导员的工作，与专业课教师无涉，实际上这是一种误解。在民法教学中，强调融通显性教育与隐性教育，注重价值传播中传授知识，又注重知识传授时强调价值引领，从而实现从"思政课程"向"课程思政"转化。[1] 作为显性课程的思政课程和作为隐性课程的民法课程都是整个高校思政教育体系中的重要部分，均为课程育人的载体，不能人为割裂。应当处理好民法课程与思政课程之间的局部和局部的协同关系，为大思政育人的整体目标服务，形成课程思政与思政课程的课程共同体。民法特别是我国《民法典》与社会主义核心价值观高度契合。社会主义核心价值观中的"富强、民主、文明、和谐"是国家层面的价值目标，有利于全体民众凝心聚力谋发展，从民法角度而言，《民法典》渗透着对"富强、民主、文明、和谐"核心价值的要求，表明国家保障公民私有财产、促进我国经济的高速稳定发展、承认并保障人们合法权益的行使、体现"法无明文禁止即可为"、人与人之间定分止争、人与社会之间利益平衡以及人与自然之间和谐共生；"自由、平等、公正、法治"是社会层面的价值取向，从民法角度来说，民法规范彰显了"自由、平等、公正、法治"的社会层面价值，体现了意思自治、地位平等、公平正义、中国特色的社会主义法治体系等；"爱国、敬业、诚信、友善"是公民个人层面的价值准则，民法与"爱国、敬业、诚信、友善"的道德价值有一致性，对英烈的人格利益保护培养了人们的爱国之心、一般注意义务的标准倡导了敬业精神、作为民法帝王条款的诚信原则弘扬了诚信之风、

---

〔1〕 高德毅、宗爱东：《从思政课程到课程思政：从战略高度构建高校思想政治教育课程体系》，载《中国高等教育》2017 年第 1 期，第 43~46 页。

"好人"条款及好意同乘等行为规范彰显了友善的价值观。[1]"核心价值观"属于社会主流意识形态,是处于社会主导支配地位和引领社会价值方向的价值观。从我国现行民事法律制度看,社会主义核心价值观已全面融入于民法基本原则、民事主体制度、物权制度、合同制度、人格权制度、婚姻家庭制度、继承制度、侵权责任等法律制度之中。社会主义核心价值观作为立法宗旨融入《民法典》,成为《民法典》的灵魂与导向,表明其既是一个法律制度体系,又是一个思想价值体系。[2]具体而言,《民法典》已将弘扬社会主义核心价值观列入《民法典》的立法目的,不仅统一指导了民事立法和司法以及民事活动,而且也为民法课程思政指明了方向。

从民法课程体系而言,其与社会主义核心价值观在课程思政育人功能与效果方面是同向一致、相辅相成的。社会主义核心价值观是民族精神的高度凝练,是中国特色社会主义的精神动力与道德源泉,是中国特色社会主义法治的价值内核。法律法规作为践行社会主义核心价值观的制度载体,更好地体现国家的价值目标、社会的价值取向和公民的个人价值追求。弘扬社会主义核心价值观体现的是法治与德治并重的治国理念,许多民法规范与价值观念是相辅相成的,如将社会主义核心价值观融入了《民法典》编纂全过程,大力弘扬传统美德和社会公德,强化规则意识和依靠道德约束,倡导契约精神,维护公序良俗,既发挥了民法

〔1〕 郭明龙、谢飞:《"民法典颁布与法治中国建设"学术研讨会会议综述》,载《天津法学》2020 年第 3 期,第 20~28 页。
〔2〕 李宏:《社会主义核心价值观融入民法典的理论意蕴》,载《河南师范大学学报(哲学社会科学版)》2018 年第 3 期,第 65~70 页。

法律的规范作用，又发挥了道德的教化作用。[1] 可见，社会主义核心价值观与民法课程之间的结合，为民法课程思政与课程思政相互结合提供了融合契机。

相比较而言，思政课程自身带有思政育人的天然因素，发挥思政育人的主要功能，民法课程思政育人需要充分挖掘民法课程自身中的思政元素，发挥思政育人的辅助功能，全方位推进"课程思政"，发挥思政课程和民法课程的共同课程育人功能，合力双重实现学生的专业能力提升和思想意识形态塑造。"民法教学的首要任务是对学生在民法精神方面的塑造，离开民法精神去探寻民法要义犹如缘木求鱼……社会主义核心价值观是整个人类文明精神的集大成者……民法教学者应当向受教学生阐明社会主义核心价值观与民法精神的共义。形式上虽是思政教育之渗透，实质却系发明中国民法精神之根源……社会主义核心价值观绝不是空洞的说教，有必要在民法教学中让学生体悟其与民法精神的交融，从而实现具体化……在民法教学中融入思政教学的基础条件就是学习在社会主义核心价值观的视野下观察民法精神。在民法与社会主义核心价值观之间寻求本源精神的过程中，始终要将人民的利益与党和国家的理想放到一起进行权衡。"[2] 社会主义核心价值观与民法制度、民法精神、民法文化、民法理念在社会与经济背景、精神气质与价值取向等方面具有同质性和相关性。[3] 以"医生电梯内劝阻吸烟案"为例教学时，在认定劝阻吸烟者的

---

〔1〕 黄薇：《中华人民共和国民法典总则编释义》，法律出版社 2020 年版，第 9 页、第 15 页。

〔2〕 丁宇峰、王艳丽：《民法典时代民法教学中思政教育的实施》，载《黑龙江省政法管理干部学院学报》2020 年第 5 期，第 143~146 页。

〔3〕 钟瑞栋：《社会主义核心价值观融入民法典编纂论纲》，载《暨南学报（哲学社会科学版）》2019 年第 6 期，第 63~72 页。

行为是正当合法的劝阻行为还是侵权行为时，一般教学上是从民法的侵权行为的构成要件入手，分析该劝阻的行为与吸烟者的死亡结果之间是否存在因果关系，进而得出该劝阻行为与吸烟者的死亡之间不存在法律上的因果关系，且劝阻者主观上不存在过错，因而劝阻者的劝阻行为是正当合法的行为，不应承担侵权责任。这样从请求权基础视角解读该案件，不能很好地体现出课程思政的效果。如果该案件在以上分析的基础上能够结合弘扬社会主义核心价值观来解读，挖掘案例和知识点中的思政元素，就能体现出课程思政的特点。首先突出弘扬社会主义核心价值观是民法的立法宗旨，司法裁判应当依法支持和鼓励保护生态环境、维护社会公共利益的行为，劝阻者对吸烟者在电梯内吸烟的行为进行劝阻是合法和正当的，符合公序良俗，如果让正当行使劝阻吸烟权利的公民承担补偿责任，不仅损害社会公共利益，也有悖于民法的立法宗旨，不利于促进社会文明，不利于引导公众对共同良好的公共环境的维护和创造。[1] 通过民法课程思政建设将民法课程中内含的思政元素融入人才培养方案，将价值引领放在人才培养方案中的首位，实现培养方案以价值引领为主、民法知识传授和能力提升有机地结合在一起。贯彻社会主义核心价值观，挖掘民法课程中所蕴含的思政元素，建立民法专业课程内容与思政资源整体的教学资源库，包括数字化资源平台（如微课程、案例、专业法律网站、普法视频）在内，实现价值引领、专业知识传授与学生能力培养的目标，解决思政课程与民法课程思政之间"两张皮"现象，需要课程思政与思政课程两者之间的协同行进，

---

〔1〕 冀天福、薛永松：《郑州"电梯劝阻吸烟猝死"案二审宣判：郑州中院认为劝阻行为与死亡结果间并无法律上的因果关系，改判劝阻医生无责》，载《人民法院报》2018年1月24日，第3版。

对于实现大思政育人观具有重要的现实意义。

（二）打破传统民法教学方式，培养具备育德能力的高素质的课程思政教学教师队伍

课程思政充分体现各门课程的育人功能与各位教师的育人责任，有助于专业教师理解和实践"教书且育人"这一理念，改善学生思想道德教育专由思政教师负责的现象，从而实现思想政治教育由专人职责转向人人职责。[1] 如何挖掘民法所蕴含的思政元素，寻找到思政的融合点，将"立德树人"理念贯穿于民法课程教学全过程，是构建民法课程思政的重心。在民法课程教学过程中，教师应当根据不同章节内容及各知识点的特点设计融入相应的思政元素，将思政教育贯穿于民法课程教学全过程。

民法"课程思政"是一种教育理念或思维，并非增开新课，而是将思政教育融入课程教学之中，注重民法专业知识传授、思想政治引领和价值塑造有机结合，实现立德树人目的。2020 年，教育部印发的《高等学校课程思政建设指导纲要》明确指出高校要不断完善课程思政工作体系、教学体系与内容体系。以社会主义核心价值观为主挖掘民法课程中的思政元素，构建民法课程思政教学目标，将民法专业素养、专业能力和专业知识融入大思政范围，实现民法课程思政设计，以此来构建民法课程思政一体化的教学内容。

由于应试教育体制对我国教育产生很深远的影响，素质教育有待进一步加强，实施民法课程思政需要专业课教师采取有效手段改善思政教学方式。建设民法课程思政的教学团队，加强民法

---

〔1〕 高德毅、宗爱东：《从思政课程到课程思政：从战略高度构建高校思想政治教育课程体系》，载《中国高等教育》2017 年第 1 期，第 43~46 页。

专业教师的师德师风建设，充分挖掘与运用民法课程中蕴含的思政元素，自觉将课程思政教育融入民法课程教学之中。以弘扬社会主义核心价值观为引领，发挥民法课程育人功能，将民法课程建设成为课程思政育人的专业课程。在讲好民法专业课的同时，教师更要注重学生对社会主义核心价值观的理解和实践。

在民法教学中，教师在备课的过程中，应当努力充分挖掘民法课程中的隐性的思政元素，在民法教学方法上注重显隐结合进行课程思政，注重思政整体效果。"要创新课程思政的教学方式方法，注重世界观、认识论与方法论的结合，注重理论阐释与现实焦点问题分析的结合……在深化思辨中提高认识，树立正确的世界观、人生观、价值观，自觉培育和践行社会主义核心价值观。"[1] 例如，在民法课程思政中，在分析"狼牙山五壮士名誉权纠纷案""医生电梯内劝阻吸烟案""朱振彪追赶交通肇事逃逸者案"等案件时，明确弘扬社会主义核心价值观。这些案件的判决体现了对公平正义的追求和捍卫，传递出法治思维、法治理念、法治价值和法治追求。如"狼牙山五壮士名誉权纠纷案"维护了英雄形象，"医生电梯内劝阻吸烟案""朱振彪追赶交通肇事逃逸者案"使违反法律和社会公德的行为受到应有惩罚，鼓励和支持见义勇为者的敢为行为。[2] 以这些案件的具体事实为基础，分析案件争议中的相关权利义务背后所蕴含的深层次问题，并对其价值进行评判，彰显和褒扬那些正确的、具有正能量的行为或

---

〔1〕 张大良：《课程思政：新时期立德树人的根本遵循》，载《中国高教研究》2021 年第 1 期，第 5~9 页。
〔2〕 林琳：《两高报告点名的案件传递出什么信号》，载《工人日报》2018 年 3 月 28 日，第 3 版。

品格，抵制、批判和惩戒那些错误的、反道义的甚至违法的行为，[1] 在教学中培育和践行社会主义核心价值观，从而发挥民法教师在挖掘隐性的思政元素进行课程思政过程中的应有作用。

课程思政建设的关键在于教师。教师要进行课程思政，需要不断提升自己的思政理论水平，要学习和理解新时代思政教育的内涵和精神，在民法课程的教学课堂中，将思政内容和社会热点话题或事件等涉及思政元素结合民法专业知识讲授，让学生参与讨论，达到课程思政教育的目的。"课程思政"实质为整体大思政课程观，转变教师传统民法教学方式和教育理念，充分挖掘民法课程内在的思政教育元素，将其融入民法课程教学之中，使民法课程既重专业知识传授又重思政，从而达到"立德树人"的育人目的。民法教师不仅要具备较高的民法专业理论知识素养，还需具备较高的政治素养，围绕民法知识传授与价值引领相结合的课程目标，强化显性思政课程，细化民法课程的隐性思政，弘扬社会主义核心价值观，构建全方位全课程育人体系。在课堂传授民法专业知识时，能够运用先进案例和事迹进行思政教育。从原有思政课程转向民法课程思政育人，将民法课程中的思政元素融入民法课程教学，建设具有全过程、全方位育人意识和育人能力的高素质专业教师队伍。教师唯有深刻理解和充分认同社会主义核心价值观，不断提升民法课程思政教学能力，才能设计好课程思政教学。充分发挥民法课程的课堂教学在育人中的主渠道和主阵地的地位，在民法知识传授中注重价值引领，融通显性教育与隐性教育，实现从"思政课程"向民法"课程思政"的转变，从

---

〔1〕 苏戈：《违法获利者应承担不受法律保护的风险》，载《人民司法案例》2019 第 23 期，第 104～107 页。

而达到民法课程思政育人的目的。

（三）建立民法课程思政完善的评价体系

民法课程教学要以"立德树人"为根本任务，发挥民法课堂教学进行思政育人的作用，融入民法中的思政元素，构建民法课程思政模式，培养德才兼备的高素质法学人才。在新时代有效地开展民法课程思政建设，需要创新教学模式和评价体系。探讨民法课程思政教学模式和创新路径，需要一定的教学评价机制。"课程思政建设的基础在课程，根本在思政，重点在课堂，关键在教师，成效在学生。""立德树人成效是检验课程思政建设的根本标准。因此，评价课程思政建设成效，必须以学生的获得感、以学生成长成人成才的成效来衡量。"[1] 现在高校的课程评价体系由教学内容、教学组织、语言教态等评价项目组成，一般局限于教学目的、教学方法、教学重难点、教学态度、教师礼仪等方面，对各科进行划一的评价，很难体现对具体专业课的评价。建立民法课程思政的评价体系，需要进行评价课程思政体系建设。学生准确把握社会主义核心价值观与民法之间的逻辑关系，把社会主义核心价值观作为民法课程思政教学设计的主要内容，注重民法课程的教学目标和民法课程思政的价值导向作用，实现法律规范与道德规范的有机结合，使之符合课程思政的要求，以此作为评价体系的内容之一。

作为一种新的教育理念的课程思政，强调"立德树人"理念目标，通过全员、全程、全方位育人引领，推进民法课程教学与思政课程同向行进。在民法课程教学中将弘扬社会主义核心价值

---

[1] 张大良：《课程思政：新时期立德树人的根本遵循》，载《中国高教研究》2021年第1期，第5~9页。

观等思政教育融于民法教学是非常必要的，对培养德才兼备的法学学生的人文素养、为人处事和家国情怀具有重要的现实意义。以民法弘扬社会主义核心价值观作为民法课程思政的指导思想，以对社会主义核心价值观中的"富强、民主、文明、和谐"国家层面的价值目标、"自由、平等、公正、法治"社会层面的价值取向以及"爱国、敬业、诚信、友善"的公民个人层面的价值准则的掌握程度作为学生对民法课程思政评价依据。这个评价体系也符合教育部印发的《高等学校课程思政建设指导纲要》提出"培育和践行社会主义核心价值观。教育引导学生把国家、社会、公民的价值要求融为一体，提高个人的爱国、敬业、诚信、友善修养，自觉把小我融入大我，不断追求国家的富强、民主、文明、和谐和社会的自由、平等、公正、法治，将社会主义核心价值观内化为精神追求、外化为自觉行动"的精神，更好体现国家的价值目标、社会的价值取向、公民的价值准则。

民法课程是民法理论与民法实践相结合的实践法学类课程。基于民法课程思政改革探索与实践的经验，民法教学承担了与思政教育融合的新的任务，社会主义核心价值观与民法精神的融通有助于培养法学专业学生良善的实践理性，这就要求民法教师在教学过程中传授传统的民法理论知识时，应将价值意识与行为实践放在首位予以考量。[1]最高人民法院印发的《关于深入推进社会主义核心价值观融入裁判文书释法说理的指导意见》要求在深入推进社会主义核心价值观融入裁判文书释法说理时坚持法治与德治相结合，"以习近平新时代中国特色社会主义思想为指导，

---

[1] 丁宇峰、王艳丽：《民法典时代民法教学中思政教育的实施》，载《黑龙江省政法管理干部学院学报》2020 年第 5 期，第 143~146 页。

贯彻落实习近平法治思想，忠于宪法法律，将法律评价与道德评价有机结合，深入阐释法律法规所体现的国家价值目标、社会价值取向和公民价值准则，实现法治和德治相辅相成、相得益彰。""各级人民法院应当深入推进社会主义核心价值观融入裁判文书释法说理，将社会主义核心价值观作为理解立法目的和法律原则的重要指引，作为检验自由裁量权是否合理行使的重要标准，确保准确认定事实，正确适用法律。对于裁判结果有价值引领导向、行为规范意义的案件，法官应当强化运用社会主义核心价值观释法说理，切实发挥司法裁判在国家治理、社会治理中的规范、评价、教育、引领等功能，以公正裁判树立行为规则，培育和弘扬社会主义核心价值观。"借鉴最高人民法院印发的《关于深入推进社会主义核心价值观融入裁判文书释法说理的指导意见》中明确指出贯彻社会主义核心价值观之精神，除了原有教学内容、教学组织、语言教态等评价项目组成的评价体系外，增加民法课程思政育人途径的评价体系，主要增加评价内容为：一是教师将民法原理和案例教学融入思政教育内容，在民法教学中贯彻社会主义核心价值观，让学生充分理解了民法背景下的社会主义核心价值观的内涵；二是使学生能够运用社会主义核心价值观正确处理人与人之间的关系、人与社会之间的关系以及人与国家之间的关系，并进行"课程思政"实践活动，如评论当下社会热点法律事件、参加法院实习或庭审观摩、参加社区法律咨询服务、解决一般法律纠纷、参加模拟法庭活动等，运用社会主义核心价值观进行评判和处理社会中的各种法律关系。

中国政法大学课程思政建设的探索与实践

——以基层教学组织课程思政建设为切入

◎张华韵*　陈慕寒**

摘　要： 新时代新形势下，对高等教育提出了新的要求，落实立德树人的根本任务，把加强和完善课程思政建设摆在突出位置，着力培养能够担当民族复兴大任的时代新人。近年来，中国政法大学不断提高政治站位，始终坚持问题导向，持续深化新时代课程思政改革，尤其重视以基层教学组织为载体的课程思政建设，通过教师队伍、教材编选制度、示范课程、实践教学、评价体系五个维度的建设和完善，形成了中国政法大学课程思政特色建设体系。

关键词： 课程思政　基层教学组织　五个维度　体系建设

＊　张华韵，中国政法大学教务处，教学研究科科长，硕士研究生。研究方向：高等教育。
＊＊　陈慕寒，中国政法大学教务处，教学研究科科员，硕士研究生。研究方向：高等教育。

一、中国政法大学课程思政体系的建设背景

党的十八大以来，习近平总书记多次就加强高校思想政治教育、加强高校宣传思想工作、促进青年学生成长成才和加强教师队伍建设发表重要讲话，做出重要指示，深刻回答了"培养什么人、怎样培养人"的重大理论和现实问题。2016年，习总书记在全国高校思想政治工作会议中指出，高校思想政治工作关系高校培养什么样的人、如何培养人以及为谁培养人这个根本问题。要坚持把立德树人作为中心环节，把思想政治工作贯穿教育教学全过程。[1] 2017年，习近平考察中国政法大学时指出："法学教育要坚持立德树人，不仅要提高学生的法学知识水平，而且要培养学生的思想道德素养。"[2]

2016年，中共中央、国务院发布了《关于加强和改进新形势下高校思想政治工作的意见》，2019年又发布了《关于深化新时代学校思想政治理论课改革创新的若干意见》。2017年，中共教育部党组也印发了《高校思想政治工作质量提升工程实施纲要》《"新时代高校思想政治理论课创优行动"工作方案》等文件，强调要充分发挥中国特色社会主义教育的育人优势，以立德树人为根本，以理想信念教育为核心，以社会主义核心价值观为引领，构建内容完善、标准健全、运行科学、保障有力、成效显著的高校思想政治工作质量体系，抓好课程思政建设，解决好专业教育和思政教育"两张皮"问题，不断开创新时代高校思想政治工作

[1]　张烁：《习近平在全国高校思想政治工作会议上强调把思想政治工作贯穿教育教学全过程 开创我国高等教育事业发展新局面》，载《人民日报》2016年12月9日，第1版。
[2]　习近平：《全面做好法治人才培养工作》，载《论坚持全面依法治国》，中央文献出版社2020年版，第179页。

新局面。

为深入贯彻习近平新时代中国特色社会主义思想和党的十九大精神，全面落实各会议、文件和习近平总书记在考察中国政法大学时的重要讲话精神，将立德树人贯穿到教育教学全过程，融价值塑造、知识传授和能力培养三者为一体，学校制定了《中国政法大学关于推进课程思政建设的实施方案》，旨在构建学校课程思政建设体系，形成专业思政特色优势，打造一批内容准确、思想深刻、形式活泼的专业课程、通识课程和实践类课程；选树一批专兼结合、素质优良、育人突出的教师及教学团队；编选一批政治性强、内容鲜活的教材大纲；培育一批优质教学资源；提炼一系列优秀课程思政教育教学改革推广经验。全面推动习近平新时代中国特色社会主义思想进教材、进课堂、进学生头脑，深化新时代课程思政建设的改革创新，推动学校各类课程与思政课形成协同效应。

基层教学组织是学院、教学部下设的组织，是承担本学科本科生和研究生教学任务的研究所或教研室。目前，学校共有基层教学组织 83 个，分属于不同的教学院（部），一方面，它是一线教学科研单位，是健全课程体系、推进教学改革、培育教学团队的重要载体，对人才培养起关键作用；另一方面，基层教学组织成员之间联系紧密，便于统一开展活动，这为课程思政建设提供了组织基础。因此，探索以基层教学组织为依托的课程思政体系建设有着重要意义。

二、基层教学组织课程思政建设的五个维度

中国政法大学在实践中不断探索与思考，力求打造"一学院

一特色""一专业一特色""一教学组织一特色""一课程一特
色""一教师一特色"的课程思政建设体系。其中，"一教学组织
一特色"明确基层教学组织（主要为教研室、研究所）应将思想
政治教育贯穿于课程建设、师资队伍建设、科学研究等各个方
面。此外，基层教学组织党支部应将课程思政建设作为加强党支
部政治建设的重要内容和关键载体。各基层教学组织在人才培养
的各个环节牢牢把握立德树人、德才兼备的育才思想，积极思考
实践，通过教师队伍、教材编选制度、示范课程、实践教学、评
价体系五个维度的建设完善，构建了中国政法大学课程思政特色
建设体系。

1. 加强教师培训，注重教学队伍建设

全面推进课程思政建设，教师队伍是"主力军"。一线教师
在课程思政建设中具有直接作用；只有教师具有良好的师德师
风，具备扎实的思政理论基础，才能潜移默化地教引学生。

学校始终要求教育者先受教育，组织教师队伍先学一步、深
学一层，不断加强教师培训，提高教师课程思政建设的意识和能
力。对于新招聘教师，加强政治审查和岗前培训；对于在岗教
师，通过举办师德师风专题培训班和思政教育技能培训班，提升
教师职业道德水平和课程思政建设能力。近年来，学校特别加大
了对青年教师、海归教师的培训，强化政治引领，把提升业务水
平与提升政治水平结合起来。

基层教学组织作为课程思政建设的关键平台，在教师队伍建
设中承担重要作用。为提升人才培养质量，促进教学科研工作，
学校制定了《中国政法大学基层教学组织规程》，要求基层教学
组织定期组织集体活动。2019 年至今，各基层教学组织共开展活

动一千三百余次。各基层教学组织通过集体备课、集体研讨、统一命题、统一阅卷等形式，在授课内容、授课计划、考试管理等环节统一把关，有机融入课程思政元素，形成"老中青、传帮带"的良好氛围，培育课程思政建设的优秀教学团队，提升教师课程思政建设的能力。

学校制定课堂督导制度，监督保障教学队伍严守课堂纪律。通过实行校领导、二级学院教学管理人员和校级督导组定期听课、抽查听课制度，对课堂教学进行严格管理，规范教师课堂教学行为，严禁课堂教学中传播西方错误的法律思想，对于教师违反课堂教学规范的行为，要通过约谈等方式予以提醒和告诫，情节较为严重或不听教育劝阻的，坚决取消其上课的资格；构成教学事故的，按相关规定予以行政处分、解聘等。

2. 提高政治站位，严控教材编写选用

教材是体现教学内容和教学方法的知识载体，是解决培养什么人、怎样培养人、为谁培养人这一根本问题的重要抓手，直接关系党的教育方针落实和教育目标实现，是课程思政建设的重要基础。

基层教学组织是具体学科专业的校内专家群体，是学校教学工作的主要依托，无论是在教材选用工作环节上，还是在教材选用的质量保障上，以及教材内容的科学性和政策性研判等方面，都承担着不可替代的职能。学校各基层教学组织不断提高政治站位，高度重视教材建设，严格把好教材编写选用的第一道关。

在教材选用方面，学校专门成立本科教材选用委员会，负责审议并确定学校本科教材选用的定位、目标与规划，加强对选用教材的全面质量管理，逐步建立起教材质量信息评估与反馈机制，坚持选用高水平优质教材。教材选用严格执行《中国政法大学本科教材选用管理办法》，坚持以"马工程"重点教材为首选并实现全覆盖。通过基层教学组织选用、学院审核、本科教材选用委员会审批、学校党委备案的教材管理体制，分工负责、层层把关，完善了教材选用规范的保障机制。

在教材自主编写方面，坚持以马克思主义思想和中国特色社会主义理论为指导，既注重吸收世界文明的成功经验和先进成果，又坚持从我国国情实际出发，依托学科优势，彰显法大特色，创新教材呈现方式和话语体系，自主编写高水平教材，不断加大教材编写与出版的投入力度。学校教师作为首席专家和编委成员，高质量完成"中国特色社会主义法治理论"系列教材；组织编写"新时代涉外法治教材""纪检监察学系列教材"以及数据法学、国家安全学、网络安全与信息法学、公共卫生法学、体育法学、证据法学、应急管理学、全球治理学等新兴交叉学科相关教材。

3. 甄选示范课程，发挥典型带头作用

学校对于基层教学组织主动结合新时代思想政治工作要求开展教学改革、创办能够将课程思政与专业教学有机融合的课程并予以立项支持，选树了一批内容准确、思想深刻、形式活泼、适宜推广的"课程思政示范课程"，课程涵盖专业必修课、专业选修课、通识课程、实践类课程等。学校资助其进行课程思政工作的探索与实践，全面推进了课程思政的创新与发展。

2019年至2021年，学校分三批立项155门课程作为中国政法大学"课程思政示范课程"，其中25门为重点建设示范课，130门为一般建设示范课。2021年，我校3门课程获评国家级课程思政示范课程，8 门课程获评省部级课程思政示范课程，授课团队获评"课程思政教学团队"。着力完善以专业课程为基点，以通识课程为核心，以实践类课程为突破的三位一体课程思政体系，如下表 1 所示。

表 1　2019—2021 年立项课程思政示范课程门数

建设种类	年份		
	2019 年	2020 年	2021 年
国家级示范项目			3
省部级示范项目			8
校级重点建设示范课（项）	14	6	5
校级一般建设示范课（项）	71	29	30

学校在官方微信公众号上开设了"课程思政示范课"专栏，展示推介课程思政示范课中教学方式、教学内容、课程考核等方面的亮点，鼓励带动其他课程；丰富教学内容，充分挖掘和运用各专业中蕴含的思想政治教育资源，将其与课程知识点有机结合，教育学生坚定理想信念，勇于担当新时代赋予的历史责任；创新教学方法，灵活选择教学方式，积极推进现代信息技术与课堂教学深度融合；改进考核方式，考核涵盖课程蕴含的思政元素，强调课程命题和答案的导向性，体现正确的政治方向与价值导向。

4. 加强实践教学，构建协同育人机制

习近平指出，法学学科是实践性很强的学科。法学教育要处理好法学知识教学和实践教学的关系。学生要养成良好的法学素养，首先要打牢法学基础知识，同时强化法学实践教学。[1] 学校高度重视实践教学，着力处理好知识教学和实践教学的关系，打破高校和社会之间的体制壁垒，引进实际工作部门的优质实践教学资源。基层教学组织结合各自学科专业特点，不断挖掘实践教育资源，创新实践教学方法，融入思政教育元素，让学生在实践中增进对国情、社情、民情的了解。

学校创新建设了"理论教学—实践教学"协同育人的法学教学体系，将以"法律诊所"等为代表的法律实践教学融入法学专业教学中。法律诊所是学生通过代理真实案件，从实践和经验中学习法律实战技能的一种教学方式。学校"法律诊所"课程由主讲教师根据自己专业特长和实践经验，以目前正承办的实际案例指导学生进行实践性学习，培养学生法律职业素质、社会责任感，提高学生的社会适应能力和创新能力。课程包括讲授、研讨、系统技巧训练、接待当事人、参与咨询调查、代理诉讼与非诉讼案件等内容。中国政法大学拥有全国最大的诊所教学师资团队，教学团队经验丰富，梯队建设科学合理，共开设行政法律诊所、环境法律诊所、劳动法律诊所、知识产权法律诊所、少年越轨法律诊所和刑法与刑事科学法律诊所等6个诊所类课程。法律诊所模式的实践教学，不仅有利于引导学生进行实践探索，也在潜移默化中培养了学生的国情意识与责任意识。

5. 落实组织保障，健全课程思政评价体系

学校以落实学校党委推动的目标责任制为抓手，将课程思政实施方案目标化、精细化、任务化，要求基层教学组织制定细化

---

〔1〕　《习近平法治思想概论》编写组：《习近平法治思想概论》，高等教育出版社2021年版，第233页。

的课程思政推进方案。学校各教学院（部）、研究所研究自身专业特色与传统，制定本专业课程思政标准，建设本专业课程思政素材资料库，制定课程思政学期计划，明确本专业各课程的思政元素以及思政元素融入点、课程思政的具体教学方法等。

学校通过健全课程思政教学评价体系，形成了以学生评教、同行评教、管理人员听课评价等多维评价指标构成的立体化、全方位评价机制；建立了专家定期调研制度，将课程思政纳入教学督导工作内容，跟踪了解课程思政教育的教学质量，实现课程建设持续改进。

学校将课程思政建设工作与目标责任制和目标责任书的工作结合起来；将课程思政建设的内容、质量、成效等工作情况纳入二级教学院（部）绩效考核指标体系；将基层教学组织党支部推进课程思政建设情况纳入党支部年度考核指标体系；将基层教学组织推进课程思政建设情况纳入基层教学组织考核与评优范围。根据《中国政法大学基层教学组织规程》，各基层教学组织严格实行党支部书记兼任基层教学组织负责人的制度，对教师授课内容、授课计划、教学实践等环节予以指导把关。把课程思政建设情况纳入教师个人绩效考核范围，在涉及教师职务职称晋升晋级和各类评优评先表彰中，明确对课程思政的条件性要求。不断加强督导考核，严格追责问责，把"软指标"变为"硬约束"。

三、结语

课程思政建设道阻且长，中国政法大学在课程思政体系建设过程中不断创新方式方法，反复实践打磨，在队伍建设、教学方法、教材建设、课程设置、示范体系构建等方面取得了一定的成效。基层教学组织作为高校最基本、最前线的教学科研组织，在课程思政建设过程中承担着重要的组织职责，应明确其主体责任，自觉提高政治站位，完善评价体系，紧紧抓住教师队伍"主力军"、课程建设"主战场"、课堂教学"主渠道"，使各类课程与思政课程同向同行，将显性教育和隐性教育相统一，形成协同效应，构建全员全程全方位育人大格局。

法律职业

Legal Profession

高校创新创业教育的现实困境及完善路径

◎徐秀迪*

摘　要：创新创业教育是高等教育的重要组成部分，它重在培养大学生的创新精神和创业意识，增强大学生的创新创业能力。本文从创新创业教育内涵、高校创新创业教育现实状况及其现实发展困境等方面展开论述，积极探索完善高校创新创业教育的有效举措，以期为我国双创教育发展提供有益参考。

关键词：高校　创新创业　教育　完善

近年来，我国高等教育从"精英教育"迈向"大众教育"，高校毕业生人数呈现大幅增长。与此同时，我国经济由高速增长阶段转变为高质量发展阶段，社会提供的就业岗位总量保持平稳，日益增长的毕业生人数远

* 徐秀迪，中国政法大学法学教育研究与评估中心助理研究员。

远超过社会就业岗位需求，就业形势日益严峻。[1] 国家统计局数据显示，近几年每年需要就业的人数保持在 2400 万人以上，而在现有经济结构下，每年大概只能提供 1100 万个就业岗位，年度就业岗位缺口在 1300 万左右。面对如此严峻的就业形势，高校毕业生自主创业对社会发展和自身成长都具有十分重要的意义。[2] 而高校作为高质量人才培养和社会人才资源供给的主要阵地，应该将创新创业教育作为重要任务抓好做实，积极培养大学生的创新精神，增强其创业意识，提升其创新创业能力，为驱动社会经济良性循环发展提供强力支持。

在我国，创新创业教育并不是一个新概念。1999 年，中共中央、国务院作出《关于深化教育改革全面推进素质教育的决定》，提出要重视培养大学生的创新能力、实践能力和创业精神，普遍提高大学生的人文素养和科学素养。2002 年，教育部确定了清华大学、中国人民大学等 9 所院校作为开展创业教育的试点高校。在随后的十多年间，全国各大高校陆续开设相应课程，积极构建创新创业教育体系。2014 年，国务院提出"大众创业，万众创新"的政策方针，并在此之后出台了一系列推进创新创业教育发展的重要举措，将创新创业教育上升到更高层次，加速了双创教育的发展进程。

一、创新创业教育的内涵

创新是引领发展的第一动力，是建设现代化经济体系的战略

---

〔1〕 罗浩：《大学生创新创业教育融合发展新策略——评〈双创时代大学生创新创业教育的融合发展研究〉》，载《中国高校科技》2020 年第 9 期。

〔2〕 田士永主编：《中国政法大学教育文选（第 29 辑）》，中国政法大学出版社2021 年版。

支撑。二十一世纪以来，世界各国尤其是发展中国家步入经济转型和产业结构调整的关键时期，驱动经济发展的支柱产业由传统的高投入、高消耗、粗放式发展模式逐步转向低投入、低消耗、精细化发展模式，经济发展进入新常态。激发市场活力和社会创造力，鼓励和培育经济社会发展新动能成为时代发展的必然选择。在此背景下，创新创业与社会发展深度融合，创新创业教育和理论研究越来越引发关注，成为专家学者研究的热点问题之一。

关于创新创业教育的内涵，国内学者从不同的研究角度和学科视角给出了不同的阐述。一些学者认为，创新创业教育的目的是培养学生的创业能力，教会学生如何识别潜在的创业机会，解决创业过程中出现的问题和困难，从实际操作的层面授之予创新创业技能，培养学生成功转型为企业家或创业者，也就是说创新创业教育应更侧重于实践活动，重在提升大学生抵抗创业风险的实际应用能力。[1] 与之相反的另一种观点认为，创新创业教育以培养学生创业精神为主要目的，旨在塑造学生敢于创业、渴望创业的人格品质，在前进的道路上逐渐形成坚韧不拔、永攀高峰的开拓精神。[2] 由此可见，创新创业教育更接近于素质教育，重在培养学生的人文素养和科学精神。结合上述两种学术观点，笔者认为，创新创业教育重在培养学生的创新精神、创业意识和创新创业能力，既能够增强其创新创业意愿，使其具备敢于创业的勇气和魄力，又能提升学生创新创业能力，使其善于在社会经济发展趋势中挖掘到有效的创业机会和良性商机，充分发挥自身

〔1〕 彭钢:《创业教育学》，江苏教育出版社 1995 年版。
〔2〕 李秋华:《高职院校以创业教育推进内涵建设的思考》，载《中国职业技术教育》2012 年第 30 期。

创造力、创新力，实现个人和社会的共同发展。

阐述创新创业教育的内涵，不得不与专业教育相联系。高校是传授专业知识、拓宽专业视野的前沿阵地，创新创业教育作为高等教育的一部分，与专业教育相辅相成，相互促进，辩证统一。专业教育是创新创业教育的根本和基础，创新创业教育是专业教育的补充和发展，两者都承载着深化教育教学改革、提升人才培养质量的重要使命，并贯穿高等教育人才培养的全过程。在教育功能定位上，专业教育重在传授学生专业方面的理论知识，帮助学生掌握扎实的理论基础和专业学识；创新创业教育旨在培养具有创新精神和创新创业能力的创业者，激发学生的创业热情，传授其创业本领。创新创业教育更符合素质教育的内核要求，是对德智体美劳全面发展教育理念的有力回应和保障落实。

二、高校创新创业教育现状及发展困境

近年来，各大高校在党和国家的决策部署下，着力发展创新创业教育，助力形成"大众创业，万众创新"的繁荣局面，为国家创新创业事业科学稳健发展做出重要贡献。在国家的大力支持和引导下，一些高校双创教育取得了明显成效，在培养方案修订、课程体系构建、社会资源配置、国际合作发展等方面深耕发力，积极打造多层次、分类别的课程体系；探索搭建双创实践平台，形成"教育、训练、实践、扶持"创业指导体系；加快布局国际合作网络，以基地建设、联合培养、项目实施为依托，拓展学生全球化视野，推动学生创新创业与世界接轨等。[1] 各项先

---

〔1〕《浙江大学大力加强创新创业教育》，载教育部网站：http：//www.moe.gov.cn/jyb_xwfb/s6192/s133/s192/201910/t20191022_404700.html。

进举措的推进实施，为其他高校创新创业教育发展提供了有益参考。

但不可否认的是，就全国范围而言，多数高校创新创业教育还处于起步阶段。2016 年至 2019 年，麦可思公司对我国高校大学生毕业半年后自主创业的比例进行调查，大学生自主创业比例分别为 2.1%（2016 年）、1.9%（2017 年）、1.8%（2018 年）、1.6%（2019 年），自主创业比例呈逐年下降趋势。《中国大学生创业就业报告》调查数据显示，大学毕业生创业存活率由 2014 届的 2.9% 下降到 2018 届的 2.7%。[1] 相比知识密集型行业，简单化、低循环的创业项目更受毕业生青睐，例如 2019 届本科生毕业半年后自主创业最集中的领域依次为教育、销售、艺术娱乐及休闲、媒体信息与通讯、住宿与餐饮等一些非技术创新型领域。[2] 由此可见，虽然近年来高校着力推广创新创业教育，但育人效果并不理想，大学生创业成功率较低，并在一定时间内没有明显改善，甚至效果更差。与之相伴的是大学生创业意愿也在逐年降低，高校毕业生创业劲头不足，创业效果不佳。基于大学生创新创业的现实情况，追根溯源，深入分析，可以看出相关教育还存在诸多不足，难以对创业市场发挥强劲有力的引擎作用，主要表现在以下几方面：

（一）创新创业课程体系尚未完善

多元化的课堂教学是推进创新创业教育的基础和前提，多学科交叉融合的双创课程体系对于培养高质量创新创业人才具有至

---

〔1〕 钟云华、罗筑华、唐芳芳：《大学毕业生就业质量测量指标体系建构——基于 6 省市 15 所高校抽样问卷调查数据的探索》，载《教育科学研究》2020 年第 9 期。
〔2〕 王伯庆主编：《2020 年中国本科生就业报告》，社会科学文献出版社 2020 年版。

关重要的作用。以高校毕业生为主体的初创企业，在实际创业过程中面临来自外部环境和自身因素的诸多考验，比如投资、经营和管理中所涉及的各项法律法规，以及创业者自身心理素质和精神健康，对创业能否成功都具有重要影响。但截至目前，高校创新创业教育缺少对法学、心理学课程的引入，与创业相关的法律法规及心理疏导课程成为空缺。由于教学观念相对滞后，专业教育与创新创业教育基本处于"单打独斗"的状态，学科间融合度不高。同时，高校双创教育偏重于创业理论知识教学，从课程开设类型上看，普及型课程占绝大多数，项目型课程和技能型课程数量较少，课堂教学吸引力不足，并未形成科学合理、有机衔接的创新创业专门课程群。

（二）创新创业实践教学发展缓慢

创新创业教育的根本属性决定了高校要高度重视学习内容的实践性、过程性和情境性。然而，当前创新创业教育基本以基础理论和方法论讲授为主，学生普遍缺乏高质量的实践训练和沉浸式教学体验，所学的知识依然停留在认知层面，尚未完全转化为实际应用能力。从双创实践教学资源供给上看，一方面，高校双创实践载体不够丰富，虽然一些高校积极创建创业学院、创客空间等实践教学平台，但与学生实际学习需求相比仍然属于稀缺资源，并且一些资源平台还存在管理体制和运行机制不灵活、设备设施更新不及时等问题，降低了实际育人效果；另一方面，从学校外部实践环境来看，校企合作模式并未达到应有的实践育人成效，企业参与度不高，协同育人动力不足，导致学生实践活动更多停留在熟悉流程的浅显层面，尚未实现对创新创业教育高质量发展的有效推动作用。[1]

（三）创新创业师资力量薄弱

和传统的专业教育不同，创新创业教育起步较晚，师资力量基础薄弱。尤其在我国，应试教育长期占据主导地位，师生普遍重视专业教育，对创新创业教育认知不足，造成双创教师队伍发展缓慢。在高校普遍存在的现象是能够开设该类课程的专任教师数量较少，双创课程负责人多由校内负责职业规划和就业指导的行政人员担任，创新创业专任教师尤其是兼具企业管理经验的人员非常稀缺，并且专任教师队伍在专业能力、教学水平方面也存在较大差异，一些高校现有师资力量难以承担创新创业教育所要求的新角色、新任务和新模式。

三、关于完善高校创新创业教育的思考

创新创业教育不同于传统的专业教育，更注重培养学生的创造力、创新力，塑造其创新精神和创业意识。高校应紧紧围绕创新创业教育任务目标，积极探索推动双创教育高质量发展的有效举措，满足国家现代化建设对创新拔尖人才培养的迫切需求，为实现我国经济社会长足发展贡献应尽的力量。

（一）形成多元化的双创课程体系

一是建设一批内容新、质量高、多学科交叉融合的创新创业课程，并积极完善配套教材及教学大纲；根据大学生创业需要，配合增加法学、心理学专业课程，充分挖掘专业课程中的创新创业元素，促进专业教育与创新创业教育有机融合，形成多学科交

---

〔1〕 苏克治、宋丹、赵哲：《大学创新创业教育的逻辑构成、现实困阻与长效机制》，载《现代教育管理》2022 年第 3 期。

叉融合的双创课程体系；加强创新创业科研规划，以相关项目实施为抓手，促进创新创业课程蓬勃发展、教学质效全面提升。二是充分运用现代化信息技术手段，探索数字化、网络化、智慧化教学模式，通过慕课、快课、云课堂等新技术打造创新创业在线开放课程、线上线下混合式课程，丰富创新创业课程讲授形式。三是采用同步视频会议、虚拟教室及网络交互技术等教学技术设备，积极与国外名校搭建交流合作关系，实现国内外优质课堂教学资源共享，拓展学生全球化视野，推动学生创新创业与世界接轨。

（二）拓宽双创实践教学资源渠道

积极寻求行业、企业等社会资源深度参与高校创新创业教育，通过组建由企业冠名或校企联合共治的新型创业学院，探索灵活高效的平台资源运行模式。落实校企"双导师"聘任制度，促进企业全过程深层次参与创新创业教育，积极推动双创教育在教学理念、教学内容、教学效果上回归实践属性。构建校企高效贯通、衔接有序的创新创业成果培育机制，通过定期开展符合市场需求的创业大赛、创业训练营、创业沙龙等活动，积极邀请企业全程参与，为大学生创新创业活动提供前期指导、中期优化和后续孵化，增强校企合作黏性，积极推动实践教学成果转化。[1]充分利用学校科技园、协同创新中心等现有资源，积极借鉴国内外先进经验，积极发挥已有平台对大学生优质创业项目孵化、转化的驱动作用，持续创新实践育人模式，提升学生沉浸式学习体验，促进双创实践教育提质增效。

---

〔1〕 苏克治、宋丹、赵哲：《大学创新创业教育的逻辑构成、现实困阻与长效机制》，载《现代教育管理》2022 年第 3 期。

（三）加强创新创业师资力量建设

在增加创新创业专任教师数量的基础上，积极拓宽师资引进渠道，通过聘请创新创业特聘教师、返聘教师和兼职教师，推动企业优秀管理者、杰出校友、优秀退休教师回校参与教学，持续扩大优质教师队伍规模。打造跨学科教研室，促进创新创业与其他专业深度融合，为创新创业教学带来新知识、拓展新视野、丰富新形式。积极拓展双创教师发展空间，创新弹性培养机制，为教师求学深造、出国交流、挂职锻炼等提供便利条件，帮助教师不断增强自身教学育人能力，助力形成一支师资力量充足、专业能力突出、教学水平高超的专业教学队伍，有效促进高校创新创业教育实质性、突破性发展。

四、结束语

高校创新创业教育发展离不开完善的课程体系构建、丰富的实践资源供给以及高水平的教师队伍建设等，同时还要注重实现与学生求知需求的高度契合，满足学生不同学习阶段的不同需求，从根本上创新教育理念，破解发展困局，多措并举以真正实现高校双创教育的高质量发展。

法治人才培养的协同育人机制：
思想脉络、理念意涵与关键点位

◎陈维厚* 　陈思羽**

摘　要： 随着全面依法治国的不断推进，法学教育在育人理念、育人定位及育人机制等方面已经落后于法治中国建设的需求，亟须在新理念、新定位及新机制等方面加以完善。法学教育"协同育人"机制通过赋予实务部门育人职能，实现法治实务部门和法学院校的良性互动，从而破解当前法治人才培养的困境，满足全面依法治国背景下法治人才培养的时代之需。通过国家层面立法建立法学院校与法律职业共同体交流机制，畅通职业共同体参与人才培养的路径，明确实务专家参与人才培养的条件。以期法学教育通过"协同育人"的机制来

---

　* 陈维厚，中国政法大学法学院副教授。
** 陈思羽，中国政法大学研究生。

解决人才培养中的短板，从而达到当下亟须提高法治人才培养质量的要求与目的。

关键词：协同育人　法治人才培养　德法兼修

改革开放以来，我国法学教育在改革探索中不断发展，法治人才培养的规模和质量不断提高，依法治国取得了历史性成就。然而，历经40余年的高速发展之后，我国法治人才培养质量与成效逐渐走向瓶颈期。全面依法治国是一个系统性的工程，法治人才培养是其中重要组成部分，法治人才培养质量不高，法治领域的人才不能适应需求，就会影响全面依法治国战略的实施。法治人才培养事关全面依法治国大局，法治人才培养如果没有做好，将严重迟滞法治中国的建设进程。欲进一步提高法治人才培养质量，必须探究其深层次原因，从理念机制上加以完善，构建"协同育人"机制，[1] 走出一条具有中国特色的、世界一流的法治人才培养新路。

一、现状检视：法治人才培养的困境及根源

（一）法治人才培养的困境梳理

1. 重规模而轻质量

新中国成立之初的法学教育体制主要是移植苏联法学教育模式，从20世纪50年代开始，我国废除旧法统下的法学教育，国家统一"包办"政法人才的培养工作。1952年院系调整后，设有法学专业的院校从原有53所缩减整合至（中国人民大学法律系、

---

〔1〕　广义"协同育人"包括课内课外（第一课堂与第二课堂）的协同、学校和社会（实务部门）的协同、学校和其他大学及科研机构的协同、国内与国外的协同、线上线下的协同等。本文侧重讨论学校与法治实务部门的协同。

东北人民大学法律系、北京政法学院、华东政法学院、西南政法学院和中南政法学院）6 所院校，到 20 世纪 70 年代，更是缩减至 2 所院校。据统计，1949 年至 1965 年间，全国累计毕业法学专业学生仅有 5866 人。[1] 1978 年法学院校复办后，法治人才培养开始从专门的政法院校向综合类、理工类、师范类等院校拓展，法学学位形成了学士、硕士、博士三级学位体系。截至 2021 年年底，全国共有法学一级学科博士点 55 个、硕士点 149 个，设立法学本科高校更是高达 632 所。"我国已累计培养法学类博士 3 万多人、硕士 46 万多人，目前每年授予法学类博士学位约 2600 人、硕士学位约 43 000 人、学士学位约 40 万人。"目前，我国已经成为世界上法学教育规模最大的国家。

我国是法学教育大国，但尚不是法学教育强国，法治人才培养质量仍然面临巨大挑战，其突出表现为法治人才供给侧与需求侧的结构性脱节。一方面是法学学科毕业生的供远大于求，另一方面是国家和社会真正所需的高端法治人才供不应求的窘况。[2] 法学院校所培养出的法治人才既不能回应社会发展的重点与热点，又更难以服务国家的战略需求和全面依法治国的需要，使得"法学教育理应进入真正的'黄金时代'，但实际上却面临着'饱和危机'和巨大竞争压力"[3]。

2. 重知识而轻实践

法学是实践性很强的学科，法治人才培养要注意将法学知识

〔1〕 《中国教育年鉴》编辑部：《中国教育年鉴 1949—1981》，中国大百科全书出版社 1984 年版，第 266~269 页、第 967~973 页。

〔2〕 邰占川：《新时代卓越法治人才培养之道与术》，载《政法论坛》2019 年第 2 期。

〔3〕 季卫东：《中国法学教育改革与行业需求》，载《学习与探索》2014 年第 9 期。

和实践教学二者并重。实务与理论本无严格界限，高素质法治人才必然是需要理论知识与实务技能双向精通的。但现实是法学教育知识教学和实践教育结合的强度不够；实际工作部门的优质实践教学资源引入高校的力度不够；法学教育、法学研究工作者和法治实际工作者之间交流的深度仍有待加强等。[1] 目前高校法学师资以学术评价为主要导向，其导致高校师资队伍重视学术研究、轻视实践经验，在个人能力上不具备高水平的实务能力。[2] 囿于师资队伍的此种局限，知识与实践、理论与实务之间被人为地割裂开来。因职业生涯和知识面向的不同，法科生往往制定不同而片面的学业规划，立志成为"法学家"的学生更多地在书斋中专注理论学习，而以实务部门为就业目标的学生则花费大量时间在实习。上述现象实质上就将知识教学与实践教学割裂开来，加大了理论与实践的鸿沟。再加上作为"风向标"与"指挥棒"的法律职业资格考试、研究生入学考试和法学院校的学业考核也几乎仅以理论知识作为标准，考试自身的特点也使得知识学习越来越向"偏怪难"及深度理论化方向发展，这就与法治实践渐行渐远，最终加剧了"重知识轻实践"的现象。

1996 年，我国设置了法律专业硕士学位，旨在培养高层次应用型法律人才。各法学院校曾经通过加大实务课程学分和比重、增加实习实践课程等方式开展实践教学。这些举措在一定程度上缩小了知识教学与实践教学的鸿沟，但并未实质打破二者的主次分化：一方面，法律硕士培养方案的设置与其他法学专业差异不

---

〔1〕　马怀德：《贯彻习近平法治思想 培养高素质法治人才》，载《中国教育报》2020 年第 6 期。

〔2〕　参见袁钢、何欣、万青：《我国法律博士专业学位研究生培养模式的探索》，载《学位与研究生教育》2021 年第 6 期。

大，"课程设置基本上仍以法学知识体系划分为基础，没有将职业领域所涉及的专业知识作为课程设置的依据""对于我国法学教育向来薄弱的法律职业伦理、法律文书写作、法律研究方法等职业训练必需的课程仍然不够重视"；[1] 另一方面，受制于师资实务能力的限制，不论是加大实务学分还是新增实务课程，实质上只是知识教学的实务知识化，而真正的实践教学比重不高。溯及既往，法学教育还不能完全适应社会主义法治国家建设的需要，实践教学与实务能力培养仍有较大提升空间。

3. 重举措而轻实效

2011 年，教育部与中央政法委联合发布的《关于实施卓越法律人才教育培养计划的若干意见》，提出"探索'高校——实务部门联合培养'机制""探索形成常态化、规范化的卓越法律人才培养机制"，以"培养应用型、复合型法律职业人才"。2018 年，中央政法委和教育部将该意见升级为《关于坚持德法兼修实施卓越法治人才教育培养计划 2.0 的意见》（以下简称《意见 2.0》），明确通过深化高等法学教育教学改革、强化法学实践教育、完善"协同育人"机制、构建法治人才培养共同体等方式，培养国家法治建设所需要的一流法治人才。

在上述意见指引下，各参与高校进行了不同的尝试，通过课程设置、教学方法与法律实务衔接、学分设计、课程安排和师资队伍与法律实务对接、设立"3+3"或"4+2"、涉外法治人才等实验班及联合培养基地进行"订单式"培养，通过交叉学科人才培养、法律诊所式教学、第二课堂、模拟法庭等方式，提高法科

---

〔1〕 王健：《法律硕士教育制度的改革与发展———一个政策分析》，载《政法论坛》2009 年第 3 期。

学生的综合素养，培养卓越法治人才。综观各法学院校的法学教育改革举措。虽然取得了一定的成绩，但由于合作形式上仍局限为院校与实务部门的点对点式交流，既没有打破传统人才培养的机制壁垒，也没有从根本上实现举措创新，因而其实效不尽如人意。

4. 重眼前而轻前瞻

应国需、促法兴，法学教育与法治人才培养应积极应对国家战略的新需求、新任务。然而目前的法学教育过度重视传统与常规的人才培养，忽略前瞻性与战略性的人才需求。

从 WTO 谈判、"一带一路"倡议、中美贸易摩擦等关系国家战略利益领域的人才需求与法律实践来看，能熟练运用外语进行国际诉讼与谈判的法治人才非常稀缺。法学教育应当培养出符合国际化、数字化时代要求的新型复合型法治人才，满足我们走向大国的需要，满足维护国家利益、实施国家战略对高水平法治人才的需要。

党的十八大之后形成了"总体国家安全观"并加强了相关立法，制定了《反间谍法》《国家安全法》《反恐怖主义法》等。法治人才培养的新挑战之一是在国家安全领域，法学教育与人才培养几乎没有涉及。国家利益延伸到哪里，维护这些利益的研究与人才培养就要延伸到哪里，否则，人才培养就会滞后于国家需要。[1] 信息化、数字化、智能化等对法学教育提出了新需求，区块链、人工智能、算法等也要求法学院校能够培养精通信息和人工智能的法治人才，但法学院校目前对此回应不力，相关研究

---

[1]　徐显明：《高等教育新时代与卓越法治人才培养》，载《中国大学教学》2019年第 10 期。

与人才培养明显滞后。

(二) 法治人才培养质量不高的根源剖析

1. 机制层面

导致法治人才培养困境的主要原因有：一是传统应试教育思维模式使然，忽视法学学科的独特性及法学教育的特殊性。在应试教育导向下，法学院校将法学教育等同于一般学科教育。法学教育应遵循教育一般规律，但"法学教育的目的与法律自身的性质、特征关系密切"，[1] 这种紧密性决定了法学教育不应秉持"墨守应试教育成规"的态度；二是对法学教育定位与人才培养目标不清晰，未能充分调动法治人才培养的各方力量。法学教育具有特殊性，其不是通识教育和大众教育，而应当是精英化的职业教育。以往法学教育的定位将重心放在学术教育、通识教育或法律教育层面，严重阻碍了法治人才的专业化、精英化、职业化培养；[2] 三是制度机制不健全，制度保障不力、权责划分及惩戒激励措施不到位，育人效用无法最大发挥。在缺少制度配套保障下，不论是法学院校还是其他法律共同体主体，都没有积极参与人才培养的动力，专注法治人才培养却有可能因此承担较高的义务和责任。法治人才培养的困境是上述三大原因的直接体现，它们是导致供需失衡的根本原因。欲消除它们，则必须以新理念、新机制为手段逐一破解。

2. 历史层面

在法制建设初期，一般学科教育、传统的法学教育和学院教

---

〔1〕 蔡立东、刘晓林：《新时代法学实践教学的性质及其实现方式》，载《法制与社会发展》2018 年第 5 期。

〔2〕 刘艳红、欧阳本祺：《创新法治人才培养机制的目标、理念与方法——以法律人个体成长规律为中心》，载《法学教育研究》2016 年第 1 期。

育能够在短时间内普及法律知识，培养法制建设所需要的人才。但随着法制建设向法治建设转换与推进，法治建设已经从依法治国迈向全面依法治国新时期，后者是对前者的深度、宽度和广度地全方位、多层次拓展。"全面"需要依法治国、依法执政、依法行政共同推进，法治国家、法治政府、法治社会一体建设，国内法治与涉外法治统筹推进。"全面"意味着从治国理政到管党治党，国家的各个层面、社会的各个领域都应当在法治的轨道上进行。相应地，法治人才应当是在深度、宽度和广度上与"全面"相对应的高素质法治人才。

十八届四中全会明确全面依法治国目标是"建设中国特色社会主义法治体系，建设社会主义法治国家"，提出"创新人才培养机制"，"培养造就熟悉和坚持中国特色社会主义法治体系的法治人才及后备力量"。中国特色社会主义法治体系是包括法律规范体系、法治实施体系、法治监督体系、法治保障体系和党内法规体系在内的科学制度体系。这就要求法治人才不仅需要具备静态的法律知识，还应当具备动态的法治知识；不仅要通晓法律规范体系的一般理论与部门法知识，还必须掌握党内法规体系。从有法可依、有法必依、执法必严、违法必究的形式法治到科学立法、严格执法、公正司法、全民守法的实质法治，这亦对法治人才提出了更高的要求。法治人才不是机械适用规则的"程序"，而是实现良法善治的能动主体——良法善治需要法治人才具备更高的知识储备、更强的实务技能、更宽广的国际视野和更坚定的法治信仰。"卓越法律人才"向"卓越法治人才"的转变也体现于此。

（三）法治人才培养的机制创新

法学教育培养人才的目标是德才兼备的高素质法治人才。全面依法治国战略的人才需求表明：法治人才培养如果仅仅依靠法学院校则力有不逮，必须打破法学院校和实务部门之间的体制壁垒，加强学校与实务部门的合作，发挥法院、检察院、政府、律师事务所等在法治人才培养中该有的积极作用。让实务部门成为法治人才培养的第二阵地，发挥它们在法学教育中的重要作用，形成新的人才培养的协同机制，[1] 以"协同育人"机制破解传统法治人才培养的困境。

"协同育人"是一种新型的人才培养模式，通过将社会主体纳入人才教育培养环节中，打破传统体制壁垒，实现教育主体的多元性、专业的灵活性、教学的全面性和管理的开放性。2015年，国务院办公厅发布的《关于深化高等学校创新创业教育改革的实施意见》中提到，要深入实施科教结合"协同育人"行动计划等，多形式举办创新创业教育实验班，探索建立校校、校企、校地、校所以及国际合作的"协同育人"新机制；2016年，教育部印发的《关于中央部门所属高校深化教育教学改革的指导意见》（以下简称《意见》），其以专门篇章阐述完善"协同育人"机制。法学作为一门实践性的学科，本身就更加注重从实践中来、到实践中去。2018年，教育部、中央政法委发布的《关于坚持德法兼修实施卓越法治人才教育培养计划 2.0 的意见》，提出要完善"协同育人"机制，基本形成中国特色法治人才培养共同体，并在法治人才培养领域引入该机制。2020年，全国有关高校和专家共同发布《新文科建设宣言》更是明确了"推动模式创新""聚焦国家新一轮对外开放战略和'一带一路'建设"，加

---

〔1〕 徐显明：《高等教育新时代与卓越法治人才培养》，载《中国大学教学》2019年第 10 期。

大涉外人才培养，加强高校与实务部门、国内与国外"双协同"，完善"全链条育人机制"。"协同育人"机制须突破传统理念的禁锢，与改革机制并形成合力，共同提高法治人才培养质量。

二、认知更新：协同育人的思想脉络

任何理论都是时代的产物，有其深厚的思想渊源与历史背景。"协同育人"是历经不同历史时期形成的。理论教学、应试教育的思想是导致困境产生的主因。厘清协同育人"协同育人"的思想脉络，是认知层面清除应试教育桎梏的前提。

（一）西方的协同育人渊源

早在古希腊时期，智者学派就曾主张在民主政治的实践中开展辨士教育，他们认为"没有实践的理论和没有理论的实践都没有意义"。[1] 亚里士多德提出了心灵的文雅教育（liberal education）与肉体的职业教育（vocational education）的两分法，虽然他深受其师柏拉图"心性优于身性"理论的影响，认为前者更优于后者，但这种区分却提示后世"劳心教育"与"劳动教育"并非存在严格的界限。[2]

中世纪，以《圣经》为根本的经院主义也成为当时法学教育的主流，"教会法和教会法学教育成为西欧中世纪法律教育中与罗马法和罗马法学并称的两大法学教育内容"[3]。"协同育人"思想也萌发于这一时期的经院主义当中。奥古斯丁（Saint Augus-

---

〔1〕　〔苏〕米定斯基：《世界教育史》，叶文雄译，生活·读书·新知三联书店1950年版，第27页。

〔2〕　John Dewey, *Democracy and Education*: *An Introduction to the Philosophy of Education*, New York: The Free Press, 1944, p. 252.

〔3〕　马渭源：《论中西传统法律教育的差异性及其影响》，载《南京社会科学》2005年第2期。

tine）便是这一历史阶段经院主义的早期代表，他的教育思想关注全科目教育、师生协同与家庭协同三者的重要性，已经初具"协同育人"的理论之"形式"。托马斯·阿奎那（Thomas Aquinas）肯定理智生活与感性活动之间存在着某种联系，并认为感性认知不是理智知识的总原因或全部原因，它只是在一个方面可作为原因看待。并基于此，他提出学习分为"发现学习"和"教导学习"两种类型，前者是以学习者个人理性自主开展的实践性学习活动，后者是学习者在他人的帮助下进行的学习活动。[1] 可以说，托马斯·阿奎那已经触及"协同育人"中协同的理论之"实质"。

从中世纪开始，人们对法学教育的关切逐渐单一化，并且这一现象一直延续至启蒙时代。不论是将《圣经》奉为圭臬的经院主义；还是强调终生教育与平等教育的泛智主义；抑或是力主经验主义的洛克与高歌自然主义的卢梭，都将人才的培育局限于某一个或某几个方面，纵然其中有若干观点与"协同育人"存在一些关联，但都未有过完备的思想论述，更遑论教学实践了。直到19世纪末与20世纪，"协同育人"的思想脉络才逐渐成形。以涂尔干（Émile Durkheim）功能主义为代表的教育思想，开启了"协同育人"的成熟化之路。功能主义将社会类比为生物有机体，认为教育系统内的各个组成部分既相互依赖又相互独立，各有其作用并共同保证系统整体的均衡，故而应当注重教育系统内各个子系统的地位以及如何发挥其功能来实现育人的目标。约翰·杜威从实用主义的角度出发，强调教育是一种社会生活过程，学校是社会生活的一种展开形式，校内学习应与校外学习连接起来，

---

[1] 单中惠主编：《西方教育思想史》，教育科学出版社 2007 年版，第 53~54 页。

两者之间能自由地相互影响。[1]

20 世纪 30 年代至 60 年代结构主义教育思想的兴起，基本塑成了"协同育人"的理论格局。结构主义认为世界是由各种"关系"组成，事物也只有在被纳入某种"关系"之中才能够被认识。所谓的"结构"，即为"一种关系的组合"，它反映了事物之间的本质联系。"简单地说，学习结构就是学习事物是怎样相互作用的"。[2] 结构主义下的教育不再关注某一类个体，无论是教师、学生还是其他主体，都不再具有主体性地位，而成为整个教育系统中的因子，它所关注的是"教育系统的整体结构以及教育在社会整体结构中的地位以及教育与其他社会因素互动的机制"。[3] 不难看出，这与"协同育人"理论已经是大同小异了。

（二）马克思主义的协同育人渊源

1. 马克思主义经典作家

马克思主义经典作家在批判资产阶级社会制度、阐述历史唯物主义和揭示人类社会发展一般规律的过程中，形成了一系列有关人才培养的经典论述。马克思、恩格斯将人的全面发展作为教育的目的和理论前提。他们认为体力劳动与脑力劳动分离，以及某一种劳动单独片面发展在一定程度上都将限制和破坏人的全面发展。"全面发展"的实质即为"在个人智力和体力尽可能广泛、

---

〔1〕　［美］约翰·杜威：《杜威教育论著选》，赵祥麟、王承绪编译，华东师范大学出版社 1981 年版，第 154～158 页。

〔2〕　［美］J.S. 布鲁纳：《布鲁纳教育论著选》，邵瑞珍、张渭城等译，人民教育出版社 1989 年版，第 24 页。

〔3〕　李克建：《结构主义与教育研究：方法论的视角》，载《全球教育展望》2007 年第 9 期。

充分、统一和自由发展的基础上，实现脑力劳动与体力劳动相结合"。[1] 马克思、恩格斯十分注重劳动与教育的结合，他们多次提到"把教育同物质生产结合起来"[2]"如果不把儿童和少年的劳动和教育结合起来，那无论如何也不能允许父母和企业主使用这种劳动"。[3] 为了实现人的全面发展，"教育就必须让年轻人不断地接受各种形式的生产劳动，并轮流从一个生产部门转到另一个生产部门"。[4] 由此可见，马克思、恩格斯十分重视劳动实践在人才培养中的作用，其论述既诠释了人类教育的客观规律，也高度契合、发展和完善了"协同育人"理论。

2. 习近平法治思想

习近平法治思想是新时代法学教育和法治人才培养的行动指南。[5] 习近平在考察中国政法大学时强调要推进法学教育改革，"创新法治人才培养机制"，强调坚持"立德树人，德法兼修，培养大批高素质法治人才"，阐明了法治人才培养中知识教学与实践教学的关系，"要养成良好法学素养，首先要打牢法学基础知识，同时要强化法学实践教学。要打破高校和社会之间的体制壁垒，将实际工作部门的优质实践资源引进高校"，法学研究者和法治实践者"要相互交流、取长补短，把法学理论和司法实践更好结合起来"。[6] 法学教育要坚持依法治国和以德治国相结合，

〔1〕 杨兆山、陈煌：《马克思主义教育同生产劳动相结合思想的几个基本问题》，载《社会科学战线》2021 年第 1 期。
〔2〕 《马克思恩格斯选集》（第 1 卷），人民出版社 2012 年版，第 422 页。
〔3〕 《马克思恩格斯全集》（第 16 卷），人民出版社 1964 年版，第 218 页。
〔4〕 《马克思恩格斯全集》（第 16 卷），人民出版社 1964 年版，第 218 页。
〔5〕 马怀德：《贯彻习近平法治思想 培养高素质法治人才》，载《中国教育报》2020 年第 6 期。
〔6〕 习近平：《论坚持全面依法治国》，中央文献出版社 2020 年版，第 177 页。

坚持立德树人，"不仅要提高学生的法学知识水平，而且要培养学生的思想道德素养"。[1]"要加强统筹谋划，完善法治人才培养体系""努力培养造就更多具有坚定理想信念、强烈家国情怀、扎实法学根底的法治人才"。[2]综上，就新时代培养什么样的法治人才、如何培养法治人才以及为谁培养法治人才等重大理论和实践问题做出论述，为法治人才培养提供了总的指导和根本遵循，也是法学教育"协同育人"机制的思想渊源与理论基础。

三、理念诠释：协同育人的理念意涵

自 20 世纪 90 年代末以来，我国法学教育通过借鉴国外法学教育经验，思考国内法学教育改革问题，最终将主要关注点放在实践教学改革上。但论者认为这并未深入改善法学教育与法律实务之间存在脱节的现象。从那时起，实践教学在法学教育界虽然成为广受关注的热点，但实践教学的成效并不显著。许多论者在强调实践教学的时候，就已经将法律实践与法学教育割裂开来——当实践教学成为法学教育必不可分的部分时，不论是实践教学还是理论教学，都是法学知识教学。"协同育人"模式不同于实践教学，它在理念上与实践教学呈现出包含关系，即相比于后者，"协同育人"的理念更为全面。它将法治人才培养视为由诸要素构成的系统性工程，知识教学和实践教学以及与两种教学相关的主体，均为系统中不可或缺的要素，其在目标、定位和构成要素等方面与实践教学有根本区别。

---

〔1〕　习近平：《论坚持全面依法治国》，中央文献出版社 2020 年版，第 178～179 页。

〔2〕　习近平：《坚持走中国特色社会主义法治道路 更好推进中国特色社会主义法治体系建设》，载《求是》2022 年第 4 期。

（一）"德法兼修"的高素质法治人才：协同育人的目标

教育目标是教育活动所要培养人的个体素质的总预期，是培养受教育者的总目标。美国法学教育目标是让法科生毕业时能够"做好职业准备"，法学院教育学生要"像律师一样思考和实践"，为了缩小理论与实践之间的鸿沟而开展模拟教学和法律诊所教学；德国将法律人才的培养目标定位于"具有全方位工作能力的法律人"，德国法学教育也正是在此目标下进行。[1] 人才培养目标决定了培养模式。我国学界关于法学教育目标的认识与德国类似，培养的目标是高素质法治人才。"这种高素质的法律人才，绝不仅是掌握了法学知识体系的人，'他'应当是和必须是法律专业知识、法律职业素养和法律职业技能的统一体。"[2]

习近平总书记在考察中国政法大学时指出，新时代要培养"德法兼修"的高素质法治人才，这是"协同育人"的根本目标。所谓"高素质"，既应当拥有法学知识、法治素养和法治实践技能，还需要具备政治素养，践行法律职业伦理和社会道德，即"德法兼修"。"德法兼修"——德在法前，人首先是道德主体，然后才是法治人才这一特殊身份主体，"首先要把人做好，然后才可能成为合格的法治人才"。[3] 传统法学教育过于注重专业知识而忽视法律职业伦理教育。"法治"本身就蕴含着道德，自然法学派将实在法寓于道德当中，而"法治主义用正义论理论机制将多元道德进行整合，将道德格式化、标准化、统一化，形成社

---

〔1〕 田士永：《法治人才法治化培养的德国经验》，载《中国政法大学学报》2017
年第 4 期。

〔2〕 朱景文主编：《中国法律发展报告——数据库和指标体系》，中国人民大学出
版社 2007 年版，第 526 页。

〔3〕 胡明：《创新法学教育模式 培养德法兼修的高素质法治人才》，载《中国高
等教育》2018 年第 9 期。

会道德共识及核心价值观，确立了法治的德性体系基础"。[1] 即便是新分析法学派的哈特，也不得不承认"法律体系必须奠基在道德义务感或对体系的道德价值信念上"。[2] 中国特色社会主义法治更是将道德内嵌于中，依法治国和以德治国相结合，强调德治和法治两手抓、两手都要硬。法学教育更是承担起了道德教育和知识教育的双重职能。法治天然的道德属性决定了法治人才应然的德性追求。然而，传统"法律中心"的教育却难以实现法治人才的德性目标：一方面，"当'法律中心主义'成为法治建设的重心时，就意味着法律规范凌驾于其他社会规范之上，成为全部正当性的来源"。相应地"法律中心"也就摧毁了社会道德，"导致价值虚无和社会失范，社会核心价值观难以确立起来"。[3] 另一方面，法治作为一种政治理想，无法脱离人而单独存在，法律的适用需要人来实现；法律语言的空缺结构也需要法律从业者运用自由裁量权对其"核心含义"和"边缘含义"作出解释，[4] 这些都需要依靠道德素养指引。

如果说德性是"协同育人"所应当具备的前置性条件，那么专业素养就是高素质法治人才的核心之所在。以美国为代表的英美法系国家培养以律师为基础的法律职业者，注重案例分析与实务能力的提升；而以德国为代表的大陆法系国家则将法官作为培养的对标，重在法学理论的传授。我国法学教育在借鉴不同模式

---

〔1〕 陈卯轩：《法治的德性探析》，载《西南民族大学学报（人文社科版）》2019 年第 12 期。

〔2〕 ［英］H. L. A. 哈特：《法律的概念》（第 2 版），许佳馨、李冠宜译，法律出版社 2006 年版，第 121 页。

〔3〕 强世功：《"法治中国"的道路选择——从法律帝国到多元主义法治共和国》，载《文化纵横》2014 年第 4 期。

〔4〕 李桂林：《实质法治：法治的必然选择》，载《法学》2018 年第 7 期。

的基础上，逐渐形成了多元化的培养标准，即"把法学教育的培养目标从单一的法律知识型人才培养转变为法学应用人才、法学研究人才和社会管理人才的共同培养，要求法律职业必须走上专业化和职业化的轨道"。[1] 专业素养意味着具备法治思维、掌握法治知识，并能够自觉运用法治方式研究问题、解决问题、管理社会。法治思维是一种实质化而非简单地形式逻辑思维。在后者的指引下，常常存在对法条的机械理解及僵化适用，从而在社会和法律之间产生割裂；实质思维并不否认形式逻辑和法的规范性，而是在两者之外，充分权衡法律博弈过程中各方的利益，在多种可能下选择对社会整体效益最有利的适用，即"向前看"思维；法治知识是法治人才的根基，全面掌握法治知识不仅意味着通晓法学理论和部门法知识，还要求熟悉法治实践、法治运行等动态知识，能够将理论知识应用进法治实践中。此外，社会主义国家更加注重"法治"素养，"更直接一些的就是信仰法治，充满对依法治国的理想追求、对法治社会的无限向往和对实现社会主义法治的坚定信念，而达到或者形成这一法治思想素质"。[2] 而随着我国对国际事务和全球治理参与度的不断扩大，单纯的国内法治人才已经无法适应时代的需要，但这并非意味着只要拥有外语能力和跨国交流能力即为"涉外法治人才"。更应注重的是具备涉外法治知识与技能、处理涉外法治事务、维护我国参与国际治理和国家利益的能力。

---

〔1〕 冀祥德：《论法学教育中国模式的初步形成》，载《法学论坛》2011 年第 5 期。

〔2〕 刘艳红、欧阳本祺：《创新法治人才培养机制的目标、理念与方法——以法律人个体成长规律为中心》，载《法学教育研究》2016 年第 1 期。

（二）法律职业共同体参与：协同育人的核心

我国目前的法学教育，不论是否融入了"实践"因素，实质上都不是以职业作为目标，而是以学科或者以学术为目标。《意见》出台前，我国法律职业资格考试制度的应试化就是例证。因此，法学教育和法治实务人才之间的有机联系便弱化了，学生在认知上产生一种"只要通过法律职业资格考试就有能力从事法律职业"的错觉，致使学生的大量精力都消耗在备考当中。《意见》的出台旨在加强二者的联系，然而这种职前培训是否能够减轻法学院校对学生实践教学的忽视尚未可知。同时，法学教育依然欠缺法治实务部门的实质性指导，教学计划和培养方案将实务部门视作必修课程之外的"次要"或"附加"课。正是这种"不以法律职业为目标导向，没有进一步提出不同地区、不同层次的政法机关和不同职业分工的法律人才应当具备的特定的职业规格要求，进而使教学内容和教学方法脱离实际，重'学理'而轻视'术业'"。[1]

法学教育最初目的是培养实务人才，采取以学徒制方式传授法律实务的"技艺"。但学徒制因无法适应工业化与社会发展而逐渐被学院制取代，而学院制下的理论教学对实务的罔顾又再次唤醒学界对实践的重视，从而产生了美国法学院的模拟实践课程和法律诊所教学。相比之下，德国对此则更进一步，《德国高等学校框架法》第7条规定："教育和学习应当为学生的职业能力做准备，传授对此必要的符合专业要求的专业的知识、能力和方法，使学生有能力从事科学的和技术的工作并且有能力在自由

---

〔1〕　王健：《构建以法律职业为目标导向的法律人才培养模式——中国法律教育改革与发展研究报告》，载《法学家》2010年第5期。

的、民主的和社会的法治国家负责任地行事。"[1] 在德国只有参加过特定时期的实务见习并被考核合格以后，才能够获得法律从业资格。《意见》在实质层面已经建立起类似于德国的法学教育制度，可以预见，职前培训导向下的法治人才培养将在一定程度上加快我国现行法学教育向职业化方向的发展。职业教育定位促进了法律职业共同体的产生，"没有法律职业共同体，就没有成熟的法治。反之，法治的不成熟，也难有发达的法律职业共同体"。[2]

法学院校师资均为来自法学院校的博士毕业生，他们具有高度学理化、学术型特征，但基本没有带有法律实务背景的教师。国家要想适应社会法治实践的需要，理应出台明确的制度规定高水平的法官、检察官、律师等定期进入学校参与教习，以及法学院校招引一定比例实务部门的师资作为本校培养法治实务人才的中坚力量。美国法学院的设置呈现出一种"外紧内松"的格局，高校是否具有设立法学学位的资格，需由美国律师协会认证和批准，并且认证标准极为苛刻。截至 2022 年 3 月，美国也只有约二百所法学院符合标准。但学院内部教学管理宽松，教师可以按照自己的方式教学。一方面既让法律实务部门可以参与进法学院校的建设，另一方面也提高了法学院校的综合质量。[3]《意见》将职前培训的职能赋予了符合条件的行业自律组织，但其职能所涉阶段并非法学院校标准的判断，而是法治人才入职标准的判断。

---

[1] 田士永：《法治人才法治化培养的德国经验》，载《中国政法大学学报》2017年第 4 期。

[2] 徐显明：《对构建具有中国特色的法律职业共同体的思考》，载《中国法律评论》2014 年第 3 期。

[3] 孟涛：《美国法学教育模式的反思》，载《中国政法大学学报》2017 年第 4 期。

虽然能够在一定程度上提高法治人才培养的质量，但对于法学院校和不特定的法科学生而言，究竟能否有所广益却尚未可知。不过，《意见》确实有利于落实并实现"协同育人"理念。

高素质法治人才对知识的全方位、专业化要求决定了人才培养必须依靠法律职业共同体的参与。美国的法律模拟课程和法律诊所教学，本质上固然属于学院的教学方式，但其师资却有不少来自于法律实务部门，德国的必要见习更是如此。只有整个法律职业共同体参与到法治人才培养中，真正将人才培养视为共同体中行业的基本义务，法治人才培养质量才能得到实质化的提升，才能"把学科型法学教育变革为职业型法学教育，把教学型法学教育转变为训练型法学教育，把知识型法学教育改造为能力型法学教育"。[1]

（三）充分发挥协同效应：协同育人的要素

教育要素是构成教育活动的成分和决定教育发展的内在条件，一般包括教育者、受教育者和教育影响三项要素。较之于传统法治人才培养机制，"协同育人"的逻辑出发点在于通过赋予法治实务部门以育人职能，法学院校与实务部门的良性互动实现对被教育者"1+1>2"的效果。法治人才培养的"协同育人"机制，健全法学院校与实务部门的双向交流机制，培养德才兼备的高素质法治人才，培养熟悉和坚持中国特色社会主义法治体系的法治人才及后备力量。法治人才培养"协同育人"解构为主体、客体、内容、效果四要素：主体即谁来育人，包括学校和社会主体；客体是育人主体所指向的对象，即被教育者；内容关涉怎样

---

〔1〕　徐显明：《对构建具有中国特色的法律职业共同体的思考》，载《中国法律评论》2014 年第 3 期。

协同、如何育人等问题，主要体现在基本内容与机制中；效果，即"协同育人"追求的目标。

第一，"协同育人"的主体。法学教育作为职业教育，需要法律职业共同体的协同参与，法治人才培养是法律职业共同体的共同事业。传统法学教育的主体是法学院校，实务部门虽然有一定程度的参与，但始终无法发挥主导性作用，遑论主体地位了。有学者以生产链比喻这种法治人才培养工作，他们将法学教育部门比作"生产者"，将实务部门比作法治人才培养的"检验者"和"受益者"，并指出这种"由法学教育部门独自承担"的培养方式因"缺乏法律实务部门的有效参与"，导致法科学生培养与司法实践脱节。[1] 而在"协同育人"机制之下，"生产者"与"检验者"的身份不再清晰，"生产者"亦为"检验者"、"检验者"也亦为"生产者"。但这里所谓的"生产者"与"检验者"，并非局限于高校、审判机关、检察机关、公安机关和司法行政机关、律师事务所等传统主体——"协同育人"所追求的协同，是整个法治职业共同体，乃至法治职业关联体。党的十八届四中全会以后，中国特色社会主义法治体系从单一的法律规范体系扩展至法治实施体系、法治监督体系、法治保障体系与党内法规体系，极大地拓展了"生产、检验者"的内涵与外延。故而除了前述部门之外，还应当包括立法机关、监察机关、各级政府机关中的法制工作部门和企业中的法务部门。党的机关中与法治工作密切相关的政法口及党规工作部门也属于"协同育人"的主体。《意见 2.0》也提到要"切实发挥政府部门、法院、检察院、律

---

[1] 杨翔、廖永安：《论法治实践部门在法治人才培养中的责任主体地位》，载《政法论丛》2015 年第 6 期。

师事务所、企业等"法律实务部门在法治人才培养中的作用。

第二，"协同育人"的客体。"协同育人"客体指的是法学院校的法科生，即法学本科生、硕士研究生与博士研究生。"自生自发秩序的形成是它们的要素在应对其即时性环境的过程中遵循某些规则所产生的结果。在遵循规则的前提下，再结合系统化的行为，协同效应便得以产生。"[1] 前述协同理论表明，不同层次的法科生需要根据其所处的阶段、环境、社会需求等因素制定不同的培养方案进行培养，以保证协同效应的产生——对高素质法治人才目标的追求并不否认在某一专业知识和技能上的重点培养，但没有侧重的培养最终导致的是流水线式的"标准产品"，其既不能满足个人发展与社会分工的需求，也无法满足全面依法治国的需要。

第三，"协同育人"的效果。它是"协同育人"所追求的理想效果，具体到法治人才培养领域，不仅要实现"德才兼备"高素质法治人才"产出"的协同效应，也要实现人才培养作为全面依法治国推进过程中的重要一环，在整个法治国家、法治政府、法治社会建设过程中的协同效应。正如《意见 2.0》提到的，既要"建立起凸显时代特征、体现中国特色的法治人才培养体系""培养造就一大批宪法法律的信仰者、公平正义的捍卫者、法治建设的实践者、法治进程的推动者、法治文明的传承者"，还要"为全面依法治国奠定坚实基础"。

四、制度建构：协同育人的关键点位

教育学理论认为：教育是一种有意识地选择、设计、组织、

---

〔1〕　张丽艳：《区域法治协同发展的复杂系统理论论证》，载《法学》2016 年第 1 期。

控制地传递人类经验的特殊环境，是一种有指导地旨在促进人的发展的特殊活动，通过指导、通过有组织的运用，它们就会朝着有价值的方向前进。[1] 应当指出，《意见》的出台确实在一定程度上促进了以实践教学、职业教育为手段的"协同育人"制度的出现，但"协同育人"是一项系统工程，需要一系列的"制度束"予以实现，单一的制度均难以在人才培养的过程中实现协同。就法治人才培养的主次方面而言，法学院校仍然是法学教育的主要方面。现有环境下法治人才培养主要依靠法学院校单方力量，而法学院校独木难支，"高素质法治人才培养仅靠高校自身力量和资源是很难达成的"。[2] 院校无论如何扩大合作范围，也只能从"点对点"扩大到"点对面"，无力充分调动社会法治人才培养资源，更无法突破地域、范围和领域上的限制。"协同育人"需要法律职业共同体的参与，而法学院校甚至教育主管部门不具有协调法律职业共同体、营造"协同育人"环境的能力。因此，"协同育人"理论需要国家以立法形式，通过专门机制明确法学院校和法律职业共同体在法治人才培养中的权利义务、职权职责。机制实施的关键点位包括如下几个方面：

（一）建立院校和职业共同体的双向交流制度

当前法学院校与实务部门的合作，是法学院校主导型的合作：一方面，法学院校将实践教学及与实务部门的合作流于形式。即在培养方案和教学计划中，简单地设置实习比例和实习时长，不涉及实习过程中的具体教学内容和方案。实习结束后也只

---

〔1〕 王道俊、郭文安：《教育学（第七版）》，人民教育出版社 2016 年版，第 44 页。

〔2〕 郎占川：《新时代卓越法治人才培养之道与术》，载《政法论坛》2019 年第 2 期。

是简单地以实习报告作为考核依据；另一方面，实务部门也将实习生视为免费或廉价劳动力，"劳务化""流水式作业"的实习使得实务部门拥有稳定的实习生源，从而预留出一定的工作供实习生完成。这就导致学生在实务部门从事的实习工作单一、实习逐渐异化，低效实习难以全面接触到实务活动，难以提高实践技能。总之，问题最终依然是法学院校与法治事务部门之间"尚未建立良性互动，呈现出培养环节与养成环节脱钩的样态"。[1]

要解决脱钩状态，必须破除机制壁垒，通过立法确立法学院校与实务部门建起双向交流机制，从法学院校主导转变为双向主导，明确双方在人才培养中的权责，"合力"培养法治人才。其一，从形式合作迈向实质合作，将实习等实践教学环节纳入培养计划，对实践教学时长、实践教学内容和实践教学形式做出具体安排，不断优化"协同育人"的培养方案；其二，建立专门"协同育人"平台。由于法律实务部门并非专职教育主体，在实践教学中或不愿意投入过多的精力；或因担忧学生专业素质不愿让学生参与真实案件，致使"培养基地"合作方式也已无法满足实践教学的需要。要想改变现状，需要通过建立专门的"协同育人"平台，实现实践教学"供需"双方动态地精准对接，从而赋予有意愿协同培养的法律实务部门更高的教育管理责任，并为之制定培养目标；其三，健全双向交流配套机制。事实上，许多高校与实务部门的合作是个别性、临时性合作，没有建立专门的规章制度，导致协同双方权利义务不尽明晰。另外，"协同育人"涉及科研、教务、学工等多个部门的职责，如果缺乏相应的规章制

---

[1] 杨翔、廖永安：《论法治实践部门在法治人才培养中的责任主体地位》，载《政法论丛》2015年第6期。

度，会影响制度实施在职责范围、监督管理、奖惩措施等方面无法及时跟进；其四，完善育人评价机制，建立动态评价体系。双方相互评价，由法律实务部门负责实践教学过程评价，法学院校负责实践教学结果评价。在评估标准设置上，也应当变单一的效果标准为职责标准、素质标准和效果标准，并以职责标准作为主要考核标准。[1]

继 2012 年 7 月最高人民法院颁布了《关于建立人民法院与法学院校双向交流机制的指导意见》后，又相继制定了《关于建立法律研修学者制度的规定》和《关于建立法律实习生制度的规定》。法律研修学者和法律实习生两项制度，立足于司法实践、法学教育与人才培养的实际；着眼于法治国家建设所需的法治人才培养和法律共同体机制建设的长远目标；实行制度规范与探索实践并举，具有较好示范效应。

（二）畅通职业共同体参与人才培养的路径

2019 年修订的《中华人民共和国法官法》《中华人民共和国检察官法》规定法官、检察官"经单位选派或者批准，可以在高等学校、科研院所协助开展实践性教学、研究工作"。从法律层面畅通了法官、检察官参与人才培养的渠道。但从法治人才培养大局出发，有必要进一步畅通实务部门专家全面参与法治人才培养的途径，尤其教育部门、法学院校应主动转变理念，加快构建实务部门专家参与人才培养的制度体系，畅通路径。所谓全面参与，是指不仅要参与教学工作，还包括参与学科建设、参与课程

---

〔1〕 效果标准即评估指标中对最终实习成果所设置的标准；职责标准是评估指标中对评估对象所应承担的责任和应完成的任务是否合乎职责要求所确定的标准；素质标准为评估指标中对被评估人的心理素质、道德素养、职业素质、工作态度等指标设计的标准。

体系设计和培养方案制订、参与教材编写等法治人才培养的各方各面。

首先，参与学科建设。新时代法治人才以全面依法治国需求为导向，学科体系应当面向实践，满足时代之需。现有的法学学科体系已经较为成熟与稳定，但稳定性可能意味着滞后，主要表现为现阶段法治人才机制对依法治国实践中的潜在问题和急迫问题缺乏认知和回应能力。法律实务部门专家长期投身于依法治国实践，对存在的新问题、新情况、新任务有着较为全面的了解，能够前瞻性地预见问题；也有利于克服当前因学科分类导致的法治人才脱离实践、知识面宽度不够、重理论轻实践等不足。

其次，参与课程体系与培养方案设计。课程体系是人才培养的关键，课程的科学与否决定了受教育者接受知识的全面与否。不同领域和部门的法治实践专家有着不同的实践知识与经验，能够基于自身经验为法学院校提供课程的整体规划，尤其对于实践类课程而言，实务专家更具有经验与话语权。课程体系在一定程度上决定了培养方案，二者相辅相成，实践专家参与课程体系设计，实际上参与了培养方案制订。法律实务部门专家参与的教学模块不要局限于专业课程，公共课程等其他模块也应适度参与。

最后，参与教材编写。教材是法治人才培养的基础。作为一门实践性的学科，理论本就源自法治实践，发展、完善更不可能脱离法治实践。具备深厚理论功底的院校教师与拥有丰富实践经验的专家密切配合，共同编写教材，通过实践案例与教材学习，在掌握基础知识、法律规范和提高理论水平的同时也培养实践技能。

（三）明确实务专家参与人才培养的条件

第一，明确规定法学教师和实务专家的师德师风和政治素养。"法学专业教师要坚定理想信念，成为马克思主义法学思想和中国特色社会主义法治理论的坚定信仰者、积极传播者、模范实践者。"德性教师是培养德性法治人才的前提，法学教师应当不断加强自身道德素养，加强对中国特色社会主义法治理论的学习。同时，也需要建立健全师德师风制度，从制度硬约束和思想软约束两个维度保证法学教师与实务专家"协同育人"水平。

第二，建立实务专家遴选机制，择优选取实务专家参与人才培养。法学院校与实务部门可以联合制定实务专家聘任规范，规定聘任原则、基本条件、主要职责、聘任程序等内容。双方可以共同成立实务专家遴选机构，整合实务部门的实践资源和法学院校的专业资源，充分利用各方优势选拔从法律实务部门中选择一批有经验、有能力、有精力、有责任的专家参与人才培养，既"体现行业的专业性，又可以反映出行业对人才培养的意愿和要求，尊重了行业合作机构的自主性"。[1]

第三，具备过硬的知识水平，具备跨学科研究能力。高素质的法治人才绝不是"只懂法"的人才，"协同育人"培养出的法治人才应当具有多元的知识储备与学科思维，具有跨学科、跨专业的理论视野与工作能力。这要求法学教师必须不断学习法学专业之外的知识，将多种思维与法治思维结合碰撞，提高"协同育人"的能力和水平。

(四) 解决人才培养中短板问题

"协同育人"是系统工程，需要从整体布局的视域加强要素间的协调性，当前法治人才培养中存在系列短板亟须改进，其主

---

〔1〕 袁钢、何欣、万青：《我国法律博士专业学位研究生培养模式的探索》，载《学位与研究生教育》2021 年第 6 期。

要包括实践教学与知识教学比例失调、国内法治教育与涉外法治教育布局不合理、东西部地区法治人才培养失衡以及法治人才培养机制不健全等问题。这些短板构成了推进实施"协同育人"的主要动力和着眼点。

1. "协同育人"提高实践教学实效

《法学类教学质量国家标准（2021 年版）》要求法学类专业课程总体上包括理论教学课程和实践教学课程，要求实践教学累计学分不少于总学分的 15%。大多数法学院校的实践课程比例都严卡在 15% 的比例之内，且 15% 所要求的是总学分的比例。许多法学院校的实践教学时长远远达不到学分比例的要求，少部分法学院校即便达到了要求，也可能仅有几类或几个实践教学课程赋予较高的学分。部分法学院校将社会实践、毕业设计等难以计算学习时长的活动也纳入实践教学学分中，这实际上再次压缩了实践教学的比例，而轻视实践教学是"协同育人"的重要内容之一。因此，法学院校在统筹考虑实践教学与知识教学的关系时，应当关注二者实然比例的协调，而非仅从课程形式上加以计算。

2. "协同育人"满足涉外法治需求

党的十八大以来，以习近平同志为核心的党中央十分关注涉外法治人才培养工作，强调"构建涉外法治新格局"。"协同育人"机制下，国内法治与涉外法治需要共同推进。法治人才培养应当在国内法治的基础上结合"一带一路"倡议、中国——东盟高端法律人才培养基地、中日韩自由贸易区、国际体育赛事等国际热点和重点关切展开，将国内法治教育与涉外法治教育协同融会。培养一批具有国际视野、通晓国际规则、善于维护国家利益的高层次涉外法治人才。强化学生国际合作交流和联合培养，熟悉国际规则，善于处理国际法律事务。这种人才的培养光靠我们学校自身是不够的，所以要强化内外"协同育人"机制，推动构建法治人才培养共同体。[1]

3. "协同育人"填补区域鸿沟

我国法治人才培养资源存在较大的区域性差异，集中表现为东西部地区的差异。"西部地区法治人才匮乏与法科毕业生不愿意到西部就业之间"存在矛盾，再加上西部地区较之于东部，经济不发达、法治建设基础薄弱，更加重了法学教育资源的不均衡。在"全国一盘棋"的背景下，这显然不利于全面依法治国战略的推进。实现区域间的协同是"协同育人"的内在要求，由此，有关部门要联合东部各高校，加强东西部法学院校之间的交流、促进东西部地区法律实务部门与法学院校合作、倾斜保障西部地区法治人才培养资源，实现东西部法学教育质量的平衡。

4. "协同育人"实现优质资源共享

要"完善'协同育人'机制"特别强调要适应教育信息化与法治建设信息化的新形势。随着新型社交传媒的发展，互联网正在催发一场前所未有的变革，这也为"协同育人"的实现提供了技术支持。法学教育和法治人才培养与现代信息技术深度融合，通过"互联网+法学教育"以期打破传统育人手段因时因地阻隔而迟迟无法突破的瓶颈；打破校园与法治实务部门间的时空屏障，建立线上线下同步推进的法治育人模式。实务部门也可以利用互联网教学的方式，通过网络庭审、实时审判、裁判上网等方式共享实务资源，促进实践教学与知识教学的高度融合，推动

---

〔1〕 黄进：《新时代高素质法治人才培养的路径》，载《中国大学教学》2019 年第 6 期。

"协同育人"人才培养质量的提升。

结语

"协同育人"作为有着深厚理论和思想渊源的育人机制，从育人主体、育人客体、育人内容和育人效果等方面回答了法学教育为培养什么人和怎么培养人这一根本问题，这不仅对完善我国法治人才培养机制具有重要作用，也有利于提高法治人才培养质量，促进全面依法治国的实现。

全面依法治国是系统工程，法治人才培养是其重要组成部分，具有基础性、先导性。改革开放以来，我国法治人才培养的规模和质量不断提高，取得了历史性成就。但我国传统的法治人才培养存在重规模而轻质量、重知识而轻实践、重举措而轻实效、重眼前而请前瞻等诸多困境，亟待体制机制的创新。法治人才培养的"协同育人"模式以"德法兼修"的高素质法治人才为目标；以法律职业共同体参与为核心；以充分发挥协同效应为要素、创新机制、协同配合、增强合力，以便实现对既有法治人才培养困境的有效破解。从建立法学院校和法律职业共同体的双向交流制度、畅通法律职业共同体参与人才培养的路径、明确法律实务专家参与人才培养的条件、着力解决人才培养中短板问题等方面展开我国法治人才培养"协同育人"的制度建构。法学院校是法治人才培养的第一阵地，第二阵地在法院、检察院等实务部门，二者科学、高效配合，形成新的"协同育人"机制，培养适应国家与社会需求的高素质法治人才，为实现全面依法治国做出法学教育的应有贡献。

百花园

Spring Garden

新时代首都市民文明行为规则意识培养

◎尹　超*

摘　要：推进北京"法治中国首善之区"建设，需要加强培养市民文明行为规则意识。为此，有必要对市民规则意识的或缺及其原因进行考察。文明行为规则意识的构建，包含文明行为规则的知识认知、情感取向和意志转化这三个方面。基于此，本文以生活垃圾分类为切入点，阐明首都市民文明行为规则意识培养的条件性举措和本体性举措。

关键词：首都市民文明行为　规则意识　规则意识培养

---

* 尹超，法学博士，教育学博士后，中国政法大学法律硕士学院副教授。

中共十九大报告阐明，新时代我国社会主要矛盾已经转化为"人民日益增长的美好生活需要和不平衡不充分的发展之间的矛盾"。[1] 人民的美好生活需要既包括已有的"日益增长的物质文化"这类硬性需求，又包括民主、法治、公平、正义、安全、环境等软性需求。近年来，北京市在努力建设"法治中国首善之区"。北京区域法治建设不仅需要完善社会规则体系，还需要培养个人规则意识。尤其在备受关注的城市综合治理方面，城市治理顽症难题的背后往往反映的是市民文明行为规则意识的或缺。因此，对首都市民文明行为规则意识或缺现象进行考察，并在分析规则意识构建理路的基础上，有针对性地提出相关规则意识培养举措就显得格外重要。

一、规则意识相关概念阐释

在新时代，法治已成为人民美好生活的强烈需求和热切期待。新时代社会主要矛盾的变化，在本质上凸显了人民对民主法治的需求、对法治品质的要求、对公平正义的期待、对安全保障的法律依赖。[2] 而法治本质上是规则之治，强调规则至上，而且规则也是规则意识的逻辑起点。

（一）规则的基本界定

简单地讲，规则是人们在社会生活中形成或制定的社会成员都应当遵守的行为规范和准则。广义的社会规则除了法治背景下

---

〔1〕 《习近平在中国共产党第十九次全国代表大会上的报告》，载中国网：http://www.china.com.cn/19da/2017-10/27/content_41805113.htm，最后访问日期：2019 年 12 月 10 日。

〔2〕 张文显：《新思想引领法治新征程——习近平新时代中国特色社会主义思想对依法治国和法治建设的指导意义》，载《法学研究》2017 年第 6 期，第 6 页。

的法律规范，还包括道德规范、风俗习惯、文明公约、行业或团体的章程、社交礼仪标准和游戏规则等；狭义的社会规则主要是指法律规则。在法治背景下，人们更多是从狭义的角度认识和理解规则。因为法律规则是社会生活中最一般的行为规则，是现代社会人们行为的最基本底线。在市民文明行为方面，规则的范畴有其特定的内容。

1. "软法""硬法"并举的规则范畴

通常认为，法是体现国家意志的、由国家制定或认可，并由国家强制力保证实施的行为规范。但在社会生活中，还存在一种"效力结构未必完整、无须依靠国家强制保障实施、但能够产生社会实效的法律规范"。[1] 一般来说，我们把那些具有"命令——服从"行为模式、运用国家强制力保证实施的规范称之为"硬法"；而对那些同样体现公共意志，却无须运用国家强制力（主要靠社会强制或自律机制）保证实施的法律规范，我们称之为"软法"。目前，我国的公共领域治理中一直实践着一种"软硬并举"的法治理结构。"硬法与软法在法治化进程中的并行不悖、在推动公域之治时的齐心协力，已经成为我国法治的典型本土特色。"[2] 这确定了我们所探讨的规则意识之"规则"，包括"硬法"和"软法"这两层意义上的规则。

2. 首都市民文明行为的规则遵循

关于首都市民的文明行为规则，北京市于 2020 年 4 月 24 日通过《北京市文明行为促进条例》（以下简称《文明行为条

---

〔1〕　罗豪才、宋功德：《认真对待软法——公域软法的一般理论及其中国实践》，载《中国法学》2006 年第 2 期，第 4 页。

〔2〕　罗豪才、宋功德：《认真对待软法——公域软法的一般理论及其中国实践》，载《中国法学》2006 年第 2 期，第 18 页。

例》），来引导市民文明行为，促进社会文明进步。相比于倡导性的文明公约和文明倡议等制度，《文明行为条例》是一部有关北京市民文明行为的"软"中带"硬"的地方性法规。一方面，它通过倡导性、引导性的"软"条款，来传达国家的价值目标、社会的价值取向和公民的价值准则；另一方面，它又具体梳理了种种不文明行为，与多部相关法律法规展开衔接，使该条例带上了"硬"性的约束力。《文明行为条例》首先明确将"文明行为"界定在"公共领域的涉他行为"，这既明确了"文明行为"的边界，也标明了市民行为的底线。目前，还有一些地方性法规的修订和配套规章制度制定即将启动，以不断完善北京市文明行为促进和保障的制度体系。

（二）规则意识的概念

辩证唯物主义认为，物质决定意识，意识对物质具有能动作用。法治建设也需要从物质和意识两个层面去认识，需要在完善社会规则体系的基础上培养个人的规则意识。因为规则意识是法治的内在灵魂，所以廓清规则意识的概念就成为法治建设的重要内容。

1. 规则意识的定义与结构

综合来看，社会主体对规则的态度主要包括：积极遵守规则、消极服从规则、积极违反规则和对规则无意识。其中，积极遵守规则是指行为者从内心接受和认同规则，并以规则指引自己和他人的行为。消极服从规则指的是行为者内心未必接受和认可规则，其遵守规则只是因为担心违反规则会给自己带来不利后果。积极违反规则是说行为者由于规则制定得不合理或者违反规则的成本太低，而不把规则作为自己的行为准则。对规则无意识表征的是行为者因对规则的无知识、无记忆或者无认识，而对规则采取盲目的态度。本文所说的规则意识，属于积极遵守规则的一种态度，是发自内心的、以规则作为自己行动准绳的意识。[1]与之相应，消极服从规则、积极违反规则和对规则无意识则属于规则意识缺失的范畴。

根据意识的总体结构，意识是"知、情、意"的统一。由此类推，规则意识就可以由"规则知识""规则情感"和"规则意志"组成。"规则知识"包括规则的内涵、本质与规律，以及与具体规则内容直接相关的专门知识；"规则情感"是社会主体对规则的感受、评价与心理体验；"规则意志"则是社会主体对规则的执着追求与遵守规则的自我控制。三者之中，规则知识是规则意识的基础，规则情感是规则意识中的价值评判结果，规则意志是规则知识和规则情感在规则意识中的最终体现。

2. 规则意识的内涵阐释

规则意识蕴含着丰富的深层内涵，这些内涵表现从不同角度诠释规则意识的内在方面：一是规则至上意识；一个社会如果没有规则，或者其规则可以被随意践踏，那么就失去了基本的秩序前提。二是有限自由意识；在现代社会，每个人都有自由意志与自由权利，而人的自由又不是绝对的，是在规则要求范围内的自由。三是权责统一意识；没有无权利的义务，也没有无义务的权利。这要求社会主体在享受权利的同时，也要注意履行相应的义务和责任。四是公平正义意识；在法治语境下，规则不只是一种建立在公平正义基础上的规范，更是一种致力于创造公平正义的

─────────────

〔1〕　张文显：《法治的文化内涵——法治中国的文化建构》，载《吉林大学社会科学学报》2015 年第 4 期，第 7 页。

准则。五是正当程序意识；正当程序是规则的基础和保障，规则的生成和实施都需要以正当程序进行。六是社会公德意识；社会公德是社会成员最起码的道德准则，社会公德意识应当作为规则意识的最低要求。

二、首都市民文明行为规则意识的问题考察

首都市民拥有较强的文明行为规则意识，本是首都精神风貌的应有体现。现实来看，《文明行为条例》的立法目的却从另一个角度说明，首都市民在文明行为方面的规则意识还存在不少问题。毕竟，《文明行为条例》相关规则所针对的就是市民的不文明行为。由于《文明行为条例》所涉及的文明行为范围很广，本文仅以非机动车、行人闯红灯现象为例，分析首都市民文明行为规则意识存在问题的原因。

(一) 市民文明行为规则意识的问题考察

为帮助市民养成礼让通行、遵守规则的习惯，维护城市路口交通秩序，北京市于 2017 年 4 月启动 "礼让斑马线专项行动"。新通过的《文明行为条例》，也对非机动车、行人的不文明通行行为予以明令禁止。即便如此，北京市非机动车、行人闯红灯问题仍需进一步解决。基于不同时间、地点的深入调研，本文对北京非机动车、行人闯红灯现象，总结出以下基本规律。

1. 非机动车、行人闯红灯现象明显减少

近年来，尤其是 "礼让斑马线专项行动" 实施以来，北京市非机动车辆、行人闯红灯的现象明显减少，大多数人能做到自觉遵守交通规则。究其原因，一方面是由于交通辅助人员的现场引导激发了市民文明通行的自觉性，另一方面是各种形式的宣传教

育促进了市民规则意识的提高。事实证明，宣传教育和行为引导对于市民文明行为规则意识的提高是有明显效果的。

2. 非机动车、行人闯红灯现象类型各异

现实中，北京各个市内交通路口仍然存在各种类型的非机动车、行人闯红灯现象：一是通行者在等绿灯时，马路对面还是红灯，这边已有人试探着往前挪动，他们挪动后留下的空隙则马上被后面的人填补上，然后形成一股向前涌动的人群；二是不看信号看路况，就是通行者不管对面是否还是红灯，只要发现路面没有车辆足以对自己的安全造成威胁就迅速强行而过；这种类型还可能与第一种类型相结合，形成一群人集体闯红灯；三是非机动车、行人抢行，这种抢行既包括红灯还未变成绿灯时的抢行，也包括绿灯即将或者已经变成红灯时的抢行。这种类型则有可能与第一种、第二种类型相结合。

3. 交通警察维持交通秩序更有力度

早在 2004 年，北京市就出台地方性法规，对非机动车驾驶人、行人闯红灯行为分别处 20 元和 10 元罚款。但以现有的科技设备和警力条件，还难以对非机动车驾驶人、行人交通违法行为实施所有路口、时段的覆盖管理，这导致对其交通违规行为不能实施有效查处和整治。但是，我们仍然可以发现，有交警执法的路口通常要比没有交警（即使有交通辅助人员）的路口，交通秩序要好得多。毕竟，交警执法更有威慑力，人们也更敬畏有执行力和生命力的规则。

4. 交通设施缺陷成为闯红灯的缘由

虽然大多数非机动车驾驶人、行人闯红灯是因为他们对交通规则的漠视，但有的却是交通设施不完备和交通规划缺乏人性化等导致人们只好闯红灯，大致有如下几种类型：一是有的路口比较宽，绿灯持续的时间难以让行人（尤其是走路较慢的老年人）一次完全通过马路；二是有的路口缺少非机动车、行人车道标志或信号灯，通行者只能根据路上车流状况过马路；三是有的路口行人绿灯时间，与对面左转的机动车绿灯时间存在重叠，导致左转弯的机动车与行人抢道。四是很多路口没有机动车右转弯信号灯，通行的非机动车、行人容易与右转弯机动车发生交叉和冲突。

（二）市民文明行为规则意识的问题原因

非机动车、行人闯红灯现象的类型是多样的，导致这种现象的原因也是多元的，具体来说，大致可以总结如下：

第一，实用主义思想影响。中国传统文化中有一种实用主义倾向。这种思想凡事强调实用性和现实性，在其影响下很多人眼里更关注"有用"或"没用"；只要对自己"有用"，就可以用各种手段来达到目的，有时甚至不惜抛弃规则。现实中，许多人过马路时是靠经验来决定是否通过斑马线，规则并不是首先考虑的因素。

第二，权利义务观念淡薄。权利义务观念要求人们要在规则限定的范围内享受权利，不得侵犯他人合法权益和社会公共利益。本质上，马路交通信号灯设定的是机动车和非机动车、行人各自的通行权利界限，通行者在红绿灯的指示下享受各自的自由通行权（或者说"路权"），并履行不侵犯他人权利和公共利益的义务。不管是机动车闯红灯，还是非机动车、行人闯红灯，都是对他人路权赤裸裸的侵犯，甚至还会危害到公共交通秩序。

第三，违反规则的成本太低。单就非机动车、行人闯红灯而言，违规成本太低主要表现在两个方面：一是闯红灯的风险成本低，我国现行《道路交通安全法》对机动车交通事故所采取的归责原则，增加了机动车驾驶人的责任风险，同时降低了非机动车、行人闯红灯的风险成本；二是对闯红灯的处罚力度太小，北京市最近几年机动车辆闯红灯现象大为减少，其中一个重要原因就是在证据采集技术设备的支持下加大了处罚力度。与之相比，对非机动车驾驶人、行人闯红灯的处理则要松散得多。这导致许多人产生侥幸心理，从而增加闯红灯行为发生的频率。

第四，相关设施的缺陷和规则认知的欠缺。如前所述，一部分非机动车驾驶人、行人闯红灯是由交通设施缺陷导致的。这里说的交通设施缺陷，既包括交通设施的不完备或者欠缺、故障，也包括交通设施的设计和规划不够人性化或者缺乏合理性，还包括当初交通设施的设计和规划具有滞后性，没有考虑后来道路的变迁和人流、车流的变化。另外，对交通规则的认知欠缺也是通行者闯红灯的重要原因。毕竟北京城市规模大、外来人口多，一些路口信号灯设置和道路状况比较复杂，一些人对相关交通规则的实际内涵缺少准确认知。

三、首都市民文明行为规则意识的构建

如前所述，规则意识的结构包含规则知识、规则情感和规则意志三个方面。首都市民文明行为规则意识也需要从上述三个方面，构建相关规则意识的培养理路。

（一）文明行为规则的知识认知

规则知识指的是社会主体能够意识到规则的存在。也就是说，社会主体在正常思维下能够知晓在特定情境中需要遵守什么

规则，了解哪些行为是规则所允许的，哪些行为是规则所要求的，哪些行为是规则所禁止的。实现社会主体对规则知识的认知，需要从以下几个方面做出努力：一是加强家庭的规则教育，家庭是社会的细胞，如果每个孩子都能在家庭接受良好的规则知识教育，这对全社会的规则意识都会产生积极影响；二是深化各类学校的规则教育，对学生进行规则知识宣传教育，不仅有利于促进学生规则意识的培养，还有利于他们全面健康发展；三是发挥各单位和基层组织的作用，借鉴 2020 年抗疫工作的经验，规则知识的宣传教育也可以发挥各单位和基层组织的战斗堡垒作用；四是发挥各类媒介的宣传引导作用，包括视听媒介、文字宣传媒介、电子媒介和活动媒介等。

在首都市民文明行为领域，对《文明行为条例》及相关规则知识的宣传教育，还需要特别加强对外来人口和农村入城人口的关注。根据北京市统计局的统计数据，截至 2019 年底，北京市常住人口 2153.6 万人，其中常住外来人口 745.6 万人，占常住人口的比重为 34.6%。从城乡构成看，城镇人口 1865.0 万人，乡村人口 288.6 万人；城镇人口占全市常住人口的比重为 86.6%。[1] 由于外来人口和农村入城人口具有较高的流动性，对这些人进行文明行为规则知识的宣传教育，将是首都市民文明行为规则知识认知的重点和难点。

（二）文明行为规则的情感取向

在规则意识的结构中，规则情感反映的是社会主体对规则的认同与否。一个人对规则的认同感越强，他越有可能积极遵守规

〔1〕 《2019 年北京市常住人口数量、人口结构及人口老龄化现状分析》，载 ht-tps：//www.360kuai.com/pc/9b2c0b67bf3cb8179? cota=3&kuai_so=1&sign=360_57c3bbd1&refer_scene=so_1，最后访问日期：2020 年 4 月 25 日。

则。而规则之所以被社会认同，根本还在于规则的制定要具有科学性、民主性和合法性。中共十九大报告提出："推进科学立法、民主立法、依法立法，以良法促进发展、保障善治。"[1] 科学立法体现了立法活动的科学性，民主立法突出了立法活动的人民性，而依法立法反映的是对立法活动的合法性。坚持科学的立法程序、立法技术和工作方式，科学地平衡各种不同的社会关系，可以更好地体现立法的人民性、合法性。同时，科学立法又必然要求民主立法、体现立法的民主化；民主立法可以保证和促进立法的科学性；依法立法是科学立法、民主立法的保障。[2]

《文明行为条例》是回应市民建设国际一流和谐宜居之都的民生愿望而制定的。据悉，为广泛凝聚社会共识，这次立法将"开门立法原则"贯彻到法规制定始终。法规起草前即在全市开展线上线下问卷调查。广大市民朋友积极参与，网上共有2200万人次点击，完成问卷141余万人；线下入户采集市民意见6400份；还通过本市四级人大代表联动机制，收回问卷10 751份。法规起草过程中，先后两次在市人大常委会网站等媒体公开征求社会意见，征求十六区人大、文明办、政府部门及专家意见，并及时整理吸纳。法规一审后，常委会启动"万名代表修条例"活动，共有658位市人大代表、4067位区人大代表、8692位乡镇人大代表提出书面意见。另外，请市政协以视频会议和书面形式，

〔1〕　《习近平在中国共产党第十九次全国代表大会上的报告》，载中国网：http：//www. china. com. cn/19da/2017－10/27/content_41805113. htm，最后访问日期：2019年12月10日。
〔2〕　张鸣起等：《学习十九大报告重要法治论述笔谈》，载《中国法学》2017年第6期，第29页。

协助征求了 234 位市政协委员意见。[1] 从立法的目的、过程和内容来看,《文明行为条例》广泛体现了立法的科学性、民主性和合法性,是督促市民养成良好文明行为习惯的地方性法规。

(三)文明行为规则的意志转化

存在规则认知和规则认同,并不意味着所有人都会真正从内心积极遵守和践行规则,消极服从规则的人就会以实用主义的态度对待规则,会基于对行为后果的考量来决定是否遵守规则。一般来说,在对规则认知和认同的基础上,规则意识的形成还包括两个转化过程:一是规则所承载的价值观念内化为行为主体的思想意识;二是行为主体的思想意识外化为相符的行为习惯。[2] 这种转化是规则意识形成的关键环节,而规则意志是规则内化为思想意识的结果,也是规则外化为行为习惯的转化器。

如何将规则认知和规则认同转化为规则意志,这涉及规则的权威性问题。一般认为,规则的权威性主要来自社会主体对规则的畏惧和敬重。对规则的畏惧,是由规则的惩戒性决定的;对规则的敬重,则是由规则的形式合法性和价值合理性决定的。"当国家同时确保以下两者时,法的规范就具有有效性:一方面,国家确保对这种规范的平时的遵守,必要时用制裁来强迫遵守;另一方面,国家保障这种规范的合法产生的建制条件,从而随时都可能出于对法律的尊重而遵守法律"。[3] 构建首都市民文明行为规则意识,也离不开市民对市民文明行为规则的敬畏。

---

〔1〕 《〈北京市文明行为促进条例〉表决通过》,载 https://www.sohu.com/a/391346131_99965822,最后访问日期:2020 年 5 月 1 日。

〔2〕 吴恒波、岳翠云:《论中国社会规则意识的有效建构》,载《贵州师范学院学报》2017 年第 7 期,第 27 页。

〔3〕 [德]哈贝马斯:《在事实与规范之间》,童世骏译,生活·读书·新知三联书店 2003 年版,第 684 页。

四、首都市民文明行为规则意识的培养举措

通过对非机动车、行人闯红灯这一规则意识缺失现象的考察，以及对首都市民文明行为规则意识构建理路的思考，我们可以发现市民文明行为规则意识的培养既需要外在条件的满足，也需要从规则意识本体进行考量。在此基础上，本文以生活垃圾分类为例，从条件性和本体性两个方面，阐述首都文明行为规则意识的培养举措。

（一）条件性举措

规则意识的培养离不开外在条件的作用和影响。毕竟，规则意识在本质上就是人脑接收外界客观规则的信息，并通过大脑感受、分析、选择所形成的产物。同时，客观规则向规则意识的转化，也需要若干便利条件才能顺利达成。

1. 不断完善行为规则

规则意识是法治的灵魂，而"法治应当包含两重意义：已成立的法律应当获得普遍的服从，而大家所服从的法律又应该是本身制定得良好的法律"。[1] 可以说，法治是良法与善治的有机结合。这就要求规则意识中的"规则"具有"良法"属性，以此确立规则意识及其培养的逻辑起点。"良法至少应当反映人民的意志和根本利益，反映公平正义等价值追求，符合社会发展规律，同时，应当反映国情、社情、民情，具备科学、合理的体系，符合法定程序、具有程序正当性。"[2] 在此意义上，法治就是"良

---

〔1〕　［古希腊］亚里士多德：《政治学》，吴寿彭译，商务印书馆 1965 年版，第 202 页。

〔2〕　王利明：《法治：良法与善治》，载《中国人民大学学报》2015 年第 2 期，第 116～117 页。

法”在规则意识的摄持下有效运行，达到"善治"的状态和结果。

当今，北京市正在不断完善市民文明行为规则体系，为首都市民日常行为确立良好的行为标准和评判依据。就生活垃圾分类而言，2011 年 11 月，北京市就制定了《北京市生活垃圾管理条例》（以下简称《生活垃圾条例》），但随着城市发展的转型和人民美好生活需要的增长，城市对生活垃圾管理也提出了更高要求。为此，2019 年 11 月，北京市对《生活垃圾条例》进行修订，并以此为契机全面建立和推行生活垃圾分类制度。为保证垃圾分类的平稳推进，北京市迄今已有《居民家庭生活垃圾分类指引》《居住小区生活垃圾分类投放收集指引》等 31 项规范和方案出台。目前，《北京市厨余垃圾分类质量不合格不收运管理规定（暂行）》正面向社会征求意见，《北京市生活垃圾分类工作行动方案》及党政机关社会单位、居住小区、垃圾分类收集运输处理和生活垃圾减量等相关配套实施办法也在加紧制定之中。这些举措都旨在为推进北京市生活垃圾分类提供"良法"条件。

2. 周到配置相关设施

在市民文明行为规则意识缺失的考察中，我们已经发现基础设施对于规则实施的正相关性，即基础设施越完备合理越有利于相关规则的遵守。在生活垃圾分类的基础设施方面，新修改的《生活垃圾条例》于 2020 年 5 月 1 日开始实施以来，全市 1.2 万处投放站点、124 座分类驿站和密闭式清洁站完成升级改造；183 辆垃圾分类运输车完成涂装，规范小型收集车 1389 辆；44 座生活垃圾处理设施运行平稳。[1] 而且，北京市的垃圾分类工作已经逐步显现出成效。

与此同时，部分社区仍然存在未配置桶站、未设置公示牌、未分类配齐容器及未更新标识等问题，这些都会在不同程度上影响到市民对生活垃圾分类规则的实施。通过调研得知，不少市民对于厨余垃圾的"拆袋投放"表示难以接受。一般来说，市民更多是在早上上班时顺道扔垃圾，但由于垃圾在家存放时间较长，再加上夏季气温高，厨余垃圾容易腐烂变味，拆袋投放容易导致不愉快的体验。因此，有的市民不愿意拆袋投放厨余垃圾，而是直接将垃圾袋扔进垃圾桶，这导致工作人员被迫在臭气熏天的垃圾箱中用手分离垃圾袋。如果能从设施和设备方面予以考虑，比如配备可降解的垃圾袋，应该可以避免"拆袋投放"或"徒手分离"这类问题。

3. 全面加强法治文化建设

严格地说，规则意识作为一种心理状态和思维习惯，属于法律文化中的思想文化范畴。由于中国传统法律文化具有法律工具主义的倾向，很少有现代意义上的法治内涵。"现代意义上的法治文化内含规则文化、程序文化、民主文化、共和文化、人权文化、自由文化、正义文化、和谐文化、理性文化、普适文化等诸多内容，规则意识本身就是其中一部分。"[2] 这就需要改变传统法律文化中不重视法律在调整社会关系中作用的社会心理倾向，

---

〔1〕 《北京垃圾分类"新政"实施一月 厨余垃圾分出量明显增加》，载 http://www.bj.xinhuanet.com/2020-06/03/c_1126067581.htm，最后访问日期：2020 年 7 月 1 日。

〔2〕 张文显：《法治的文化内涵——法治中国的文化建构》，载《吉林大学社会科学学报》2015 年第 4 期，第 7 页。

以现代法治文化为规则意识的孕育和生长提供营养元素，为规则意识的构建筑牢法文化基础。

基于规则意识对于法治文化的从属性，首都文明行为规则意识构建也需要放在建设法治中国的大背景下进行，需要将其作为北京区域法治文化建设和"法治中国首善之区"建设的一部分来考虑。换个角度讲，首都市民文明行为乃至生活垃圾分类的法治化，以及相关规则意识的培养，也可以从不同方面推动首都治理体系、治理能力的现代化。因此，即使对于生活垃圾分类这样的具体事项，也需要放在法治建设和国家治理的宏观体系之内看待，而非以孤立的眼光审视。

4. 充分发挥基层组织和党员干部的作用

北京市文明行为促进工作确实要与首都城市战略定位相符合，但社会治理的重心在基层，难点也在基层。中共十九大报告指出，要加强社区治理体系建设，推动社会治理重心向基层下移，发挥社会组织作用，实现政府治理和社会调节、居民自治良性互动。[1] 因此，新修改的《生活垃圾条例》规定，生活垃圾管理工作坚持党委领导、政府主导、社会协同、公众参与、法治保障、科技支撑，明确街道办事处和乡镇政府应当将生活垃圾管理纳入基层社会治理工作。

当然，基层社会治理离不开基层组织的作用，尤其在实施生活垃圾分类的管理过程中，更要重视发挥基层组织的协同联动作用，调动各方面力量有序参与到基层治理中来，形成基层治理的合力。这特别需要强调基层党组织的引领作用和组织作用，广泛

---

〔1〕 《习近平在中国共产党第十九次全国代表大会上的报告》，载中国网：http://www.china.com.cn/19da/2017-10/27/content_41805113.htm，最后访问日期：2019 年 12 月 10 日。

发动辖区内的居民、企事业单位、社会组织共同参与垃圾分类，鼓励党员参与社区垃圾分类的宣传和指导。同时，党员干部和党员家庭要带头遵守相关规则，积极进行生活垃圾分类，做到以上率下，为全社会树立良好的示范。

（二）本体性举措

如果说规则意识培养的条件性举措是指规则意识自身之外对规则意识的培养产生正向影响的措施，那么规则意识培养的本体性举措就是为促进规则意识本身所采取的措施。在这些本体性举措中，本文将根据规则意识的构建理路，阐发首都市民"生活垃圾分类"规则意识的培养举措。

1. 加强宣传教育和行为引导

要让市民遵守规则并养成遵守规则的习惯，首先要让人们了解和认知规则。市民对垃圾分类规则的认知，离不开对新修改的《生活垃圾条例》及相关规则的宣传和教育。而且，这种宣传教育不只是对规则本身的宣传，还要采取市民喜闻乐见的方式，让人们了解规则所包含的相关分类标准以及垃圾投放的具体要求等内容，甚至要对垃圾分类实践中的相关误区进行重点告知。这就需要发挥家庭、中小学及学前教育教学机构、各单位、基层组织以及宣传教育基地的作用，以各种方式进行生活垃圾分类宣传教育，引导市民正确认识、自觉参与垃圾分类。

生活垃圾分类和投放属于实践性活动，分类标准的认知也需要在实际操作中强化。据调查，北京市为引导居民正确投放垃圾，目前已经探索总结出四种有效的模式：一是建立有人值守的垃圾分类驿站；二是采用撤桶撤站方式；三是采用上门或定点回收再生资源、厨余垃圾等方式；四是在部分有条件的小区设置垃圾分类智能投放箱。然而，生活垃圾分类必将推动市民生活方式的改革，而生活方式的改变是一个渐进的过程，所以对生活垃圾分类的宣传教育和行为引导也将是一项长期的工作。

2. 广泛组织市民参与规则制定

由于生活垃圾分类是对垃圾收集处置传统方式的改革，涉及市民生活的诸多方面，所以有关生活垃圾分类的规则制定、修改及实施都会与市民产生密切联系。因此，对生活垃圾分类规则的制定和修改有必要多听取市民的意见和建议，这既可以促进相关规则的宣传教育，也可以实现规则制定的民主化。而且，在参与规则制定和修改的过程中，市民会对规则中的不合理之处以及实践中存在的问题提出看法，从而保证规则的科学性和合理性。

在《生活垃圾条例》修订工作启动伊始，北京市人大常委会将有关设想公之于众，开展"万名代表下基层，全民参与修条例"活动，请人大代表和群众就条例的修订发表意见建议。据悉，在北京地方立法工作中，在草案形成阶段就拿拟修订的一些内容通过人大代表交给群众征求意见，这是首次。此次条例修订，可以说是一次开门立法、全民参与立法的生动实践。[1] 当前，《北京市厨余垃圾分类质量不合格不收运管理规定（暂行）》和《北京市生活垃圾分类工作行动方案》等相关配套实施办法正在制定之中，这些规则的制定也需要展开广泛调研，听取市民各方面的意见和建议。只有如此，市民才会因参与规则制定而更加敬重规则，并把自己当作制定规则的主人，而不是作为规则的消极服从者。

---

〔1〕《北京拟将垃圾分类修改为义务性条款》，载光明网：https://life.gmw.cn/2019-09/27/content_33192656.htm，最后访问日期：2020 年 5 月 1 日。

3. 严格执行相关规则

新修订的《生活垃圾条例》一个显著变化是，首次明确垃圾分类投放的责任主体是产生生活垃圾的单位和个人，并针对未按照分类标准投放生活垃圾的行为增设了罚则。当然，对于如何对处罚进行认定以及社区服务活动的具体流程，后面还需要有关部门进行调查研究，并进一步制定出具体的实施细则和相关的执法保障方案。无论如何，该条例的正式实施，标志着北京市生活垃圾分类已由提倡提升为强制，步入了法治化、常态化、系统化的轨道。从此，严格遵照规则进行生活垃圾分类，已经成为市民的一项基本义务。

然而，规则的生命力和权威在于实施，如果有了规则而束之高阁或者实施不力、做表面文章，那制定再多的规则也无济于事。况且，严格执行规则也是市民规则意识培养的重要渠道。在很多情况下，"正是因为个体因违反规则而受到人们的关注并给出相应的负面评价或惩罚时，个体才会真正意识到规则的存在；当反复的负面评价和惩罚与违反规则的行为相伴随的时候，公民才会逐渐意识到违反规则所要付出的代价，并因此而养成遵守规则的愿望和习惯"。[1] 因此，有必要把严格执法和对违规行为的惩戒，作为培养市民规则意识的重要契机，使市民在生活实践中敬畏规则，并从内心积极遵守规则。

4. 以点带面促进市民规则意识养成

如前所述，规则意识内在地蕴含着规则至上意识、有限自由意识、权责统一意识、正当程序意识、公平正义意识和社会公德

---

〔1〕　周兴国：《公民的规则意识与培养》，载《广西师范大学学报（哲学社会科学版）》2018 年第 5 期，第 64 页。

意识等内容，因此规则意识的培养是对上述相关意识的综合培养，规则意识的养成也意味着这些意识的一体养成。同时，北京市近期围绕市民文明行为，通过和实施了一系列规则，加强对公共卫生、公共场所秩序、交通出行、社区生活、旅游、网络电信等多个领域的重点治理。这些领域都与每个市民的日常生活息息相关，而这些文明行为规则意识的养成，势必大大提升首都市民的法治素养和道德水平。

目前，北京市乃至全国各地都在大力推进生活垃圾分类相关工作。在此形势下，生活垃圾分类相关制度和实践必将深入人心，以此为契机加强生活垃圾分类规则意识培养，无疑会对市民文明行为规则意识乃至整个法治意识的养成具有深远意义。因此，首都市民文明行为规则意识的培养，可以通过市民文明行为的各个"点"来带动和扩展整个"面"。

后疫情时代"一带一路"国际话语权多维构建*

◎张　清**　朱坤姝***

摘　要：国际话语权是主权国家为国家利益而在国家事务和相关国际事务等方面在国际话语平台上的知情权、表达权和参与权。"一带一路"倡议是中国努力提高自身国际话语权的重要尝试。自 2019 年 12 月以来，新冠疫情席卷全球，逆全球化思潮盛行，西方国家对中国的抹黑与辱蔑甚嚣尘上，对后疫情时代中国国际话语权的构建带来挑战，同时，中国率先走出疫情危机、西方国家重新思考未来发展模式等成为中国"一带一路"国际话语权构建的重要机遇。基于此，为提高后疫情时

　　*　该文获得中国政法大学科研创新项目资助（项目编号：20ZFY75003）以及中央高校基本科研业务费专项资金资助，是中国政法大学校级教改项目"涉外法治人才培养的教学模式与教学方法的改革与实践"阶段性成果。
　　**　张清，中国政法大学外国语学院教授，主要研究领域为法律语言、法律话语、法治文化、法律英语教学等。
　　***　朱坤姝，中国政法大学证据科学研究院硕士生。

代"一带一路"国际话语权，中国应当首先加强建设"健康丝绸之路"，共建人类命运共同体；建设"数字丝绸之路"，促进各国经济可持续向前发展；加强中国与沿线他国的外交会晤，积极参与国际规则的制定；鼓励群众积极参与"一带一路"建设，讲好中国故事。中国在新冠疫情危机中主动承担大国责任，展现大国风采，进一步提高了中国在国际社会的声誉和国际影响力。

关键词：后疫情时代　"一带一路"倡议　国际话语权

一、引言

2020 年初，随着新冠肺炎疫情不断扩散并最终席卷全球，世界经济秩序和政治结构受到严重影响，中国的"一带一路"发展受到诸多挑战，如何在新冠疫情的持续影响下纵深推广"一带一路"倡议，如何把握后疫情时代的机遇以提升中国的国际话语权成为一个重要课题。那么，何谓国际话语权呢？国际话语权即是指主权国家为国家利益而在国家事务和相关国际事务等方面在国际话语平台上的知情权、表达权和参与权，[1] 其本质是"以非暴力、非强制的方式改变他人的思想和行为，并使一国之地方性的理念和主张成为世界性的理念和主张"。[2] 2013 年 12 月，习近平总书记在十八届中央政治局第十二次集体学习讲话时，指出："国际话语权是国家文化软实力的重要组成部分。尽管我们在提高国际话语权方面取得了重要进展，但同西方国家相比，我们还有不小差距。"着力强调要提高我国文化软实力，提高中国

---

〔1〕　蒋朝莉等：《提升"一带一路"国际话语权的对策研究》，载《广西社会科学》2018 年第 6 期，第 159~163 页。

〔2〕　赵柯、左凤荣：《中国国际话语权建设的经验、挑战与对策》，载《对外传播》2014 年第 12 期，第 47~49 页。

在世界舞台的国际话语权，建设社会主义文化强国。

"一带一路"倡议是中国努力提高自身国际话语权的重要尝试。2013 年，习近平总书记提出建设"一带一路"的倡议，旨在促进和加强沿线国家的交流，实现各国共同发展。2015 年，国家发展改革委、外交部、商务部联合发布的《推动共建丝绸之路经济带和 21 世纪海上丝绸之路的愿景和行动》，提出"一带一路"建设的基本原则为共商、共建、共享。近年来，"一带一路"的建设和发展取得了丰硕成果，七国集团成员之一的意大利于 2019 年 3 月正式加入"一带一路"倡议，成为首个加入"一带一路"倡议的西方发达国家。截至 2021 年 1 月底，中国已经同 140 个国家和 31 个国际组织签署 205 份共建"一带一路"合作文件，"一带一路"倡议已成为全球最大的国际合作平台。当前，"一带一路"已被写入《中国共产党章程》和联合国大会决议，正处于从"大写意"到"工笔画"的转型发展关键阶段。

增强国际话语权，推进"一带一路"沿线国家和平共同发展是"讲好中国故事的必然要求、增强中国软实力的客观要求、进一步提高对外开放水平的现实要求"。[1] 众多学者从不同的角度提出提升"一带一路"国际话语权的诸多构想：蒋朝莉等人指出，要提升"一带一路"中国的国际话语权就要注重发挥政府、企业、民间组织的力量，积极参与国际规则的制定，更好地推动"一带一路"的建设；[2] 高策、祁峰谈到我国应注重话语阐释和舆论宣传、保持从容理性和战略定力、增加"一带一路"制度供

---

〔1〕　吕健、江秀利：《"一带一路"视域下提升中国国际话语权的必要性研究》，载《河西学院学报》2020 年第 1 期，第 110~114 页。

〔2〕　蒋朝莉等：《提升"一带一路"国际话语权的对策研究》，载《广西社会科学》2018 年第 6 期，第 159~163 页。

给、提高自主创新能力和国际动员能力等方面提高国际话语权。[1] 张婷婷提出，要构建"一带一路"国际话语权需要"有明确清晰的话语逻辑，掌握主动权，并最大程度充分发挥国内外一切可以运用的资源"。[2] 如何在此后疫情时代推进"一带一路"纵深发展，如何借助"一带一路"提高我国的国际地位和中国的国际话语权，是每一个中国公民都应思考的严肃议题，也是本文的研究重点之所在。

二、新冠疫情对"一带一路"中国国际话语权构建的挑战与机遇

新冠疫情在全球的肆虐使得国与国之间的交往方式产生极大的变化，国与国之间的关系随之改变；同时，这也是对各国应对国际传染病风险提出的一次综合考量，如何在全球肆虐的大疫情期间，维护国家稳定、保障人民生命健康安全成为各国的重点关注对象。在新冠疫情的冲击下，"一带一路"倡议积极推动各国共同合作、促进产业共同发展，这一过程既是推动经济持续向好发展的过程，又是提升中国国际话语权的过程，其中存在着巨大的挑战，又有着极好的发展机遇。

（一）发展中存在挑战

在全球新冠疫情横行的国际局势下，各国为维护国内稳定及民众身体健康，纷纷封闭边境和国际口岸，关闭陆海空航线，逆全球化思潮兴盛；以美国为首的西方国家为遏制中国发展，恶意

---

〔1〕 高策、祁峰：《"一带一路"建设视域下提升中国国际话语权研究》，载《理论导刊》2019 年第 10 期，第 95~100 页。
〔2〕 张婷婷：《后疫情时代，如何构建"一带一路"倡议国际话语权》，载《丝路瞭望》2020 年第 9 期。

辱蔑、抹黑中国，这对"一带一路"的纵深发展及中国后疫情时代国际话语权的构建提出巨大挑战。

1. 逆全球化思潮兴盛

新冠病毒具有伪装性强、潜伏期长、复发率高、人群普遍易感等特点，因此，各国为了保障本国人民的生命健康，纷纷采取封闭边境和国际口岸、限制海陆空运输等措施，以阻断新冠疫情的国际传播链。工厂停工停产，投资项目进程放缓，沿线国家大型工程建设项目叫停，各类服务行业受到重创，沿线各国经济发展大幅度下滑，产能不足。国际进出口贸易由于疫情"封锁"措施影响，受到严峻挑战。联合国贸易和发展会议发布的《全球投资趋势监测报告》显示，2020 年全球外国直接投资总规模约为 8590 亿美元，同比下滑 42%；2020 年全球贸易额萎缩约 9%。跨国企业受到对全球经济前景的不稳定性和不确定性影响，重新评估新项目的投资，对新项目投资持保守态度。随着经济全球化的深入发展，世界逐渐成为一个整体，各国供应链之间的关系愈加紧密，疫情导致依赖中国产品的周边国家面临供应链危机，同时，全球产业链出现中断的风险不断加大，对全球产业链安全造成巨大挑战。

各国经济危机、贸易危机、供应链和产业链中断危机导致逆全球化思潮兴盛。不少国家和地区的人民抵制全球化进程，主张重新赋权于国家和地方，从而缓解因新冠疫情而加剧的国内失业压力、收入差距过大等问题。但是，经济全球化是世界不可逆转的发展潮流，中国的"一带一路"倡议为经济全球化指明一条未来的发展方向，李克强总理在第十二届全国人大第五次会议中政府工作报告中指出，"一带一路"倡议是"中国为逆全球化开出的一剂良方",是"为全方位、多层次的国际经济合作搭建的一个崭新平台",是"参与全球治理体系变革的中国行动"。新冠疫情所引起的一系列经济、贸易冲击,加速了国际软实力格局的破立,进一步重洗国际舞台上各个国家的国际话语权,这对"一带一路"的深入发展推进提出挑战,同时也为"一带一路"中国国际话语权的构建提供新的机遇。

2. 西方国家对中国的抹黑愈演愈烈

2013 年,中国首次提出"一带一路"倡议,中国以行动和成绩打破了西方国家抹黑自己的困境。然而,新冠疫情突起,美欧各国经济遭到疫情重创。此外,美国民粹情绪上升,民众相信国内资源被外国人赚走,本国人只能无奈丢掉工作或者获取很少的利润,无法取得更好的生活保障等,排外情绪在新冠疫情横行的情况下愈演愈烈。

2020 年,世界整体处于新冠疫情的阴影之下并出现全球性的经济衰退,中国率先走出疫情危机并恢复生产、实现产能增长,如何讲好中国故事、如何引导全世界人民了解和喜爱古老而现代的中国成为推动"一带一路"发展、建构中国国际话语权的题中之意。

(二)危机中存在机遇

挑战中存在机遇,危机中存在发展。中国率先从疫情中走出,恢复经济生产,并为推动全球抗疫提供重要支撑作用;美国内乱不断,"频频退圈毁约",西方国家在疫情危机中重新思考未来的发展模式;人类命运共同体的观念逐渐在全球范围内深入人心,这些都是中国依托"一带一路"倡议构建后疫情时代国际话语权的不可多得的机遇。

1. 中国率先恢复生产发展

自 2019 年 12 月以来,新冠疫情首先在中国境内传播,并逐渐发展为全球流行性传染病,世界各国纷纷陷入疫情危机以及由此产生的严重经济危机,人民的生命财产健康受到严重威胁。中国率先遭受疫情冲击,党和国家临危不乱,积极出台相关政策,阻断疫情传播,保障民生发展,中国也因此成为走出新冠疫情危机的第一国,并形成后疫情时期疫情常态化防护,为人民免费接种新冠疫苗,有效地遏制新冠肺炎疫情的传播,在此期间,中国多次提醒世界他国积极防疫,分享新冠病毒研究最新进展以及中国有效疫情防控经验,积极承担全球防疫责任,为他国做出表率。在防控疫情常态化的同时,中国首先恢复生产,实现产能增长,促进经济发展,稳定民生,并及时对接国内国际市场。新冠疫情进一步推动全球人民意识到"人类命运共同体"的重要性以及必要性,认识到只有全球人民发展向好,全球经济发展才能持续向前。

中国依托"一带一路"倡议为沿线各国提供合作抗疫平台,输送必要的医疗用品、医用设备,并在必要时派出医疗队,协助各国抗击疫情。新冠疫情使得各中亚国家更加希望完善本国的经济结构,保障和改善民生,加剧其对中国市场、资金和技术支持的需求,从而推动"一带一路"同中亚各国发展战略协调对接,促进各国民生的进一步恢复和发展。[1] 在这场新冠疫情阻击战中,在这场世界经济复兴战中,中国承担起大国责任,以实力和能力向世界各国证明中国的大国担当,也为"一带一路"的纵深

---

〔1〕　张宁:《新冠肺炎疫情对中亚"一带一路"合作影响》,载《俄罗斯学刊》2021 年第 1 期,第 84~97 页。

发展提供良好条件，为中国国际话语权的构建提供良好机遇。

2. 西方国家重新思考未来

新冠疫情横行前，美国因其经济、科技、军事实力而在国际社会中享有较高的话语权，西方世界国家与美国结成统一同盟，对"一带一路"倡议的质疑大于支持。疫情发生后，美国政府防疫不力，患病人数持续增加，医疗用品极度短缺，死亡人数逐日递增，与此同时，国内民族矛盾加剧。在国际社会上，美国自 2017 年开始，先后退出多个国际协定及国际组织，甚至在全球疫情高峰期退出世界卫生组织。

美国的"陨落"使得西方各国重新审视世界格局。西方各国国内也一直处于疫情危机、人民生命安全威胁、经济发展低迷之中，其原有的国际地位与国际话语权受到挑战，开始思考新的生存发展之路。中国所提出的"一带一路"倡议为其提供一条新的前进方向，不少西方国家逐渐接受"一带一路"，并参与其中，例如：意大利于 2019 年正式加入"一带一路"倡议，并成为首个加入的西方国家；卢森堡紧随其后，成为继意大利之后第二个加入"一带一路"倡议的欧盟创始成员国；瑞士也向中国抛来"橄榄枝"，主动寻求团结合作；"欧方的一系列表态和举措表明，越来越多的欧洲国家认识到'一带一路'倡议的积极意义和其所蕴含的重要机遇"。[1] 西方国家重新思考自身未来发展模式及道路，重新审视"一带一路"倡议，对于"一带一路"的发展及后疫情时代国际话语权的构建具有重要意义，带来前所未有的重大机遇。

---

〔1〕 外交部：《"一带一路"倡议得到 20 多个欧洲国家响应》，载 https：//baijia-hao. baidu. com/s？id=1629326468545360929&wfr=spider&for=pc，最后访问日期：2021年 7 月 11 日。

三、后疫情时代中国"一带一路"话语权的多维构建

随着各国纷纷出台各种措施加强疫情抗击，以及新冠疫苗在全球范围内的研发与注射，新冠疫情虽时有反弹，但逐步开始得到控制，全球进入到疫情常态化阶段，人类与新冠病毒长期共存的局面逐渐形成。在此后疫情时代，为持续推动"一带一路"纵深发展、着力提高中国的国际地位、构建中国国际话语权，我国首先应当加强与各国合作抗疫，建设"健康丝绸之路"，共建人类命运共同体；促进经济可持续向前发展，推动在线办公、在线购物、在线教育、在线医疗等，运用网络技术建设"数字丝绸之路"；着力加强与世界各国的对话与交流，完善法律法规，积极参与国际规则的制定；鼓励群众积极投入"一带一路"建设，讲好中国故事，发扬中国精神，使得中国这个文明古国为更多外国友人所理解、接受、喜爱。

（一）合作抗疫，共建"健康丝绸之路"

当今世界各国经济互联，交通发达，交流频繁，面对传播性极强的新冠疫情，没有一个国家抗疫能够独善其身。病毒传播无国界，任何一个国家都不应当将疫情作为地缘政治斗争的工具，将疫情溯源工作政治化来谋求不正当利益，一国抗疫的失败将会影响到邻国、甚至整个世界的疫情形势，世界各国都是"命运共同体"。面对无国界的新冠病毒，全世界各国应当精诚团结，合作一致，共同抗疫，共克时艰。

中国在支持全球抗疫工作上做出巨大贡献，主动承担大国责任，彰显大国风范。在国内新冠疫情传播情况逐渐稳定向好的情况下，中国积极支持全球抗疫，向极度缺乏医疗资源、医护条件

极差的国家派出医疗专家组、医护人员和医疗设备，支持国际多边平台和机构应对疫情，向世界有需要的国家提供新冠疫苗援助。"一带一路"在中国支持全球抗疫的努力中发挥重要作用，通过陆上、海上、空中运输通道，中国向"一带一路"相关国家运送大量口罩、防护服、检测试剂等，全力协助各国共抗疫情。例如，2020 年全年开行的一万多列中欧班列将中国与欧洲的 20 多个国家、90 多个城市联通起来，其中运送的紧急医疗物资 2020 年 11 月底就已超过了 800 万件；通过与相关国家共建"空中丝绸之路"给世界各国运送援助的医疗物资近 2000 吨。[1] 2020 年，我国向共建"一带一路"的 120 多个国家提供了抗疫援助，派出 33 批抗疫医疗专家组，向世界卫生组织提供了 5000 万美元的现汇援助。[2] 中国人民为全球人民抗击疫情做出了不可磨灭的贡献。

中国发展"一带一路"，提高后疫情时代"一带一路"国际话语权，必须要承担大国责任，彰显大国风范，向世界各国证明中国是负责、友好的国家，会向每个对中国友好的国家伸出援助之手。与各国联合抗击疫情即是提高中国"一带一路"国家话语权的最重要步骤。世界命运息息相关，人类命运共同体的观念深入人心。中国应当积极构建"健康丝绸之路"，与"一带一路"沿线各国共同努力，积极分享防疫经验，提供防疫物资与技术，在全球范围内合理分配新冠疫苗，并依托国际组织，加快有关国

---

〔1〕 胡必亮：《"一带一路"在疫情挑战中前行》，载光明网：http://news. gmw. cn/2021-01/04/content_34514232. htm，最后访问日期：2021 年 7 月 1 日。

〔2〕 王文、郭方舟《逆势增长：疫情期"一带一路"进展评估》，载 http://www. china. com. cn/opinion/think/2021-03/11/content_77298426. htm，最后访问日期：2021 年 6 月 29 日。

家公共卫生基础设施建设，构筑更加强大的医疗卫生体系，合作共同推进防范新冠疫情，保障"一带一路"沿线国家人民生命健康安全，为"一带一路"沿线国家经济发展提出安全保障，提高中国的国际话语权。

（二）经济发展，推行"数字丝绸之路"

经济发展是一切发展的基础。"一带一路"旨在通过互利共赢的合作增强各国风险应对和抗击能力，提高生存能力，增强经济自主性，从而实现主权独立性，减少对外的依赖。新冠疫情在全球肆虐，世界各国经济都受到严重冲击。在这样经济大萧条的情况下，中国率先走出新冠疫情的阴影，复产复工，实现产能增长，促进经济向前发展，稳定保障民生。2020 年全年我国与沿线国家货物贸易额为 1.35 万亿美元，同比增长了 0.7%；对沿线国家非金融类直接投资 177.9 亿美元，同比增长了 18.3%；对沿线国家进出口总额 93 696 亿元，比上年增长 1.0%。同时，我国成功签署《区域全面经济伙伴关系协定》，中欧投资协定如期达成；截至目前，我国已与 26 个经济体签署了 19 个自贸协定。[1] 除恢复和发展自身经济外，中国主动减免贫困国家债务：于 2020 年与其他 G20 成员国作出郑重承诺，同意将最贫困国家的债务暂缓偿付期再延长 6 个月至 2021 年 6 月底，于 2021 年 2 月取消包括博茨瓦纳、卢旺达和刚果民主共和国在内的 15 个非洲国家的无息贷款债务，并向不符合 G20 缓债倡议资格的一些国家提供了救

---

〔1〕　商务部：《2021 年将从四方面推动共建"一带一路"高质量发展》，载 http：//www.163.com/dy/article/G431HOLB05385KJD.html，最后访问日期：2021 年 7 月 10 日。

济，[1] 为贫困国家节省大量财政资金，抗击新冠疫情，促进就业，恢复生产，保障民生，为疫情中挣扎前行的贫困国家继续发展赢得宝贵的喘息机会，展现了中国的大国风采与责任担当。

由于疫情的阻隔，面对面的线下经济交流模式成为奢侈，"数字丝绸之路"为处于困境中的人民提供一条崭新的道路，利用网络新技术的发展和普及，实现经济"数字化"，推动沿线各国经济加快转型发展，例如：利用钉钉、腾讯会议等 APP 实现网络在线办公，利用云课堂、腾讯课堂、网易公开课等 APP 实现网络教育，利用网络购物、"直播带货"等方式满足人民日常生活需求，利用丁香医生、好大夫在线等 APP 实现在线医疗……互联网的快速发展提高人民的生活质量和生活水平，通过互联网技术构建起一套完整的数字经济发展模式，对于实现"一带一路"沿线国家经济沟通互联，提高沿线各国经济发展自主性，增强中国的经济实力，提高中国"一带一路"国际话语权具有十分重要的战略意义。

（三）外交沟通，参与国际规则制定

新冠疫情能够迫使沿线各国国境封闭、口岸停运、阻断线下会议沟通，但却无法阻挡各国领导人通过网络进行会晤，商讨相关国际国内大事。疫情只是改变了各国交流的方式和平台，但交流的意愿和次数从未降低。为提高"一带一路"倡议国际话语权，中国应当积极承担大国责任，组织沿线各国定期参与线上会谈，共同商讨疫情防控、经济发展、基础设施建设等关系国计民

---

〔1〕 《中国暂缓最贫困国家债务为世界作出表率》，载 https：//baijiahao. baidu. com/s？id＝1696552422674683373&wfr＝spider&for＝pc，最后访问日期：2021 年 7 月 11 日。

生的国家大事。中国也为此做出许多努力，成效显著：2020年7月，中国与中亚五国建立"中国+中亚五国"外长会议机制，该会议机制是中国在与中亚各国交往过程中，首次完全由自己主导的合作形式；2021年6月，国务委员及外长王毅在北京主持"一带一路"亚太区域国际合作高级别视频会议，并发布了29国共同发起的"一带一路"疫苗合作伙伴关系倡议和绿色发展伙伴关系倡议，对取得"一带一路"国际合作新进展具有重要意义。[1]通过组织相关国际谈话会晤，中国在会晤中发表自身观点，积极寻求与他国沟通，共商国计，消除误解，求同存异，这对提高中国"一带一路"国际话语权意义重大。

　　除加强与沿线各国的会议交流沟通外，中国还应当在参与国际事务的同时，积极参与"一带一路"相关国际规则的制定，制定符合中国和沿线各国利益和需求的国际规则，维护国家利益，推动本国以及各国经济发展向好。正如习近平总书记所指出的，在国际规则的制定过程中，我们要做参与者、引领者，不能当旁观者、跟随者，要善于发出更多中国声音、注入更多中国元素，维护和拓展我国发展利益。[2]中国还应当进一步完善"一带一路"相关的国内法律法规，构建统一的国际法律法规制定、管理和实施部门，加强培养相关的复合型法律人才，专门解决"一带一路"相关国际规则的制定问题以及相关国内法和国际法衔接处理问题，帮助中国的国内法与国际规则进一步接轨，助力后疫情

─────────────────

〔1〕　《王毅主持"一带一路"亚太区域国际合作高级别视频会议》，载 http：//www. gov. cn/guowuyuan/2021-06/24/content_5620459. htm，最后访问日期：2021年7月18日。

〔2〕　《加快实施自由贸易区战略 加快构建开放型经济新体制》，载 http：//theory. people. com. cn/n1/2018/0103/c416126-29742921.html，最后访问日期：2021年6月4日。

时代中国"一带一路"国际话语权的提高。

（四）群众参与，坚持讲好中国故事

人民群众是历史的创造者，是社会物质财富和精神财富的创造者。"一带一路"沿线国家众多，民族、宗教、文化背景各异，语言、生活习惯、思维模式不同，仅仅依靠政府的努力是完全不够的，人民群众的参与、交流与支持是在后疫情时代推动"一带一路"纵深发展的重要力量，是提升中国国际话语权的重要举措。坚持群众参与，即是要充分发挥民间组织的带头力量，发挥优秀公众人物的榜样作用，加强个人"一带一路"建设参与感，运用新兴科技网络平台，发挥电商平台的宣传和推广作用，形成政府主导、群众参与的经济发展模式，促进民间经济持续发展。据初步统计，2020 年，我国跨境电商进出口额为 1.69 万亿元，增长了 31.1%，其中出口额 1.12 万亿元，增长 40.1%，进口额 0.57 万亿元，增长 16.5%，跨境电商已成为我国外贸发展的重要力量。[1] 在国际新冠疫情仍未处于全面控制、各国线下交往仍受限制的情况下，跨境电商的良好发展态势证明了群众参与于民间经济增长的可行性与有效性，为"一带一路"的持续发展注入一针强心剂。

除推动民间经济向好发展外，还应当加强中国与沿线各国的线上文化交流。中国是具有悠久历史与灿烂文化的文明古国，中国人民在参与"一带一路"建设与文化交流的过程中，应当具有高度的文化自觉与文化自信，发扬中国传统文化精华，通过各种网络平台，运用生动、有趣的语言讲好中国故事，将中国人民的

---

〔1〕 《逆势增长：疫情期"一带一路"进展评估》，载中国网：http://www.china.com.cn/opinion/think/2021-03/11/content_77298426.htm，最后访问日期：2021 年 6 月 29 日。

温良谦逊、和平友爱、乐于奉献展示给外国友人，推动国际社会认识、理解中国，破除了西方国家对中国的抹黑与污蔑。在与具有不同的意识形态和政治体制国家的人民交往时，应该求同存异，积极开展落实各类线上文化节，组织多样文化活动，增加各国人民的相互理解、信任，增进各国人民友谊，推动沿线国家人民构筑起友谊的桥梁，为"一带一路"向前发展打下良好的群众基础，助力后疫情时代"一带一路"国际话语权的构建，进一步提高中国的国际地位与在国际社会的声誉。

大学生自尊与法律情感的关系：
社会责任感的中介效应*

◎余俊文　甄国全　徐淑慧**

摘　要：为探知大学生自尊与法律情感的关系，本研究采用大学生法律情感量表、自尊量表、社会责任感量表，对 404 位浙江省某高校的在校大学生进行了调查。结果表明：①大学生的社会责任感在年级上差异显著；②大学生自尊与积极法律情感呈显著正相关，与消极法律情感、社会责任感呈显著负相关；积极法律情感与消极法律情感呈显著负相关，与社会责任感相关不显著；消极法律情感与社会责任感呈显著负相关；③中介效应检验表明，社会责任感在大学生自尊与法律情感的

　　* 基金项目：省自然青年科学基金项目："浙江省中小学生法律意识的发展关键期及预测模型构建" 省教育科学规划课题："浙江省中学生法律意识的心理机制及法治教育对策实验研究"（项目编号：2020SCG151）。
　　** 余俊文，温州大学教育学院硕士；研究方向：青少年犯罪预防教育。甄国全，温州大学学生；研究方向：青少年犯罪预防教育。徐淑慧，温州大学教育学院心理系讲师，教育学博士；研究方向：青少年犯罪预防教育。

关系之间起到中介作用。这些发现有助于理解大学生自尊与法律情感之间的关系，对培养大学生相应的情感具有一定的意义。

关键词：大学生　法律情感　自尊　社会责任感

一、引言

伯尔曼在他的著作《法律与革命——西方法律传统的形成》中认为："法律必须被信奉，否则就不会运作；这不仅涉及理性和意志，而且涉及感情、直觉和信仰。"[1] 由此我们可以看出公众对于法律的情感，是法律是否能运作的一个重要因素。根据情绪一致效应，个体选择加工时更偏向于选择与自己当下情绪状态相一致的刺激，即个体在积极的情绪下具有积极的注意偏向，法律情感也不例外。[2] 法律情感分为两个部分，积极情感和消极情感，前者包含个体的兴趣、信任以及期待这三个维度的情感体验；后者则包含个体的失望、蔑视和厌恶的情绪情感。[3] 以往也有过从心理的角度来研究法律，如"法律的社会化研究"，[4]但是都比较停留在表层，很少有深入去探究心理因素与法律的关系。本研究主要从个人和社会的角度去探讨大学生心理因素（自尊、社会责任感）与法律情感的关系及其作用机制。

---

〔1〕　[美] 哈罗德·J. 伯尔曼：《法律与革命——西方法律传统的形成》，贺卫东等译，中国大百科全书出版社 1993 年版，第 5 页。

〔2〕　Feigenson N. and Park J. , "Emotions and Attributions of Legal Responsibility and Blame: A Research Review", *Law & Human Behavior* 30, 2006, pp. 143-161.

〔3〕　徐淑慧：《法律情感的维度、功能及培育策略》，载《法学教育研究》2020年第 3 期。

〔4〕　Fagan J. , Tyler T R. , "Legal Socialization of Children and Adolescents", *Social Justice Research* 18, 2005, pp. 217-241.

学者奥特（Orth）定义自尊为"个人对于自身的主观评价",[1] 我国也有学者把自尊定义成"个体对于自己的总体的积极态度"。[2] 自尊是在个体成长过程中形成的，受到教育方式等因素的影响，自尊可以分为外显自尊与内隐自尊。外显自尊指个体面对外界环境刺激所产生的有意识、逻辑性的评价；内隐自尊是指个体面对环境刺激时产生的无意识、自动的评价。[3] 埃迪·布鲁梅尔玛（Brummelman）等人发现父母过分的赞美会导致孩子的自尊心降低,[4] 大学生群体正处于自我同一性建立的时期，是从青年期到成年期的过渡阶段。根据埃里克森人格发展阶段论，大学生所处时期的特点，使得他们看重别人对其的评价，有着强烈的自尊行为与情感表现。国外的学者证明了从青少年晚期到成年中期，个体的自尊随着年纪增长而增长。[5]

情绪和自尊是息息相关的。我国学者也表现出相同的观点，杨丽珠等学者认为自尊是社会适应的核心因素，制约着个体的情绪情感。[6] 法律情感是情感的下位概念，反映了个体对法律所抱有的心理态度。它根植于我国法治建设的思想文化之中，是公民主体对我国社会当前所采用的法律制度以及在与法律有关的实

〔1〕 Orth U. , Robins R. W. , "The Development of Self-Esteem", *Current Directions In Psychological science* 23, 2014, pp. 381-387.

〔2〕 黄希庭、尹天子:《从自尊的文化差异说起》, 载《心理科学》2012 年第 1 期。

〔3〕 段彩彬等:《大学生外显自尊、内隐自尊及自尊分离与攻击性的关系》, 载《中国心理卫生杂志》2020 年第 8 期。

〔4〕 Brummelman E. et al. "When parents' praise inflates, children's self-esteem deflates", *Child Development* 88, 2017, pp. 1799-1809.

〔5〕 Bleidorn W , Arslan R C , Denissen J , et al. , "Age and Gender Differences in Self-Esteem-A Cross-Cultural Window", *Journal of Personality and Social Psychology* 111, 2016, pp. 396-410.

〔6〕 杨丽珠、张丽华:《论自尊的心理意义》, 载《心理学探新》2003 年第 4 期。

践中所产生的现象等的心理认知。法律情感可以说是个人情感的主观呈现，也是个体集体情感的心理体验。以往的研究发现，自尊对大学生的心理健康有一定程度的影响，[1] 其中，越是高自尊的学生，其心理越健康，抑郁、焦虑等负面情绪的影响就相对较少，因此可以推测高自尊的大学生更容易产生良好的情绪体验。

国内学者从心理学的角度把社会责任感定义为一种稳定的心理品质，社会责任感高的个体能够积极参与社会活动、主动承担社会责任和帮助其他社会成员。[2] 赵兴奎等学者将其理解为个体在社会活动过程中自发主动地践行道德职责和履行个人义务的心理层面的特质。[3] 国外的学者对于社会责任感的研究大多还停留在实用主义的层面，[4] 本研究把社会责任感定义为个体为社会正向发展和社会成员美好生活而努力的倾向。以往的研究表明个体的社会责任感受到情绪智力的影响，[5] 学者陈思静在探究他人惩罚和社会规范激活时，也发现了在面对他人做出与社会规范不相符的行为时，社会责任感水平越高的个体更容易产生愤

〔1〕 高爽等：《大学生自尊与心理健康的元分析——以中国大学生为样本》，载《心理科学进展》2015 第 9 期。

〔2〕 黄四林等：《人际关系对社会责任感的影响》，载《心理学报》2016 年第 5 期。

〔3〕 赵兴奎、张大均：《大学生社会责任心研究现状》，载《国家教育行政学院学报》2006 年第 10 期。

〔4〕 Claver-Cortés E. et al, "Students'perception of CSR and its influence on business performance. A multiple mediation analysis", *Business Ethics* 29, 2020, pp. 722 - 736. Imbriscă C., Toma, S., and University of Bucharest, R., "Social responsibility, a key dimension in developing a sustainable higher education institution: The case of students´ motivation", *Amfiteatru Economic* 22, 2020, pp. 447-461.

〔5〕 郭丹、郑永安：《情绪智力对大学生社会责任感的影响研究》，载《高教探索》2020 年第 2 期。

怒的情绪。[1] 在学校认同方面，大学生的集体自尊水平越高，社会责任感水平也越高。[2] 杨绍清等人的研究结果表明，大学生自尊与责任感呈显著正相关。[3] 就目前来说，情绪、责任感、自尊三个方面的相关研究的确很多，但对情绪、自尊与责任感的深入研究却很少。本研究以大学生为对象，探讨大学生的自尊与法律情感的关系，探究社会责任感在大学生自尊与法律情感关系中的中介作用，进一步探究不同自尊发展水平的大学生在社会责任感维度上是否存在差异，为提高大学生自尊水平、培育大学生的法律情感提供了理论支持和实践基础，如下图 1 所示。

二、研究方法

（一）研究假设

假设 1：自尊可以预测大学生个体的法律情感

假设 2：不同自尊发展水平的个体在社会责任感维度上存在差异

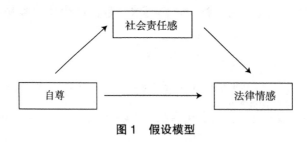

图 1　假设模型

---

〔1〕　陈思静、马剑虹：《第三方惩罚与社会规范激活——社会责任感与情绪的作用》，载《心理科学》2011 年第 3 期。

〔2〕　黄四林等：《大学生学校认同对责任感的影响：自尊的中介作用》，载《心理学报》2016 年第 6 期。

〔3〕　杨绍清等：《大学新生自尊与责任心的相关研究》，载《河北联合大学学报（医学版）》2013 年第 2 期。

（二）研究被试

本次调查采取问卷调查法，随机选取浙江省温州市某高校不同专业的大学生为被试，共发放量表 432 份，回收有效问卷共 404 份。其中男生有 118 人，占总样本的 29.2%；女生有 286 人，占总样本的 70.8%。

（三）研究工具

1. 大学生法律情感量表

采用徐淑慧等编辑制作的大学生法律情感测评量表，[1] 量表包括 33 个题目，采用五点计分法，以 1 至 5 的赋分，表示被试的选择从"完全不符合"到"完全符合"。其中题目 1–11 代表着积极的法律情感，分数越高表示积极法律情感的水平越高；题目 12–33 代表消极的法律情感，分数越高表示消极法律情感的水平越高。在本问卷 33 个题目的克朗巴哈系数和分半信度都较好。

2. 自尊量表

采用罗森伯格的自尊量表，以李克特四点计分，其中 1 代表"很不符合"；2 代表"不符合"；3 代表"符合"；4 代表"非常符合"。3、5、8、9、10 反向计分，得分越高表明自尊水平越高。

3. 社会责任量表

采用明尼苏达多项人格调查量表（MMPI-II）中的社会责任分量表（Re）。作为中介变量，该分量表共有 32 个题项，每一个题以"是"或"否"作答，回答"是"的计 1 分，回答"否"则不计分。其中第 6、7、11、14、18、21、24、28、30 题需要反向计分。该部分的量表是用来评估大学生对自己的行为负责和对

---

〔1〕　徐淑慧、李旦旦：《大学生法律情感测评工具编制及信效度检验》，载《法学博览》2020 年第 8 期。

社会尽义务的意愿程度，得分越高，表明个体的社会责任感越强烈。

(四) 数据处理

利用 SPSS17.0 软件进行回收的数据分析，并使用 PROCESS 插件进行中介效应的检验。

三、结果和分析

(一) 自尊、法律情感和社会责任感的描述统计及相关分析

将自尊、积极法律情感、消极法律情感和社会责任感四个变量的总分做相关分析，如下表 1 所示，自尊与积极法律情感呈显著正相关、与消极法律情感呈显著负相关，与社会责任感呈显著负相关；积极法律情感与消极法律情感呈显著负相关，与社会责任感相关不显著；消极法律情感与社会责任感呈显著正相关。

表 1　所有变量的描述统计与相关系数矩阵 (N=404)

	M±SD	1	2	3	4
1. 自尊	30.39±4.531	1			
2. 积极法律情感	48.54±5.224	0.303**	1		
3. 消极法律情感	36.82±15.038	−0.28**	−0.384**	1	
4. 社会责任感	10.15±3.055	−0.216**	−0.096	0.251**	1

注：$^*p < 0.05$，$^{**}p < 0.01$，$^{***}p < 0.001$，下同。

(二) 自尊与法律情感的关系：中介效应检验

在控制性别、年级的情况下，对社会责任感在自尊与法律情感关系中的中介效应进行检验。结果表明，自尊显著正向预测消极法律情感 ($t=5.94$，$p < 0.001$)，且加入中介变量后，自尊与

消极法律情感的关系依然显著（t = 4.98，p < 0.001）。同理检验自尊与积极法律情感的关系可知，BootLLCI = -0.04，BootULCI = 0.01，符号相反，即所对应的置信区间均包含 0。所以自尊与积极法律情感之间的中介效应不显著。所以，社会责任感在自尊与法律情感的关系之间起部分中介作用。自尊对社会责任感的负向预测作用显著（t = -4.54，p < 0.001），社会责任感对消极法律情感的负向预测作用也显著（t = -4.21，p < 0.001），如下表 2 所示。

表 2　自尊与消极法律情感之间的中介效应

变量	消极法律情感		消极法律情感		社会责任感	
	SE	t	SE	t	SE	t
constant	7.12	11.66***	5.94	11.06***	1.21	14.03***
自尊	0.16	4.98***	0.16	5.94***	0.03	-4.54***
社会责任感	0.24	-4.21***				
性别	1.56	0.77	1.58	1.32	0.32	-2.71**
年级	0.76	-1.86	0.77	-1.37	0.16	-2.23*
R2	0.13		0.09		0.08	
F	14.30***		12.64***		10.99***	

本次研究使用 Bootstrap 法，经重复抽样 5000 次，分别计算 95% 的置信区间，结果如下表 3 所示。结果显示，间接效应所对应的置信区间之内未包含 0，说明本研究中社会责任感在自尊与消极法律情感之间的中介效应显著，并且中介效应占比为 16%，详情见表 3。

表 3　社会责任感在自尊与消极法律情感之间的中介效应检验

	Effect	BootSE	BootLLCI	BootULCI	效应占比（%）
总效应	0.94	0.22	-1.38	-0.51	
间接效应	0.15	0.06	0.05	0.27	16
直接效应	0.79	0.21	0.38	1.19	84

四、讨论

社会责任感在自尊与消极法律情感之间的直接效应显著。本研究中的自尊是指个体对自我所持有的一种积极的体验，可以说自尊是情感态度的表达；而消极法律情感同时包含失望、蔑视和厌恶这三个维度。

本研究中自尊与消极法律情感的关系呈显著正相关（t = 4.98，p < 0.001），这符合研究的假设 1。前人的相关研究认为低自尊青年群体可能会表现出回避倾向，即自我的情感体验处于相对低沉的状态。[1] 所以，低自尊的大学生对消极法律情感的感知就越低。同理，高自尊的大学生因为自我体验良好，在认知之中更偏向于积极的情感态度，当其积极的自我体验与负面情绪相对立时，个体的情绪会有直接的变化，所以其对消极法律情感的感知就越高。这样的高自尊表现为对自我的高度尊重，维护自己的人格尊严，不容许他人欺侮的心理情感。[2] 同理可知，高自尊的大学生也一定对法律具备强烈的情感。

---

〔1〕　张扬：《大学生自尊与心理健康——自我同一性的中介作用》，湖南师范大学2016 年硕士学位论文。

〔2〕　杨绍清等：《大学新生自尊与责任心的相关研究》，载《河北联合大学学报（医学版）》2013 年第 2 期。

这种情感体验的冲突表现在个体的社会公正感，黄四林等学者研究发现，公正感越强的大学生越倾向于积极的情感；反之，社会公正感越低，个体越容易产生消极的情感体验。[1] 所以，在法律情感方面，个体心中完美的法律形象一旦与现实中的不公正事件相碰撞，积极的法律情感就会逐渐动摇。又由表 1 可知，积极法律情感与消极法律情感呈显著负相关，所以此时消极法律情感逐步上升，所带来的失望、蔑视和厌恶的情绪体验就越来越高，从而导致他们对社会责任感的认知出现质疑或者动摇。这也与本研究中自尊与社会责任感呈显著负相关（t = − 4.54，p < 0.001）相一致。

在加入控制变量年级和性别的情况下，经中介效应检验，发现社会责任感显著负向预测消极法律情感（t = − 4.21，p < 0.001），这说明大学生自身的社会责任感越高，产生的消极法律情感就越低。本研究也侧面反映出我国对当代大学生思想文化培养的效果较好，对大学生群体的法律教育是具有一定现实意义的。只有学生的思想政治素养和道德情操得到良好发展，才能提高其对我国文化价值的认同感与归属感，让其能积极履行义务并承担自身相应的责任，这也为之后大学生法律情感与社会责任感的培养策略提供了方向。

五、研究结论

（1）量表各维度及总分值平均分大于 3，相较高出理论中值，即大学生的社会责任感维度较为显著。

---

〔1〕　黄四林等：《大学生公正感对其社会责任感的影响——社会流动信念的中介作用》，载《北京师范大学学报（社会科学版）》2016 年第 1 期。

（2）大学生群体之中，男生的社会责任感显著高于女生。

（3）大学生的自尊、消极法律情感、社会责任感两两相关。

（4）社会责任感对大学生的自尊与法律情感有明显的中介作用，自尊能正向预测消极法律情感。

六、研究启示与不足

（一）建议与启示

基于本研究所得结论，大学生的自尊与法律情感有明显的关系。同时，社会责任感等因素也会参与到这个影响过程，从而对大学生的自尊等发展起到一定作用，这对思考如何建立并完善大学生的心理健康教育体系有着诸多启示。

1. 培养大学生社会责任感的策略

（1）思想政治课之中加强社会责任感的教育。于大学生而言，高校思政课堂是引导其形成积极情感的有效途径，所以高校可以设立相关的课程，科学合理地将社会责任感融入思政课之中。以本研究为例，该高校通过设立相关的思政课，随着学生年级段的增长，对学生进行相关思想教育，结果表明社会责任感的差异在年级上是相对显著的。所以，加强思政课对大学生社会责任感的塑造是十分必要的。

（2）提高大学生参与社会实践的热情，营造社会责任感氛围。从社会心理学的角度来看，对社会责任感的认知是大学生在与他人的交往过程中，观察并了解他人以形成自我判断的一种心理活动。通过各种渠道提高大学生的社会实践参与度，有利于营造一种积极的氛围，能在一定程度上提高大学生的自我效能感，从而对社会责任感有着更为积极的情感体验。更重要的是，其他人也能通过模仿学习来加深对社会责任感的认知，从而真正参与到其中。

（3）对网络等传媒平台进行一定的净化与处理。时至今日，与传统的报纸、杂志这样的信息媒介相比，互联网已经融入我们的生活之中，更是大学生掌握信息的主要方式，对大学生的价值观有着直接的影响。一些媒体或个人所发布的虚假信息容易煽动大学生的情绪，以此直接影响到大学生对主流文化的认同感。所以，国家对网络等传媒平台进行一定的净化与处理，有助于形成一种良好的网络风尚，对大学生社会责任感的培养有着积极作用。

2. 提升大学生自尊水平的策略

（1）重视心理健康教育。以往的教育并没有把学生的心理健康放在相对重要的位置，导致学生们进入大学后产生一系列的心理问题。所以，要大力宣传心理学相关领域的知识，同时灵活采用多种形式的活动，促进学生对自我认知的体验。

（2）运用朋辈心理辅导。朋辈心理辅导是近几年兴起的一种心理辅导方式，通过选拔具有一定心理学知识的人，并组织培训与实际监督，为来访者找寻年龄相仿的助人者以缓解来访者的心理问题。朋辈心理辅导有助于咨询师与来访者建立良好的同伴关系，而且能在一定程度上促进学生自尊的稳定发展。

3. 大学生法律情感的培养策略

（1）提升大学生的法律认知水平，提高对法律的认同感。法律情感是感性与理性的认知，这也说明大学生要更积极地了解与法律相关的知识，不断增强对法律的情感体验。而认同则是对法律的价值产生共鸣，即对法律存在的必要性要有所认识。所以，提高法律认知水平与法律认同感，将理性的情感与感性的思想相协调，有助于培养大学生积极的法律情感。

（2）启发式教学，注重学生对积极法律情感的体验。心理学注重知、情、意的结合，当大学生的法律情感得到良好的体验时，能够激发其学习法律的兴趣。通过生动形象的案例，将学生置身于案例中，从而在认知过程中伴随着法律情感体验，通过这样的启发式教学促使学生掌握相关的法律知识，有助于增强其法律意识，最终增强学生的积极法律情感。[1]

（3）法律社会化，让法律覆盖社会生活的方方面面。法律的社会化重视法制教育社会化。[2] 将法律覆盖于社会生活的诸多方面，有助于形成积极的法治氛围。尤其是法制教育社会化，它在教育领域播撒了一颗属于法律情感的种子，为积极法律情感的萌芽奠定了基础。

（二）研究的不足

本研究也存在着一些局限性，有待于未来研究的补充。一方面，由于本研究的三个变量都属于情绪情感，于情感而言外显情感与内隐情感对本研究的影响肯定是需要探究的。因此未来的研究可以加入外显自尊或内隐自尊来再次研究社会责任感的中介效应。另一方面，本次研究的样本容量不是很大且被试的男女性别比例不太均衡。所以，在这次的研究之中人口统计学方面的不足，有待未来的研究进行改善和再探索。

---

〔1〕 徐淑慧：《法律情感的维度、功能及培育策略》，载《法学教育研究》2020年第 3 期。

〔2〕 董杰、魏纪林：《论法律情感的培植》，载《理论导刊》2009 年第 8 期。

企业合规教育的本土展开[*]

◎ 刘译矾^{**}

摘　要：作为舶来品的企业合规近年来在我国备受关注。身处"大合规"的时代背景，为了应对社会对合规人才日益增长的需求，也为了在整体上培育基于风险防范的合规意识，我国高等院校有必要高度重视企业合规教育。企业合规作为一项新兴事物，展现了多学科交叉的特点，具有专门的研究内容，且高度强调理论与实践并重。考虑企业合规自身所具有的多元特征，围绕当前我国正在推行的企业合规改革探索、结合授课学校自身的学科优势与办学特色，企业合规课程可以分为基于系统知识体系构建的理论教学和基于实操训练的实践教学。随着我国企业合规本土实践和研究水平的不断发

---

　　*　本文系司法部法治建设与法学理论研究部级科研项目"合规考察程序中第三方监管人机制构建及适用研究"（项目编号：21SFB3013）的阶段性成果。
　　**　刘译矾，中国政法大学刑事司法学院讲师。

展，企业合规教育的未来发展将会经历三个阶段：企业合规作为法学专业选修课、企业合规作为法律硕士的研究方向、企业合规作为"法学"的二级学科。

关键词：企业合规　企业合规教育　学科定位　教学设计

一、引言

作为一项舶来品，企业合规近年来在我国实务界和理论界引发了广泛的关注。一方面，一些走出国门的大型企业遭遇"被动合规"，如中兴通讯股份有限公司、珠海格力电器股份有限公司；另一方面，在促进国家治理体系和治理能力现代化、优化营商环境的社会大背景下，企业合规的内在需求也在迅猛增长。自 2018 年起，在有关行政机关的推动下，我国中央国有企业和从事海外经营业务的企业逐步建立了成体系的合规管理机制；[1] 自 2020 年以来，由最高人民检察院发起的涉案企业合规改革试点工作在全国多个省市开展。面对在公司治理、行政监管、刑事处罚以及国际制裁等诸多领域出现的企业合规、合规管理以及合规激励机制，有人提出，"大合规时代来临"。[2]

在"大合规"的时代背景下，合规无处不在。这首先意味着，掌握系统合规知识的专业人才需要发挥极大的作用，同时，他们也将面临极大的社会需求。正因如此，2021 年 3 月，"企业合规师"被纳入人力资源社会保障部、国家市场监督管理总局和国家统计局修订的《职业分类大典》中，正式成为一种具有独立

---

〔1〕 2018 年 11 月，国资委印发了《中央企业合规管理指引（试行）》，2018 年 12 月，国家发展改革委、外交部、商务部、人民银行、国资委、外汇局、全国工商联印发了《企业境外经营合规管理指引》。

〔2〕 王军民：《大合规时代来临》，载《中国外汇》2018 年第 20 期，第 35 页。

地位的职业。然而，由于企业合规的实践、研究与教育在我国都处于起步阶段，当下有关企业合规的专业人才极为紧缺，难以满足市场的大量需求。[1] 从域外企业合规的教育实践来看，有关企业合规的课程基本都开设在法学院与管理学院。而为那些专门学习企业合规的学生授予法律/法学硕士学位，在美国、英国、德国、瑞士等高校中已有普遍的实践。由此，如何在法学院中开设企业合规课程、集中培养合规人才，已经成为当下法学教育中亟待研究的课题。对此，目前我国一些高校的法学院已经开始了相关的探索。如华东师范大学法学院于 2017 年成立企业合规研究中心，整合法学院及其他学院的教学资源，为学生及合规从业人员提供专业的合规课程和培训；[2] 中国政法大学刑事司法学院从 2020 年秋季学期开始为研究生开设"企业合规调查与治理"选修课，邀请具有广泛实践经验的人士进校授课；中国人民公安大学则在 2021 年 10 月至 12 月举办"企业合规与社会治理系列课程"，围绕企业合规的基本理论等主题进行授课。

立足于当前我国正在进行的企业合规改革实践与教学探索，本文拟以"企业合规教育"为研究对象，探讨为何以及如何设置企业合规课程、培养合规人才，探索企业合规教育的专业化之路，以期为我国企业合规教育的发展有所裨益。

---

〔1〕 《企业合规师：标准正式确立，顶级人才紧缺！》，载新浪网，https：//k. sina. com. cn/article_7521624529_1c052e1d100100y00k. html，最后访问日期：2021 年 11 月 25 日。

〔2〕 参见《华东师大企业合规研究中心正式成立揭牌》，载《华东师范大学校报》2017 年 4 月 4 日，第 1 版。

二、企业合规教育的必要性

(一)"大合规"的时代背景

从世界范围来看，企业合规已经席卷全球。其一，从性质上看，企业合规已经成为西方国家普遍采纳的企业犯罪治理和行政监管的方式之一。[1] 一般认为，企业合规来源于美国，最初其是美国企业及部分行业协会进行自我监管的方式。后来，随着1977年《反海外腐败法》（FCPA）的颁布、1991年《组织量刑指南》的实施以及2002年《萨班斯－奥克斯利法案》的通过，企业合规不仅成为美国企业普遍接受的治理理念，而且也成为刑事处罚与行政处理的激励机制。在美国行使长臂管辖、广泛开展海外执法的过程中，企业合规及其治理机制在世界范围内广泛传播，先后被其他西方国家接受并采纳。[2] 其二，从范围上看，企业合规已经从最初的防范企业商业贿赂犯罪扩展到反洗钱、反垄断、数据保护、出口管制等诸多领域。最初企业合规是为了配合国际反商业贿赂而建设，后来随着企业防范违法违规风险的范围不断扩大，为避免被制裁定罪的风险而搭建的企业合规管理体系也逐渐延伸，这使得合规逐步成为一种综合性的公司治理方式。其三，从司法实践来看，企业合规已经成为西方国家联合打击跨国企业犯罪的手段之一。以《反海外腐败法》的实施为例，近年来美国司法部和证券交易委员会除了单独发起调查以外，还致力于联合其他国家共同发起。如2020年美国司法部和证监会收取的与FCPA相关的公司罚金再创新高，高达27.8亿美元，除

---

[1] See Sean J. Griffith, "Corporate Governance in An Era of Compliance", *William &Mary Law Review*, Vol. 57, p. 2075-2140 (2016).

[2] 参见陈瑞华:《企业合规基本理论》，法律出版社 2021 年版，第 17 页。

此之外，其还联合其他国家在全球范围内执法，涉及的罚款与处罚高达 63.1 亿美元。[1] 由此可见，走出国门的企业正面临着日益严峻的国际合规监管环境，只有搭建并完善合规管理体系，才能在复杂的国际市场上占有"一席之地"。

从本土实践来看，企业合规正备受各方关注。相比于欧美企业的合规建设，我国企业的合规建设起步时间较晚，开始于二十一世纪初。但近年来，在世界合规浪潮的影响下，也在国内多重因素的作用下，企业合规建设正备受多方重视，进入高速发展的快车道。在行政监管领域，一些行政机关对于特定行业的企业已经初步确立了行政强制合规制度，例如 2017 年，中国证监会发布的《证券公司和证券投资基金管理公司合规管理办法》，要求中国境内设立的证券公司和证券投资基金管理公司，一律实施合规管理，依法建立合规机构。而在刑事司法领域，从 2020 年起，由最高人民检察院发起的企业合规改革试点正在全国多地开展，探索在刑事法中确立以合规换取从宽从缓的刑事处理机制。除此之外，2021 年 11 月，国务院促进中小企业发展工作领导小组办公室发布的《关于印发提升中小企业竞争力若干措施的通知》，也再次明确要"推动企业合规化建设"，将其作为提升企业管理水平的举措之一。[2] 由此可见，无论是在行政监管还是在刑事司法领域，无论是在顶层政策设计还是在基层试点改革方面，积极推进我国企业开展合规建设、培养合规文化都是当前的核心

---

〔1〕 参见 2020 年《反海外腐败法执法回顾》，载 https://www.jonesday.com/zh-hans/insights/2021/01/fcpa-2020-year-in-review。

〔2〕 《国务院促进中小企业发展工作领导小组办公室关于印发提升中小企业竞争力若干措施的通知》，载工业和信息化部：https://www.miit.gov.cn/jgsj/qyj/wjfb/art/2021/art_938e591e3c174edabfb4ea744e03545a.html，最后访问日期：2021 年 11 月 26 日。

"使命"。

(二) 合规人才的大量需求

"大合规"时代意味着对合规人才的大量需求，在企业合规涉及的诸多领域，都需要合规人才发挥专业的作用。2021 年 3 月修订后的《职业分类大典》对"企业合规师"的定义是"从事企业合规建设、管理和监督工作，使企业及企业内部成员行为符合法律法规、监管要求、行业规定和道德规范的人员"。据此，首先，企业内部合规体系的搭建需要专门的合规人员。企业合规是一项具有高度专业性的系统工程，而一个完整的合规组织体系应设有合规委员会、合规部门、合规专员，这些都需要大量专职从事合规工作的人员。以中兴通讯股份有限公司为例，该公司总部共设有三个专项合规部、合规组织部和合规稽查部，所有的法律合规专职人员超过 400 人，占公司员工总数的 6‰。根据公司业务发展的需求，合规人员的数量预计还将持续保持较高的比例。[1] 其次，辅助企业搭建合规体系也需要专业的合规人员。一些中小微企业在开展合规建设时，由于规模、人数有限，可能无法搭建规范的合规组织体系，但至少也应当确立基本的实体规则。而实体规则的确立建立在充分内部调查、公司风险精准查找和相关规范性文件细致梳理的基础之上。这些都是十分专业的工作，需要精通公司管理、熟悉各项法律的专业人士的帮助才能完成。在当前我国正在推行的企业合规改革考察程序中，各试点地方就急需大量的合规专业人士作为第三方监管人或者合规顾问，对企业开展合规建设予以监督和指导。

---

〔1〕《他们在用合规创造价值！中兴通讯首席法务官申楠专访》，载 https：// www.sohu.com/a/490979438_121123736，最后访问日期：2021 年 11 月 27 日。

尽管存在大量需求，但由于我国对企业合规的引入较晚，相关的研究与教育也处于刚刚起步的阶段，国内有关企业合规的专业人士十分有限。相当一部分人士是早期服务外企的律师或会计师，其企业合规实务经验较为丰富，专业素养也较高，但是有限的人数实在难以满足我国日益增长的需要。基于此，开设合规课程、培养合规专业人才，是当前应对合规专业人才不足的必然选择。

（三）合规意识的整体塑造

企业合规风靡全球，不仅是基于政府外部监管的压力，也有企业内生的驱动力。即通过合规改善公司的治理情况，建立一种"基于风险防范"的合规意识与"鼓励符合道德行为和承诺遵守法律"的合规文化。[1] 在某种意义上，合规意识和合规文化是合规建设的根本落脚点，也是企业获得良好口碑的保障。例如在合规文化发源地的美国，合规文化的畅行使得美国企业在全球范围内都享有较好的声誉。2020 年，在全球领导者道德村协会（EI）公布的 132 家获"全球最具商业道德企业奖"（World's Most Ethical Companies）的企业中，100 家企业为美国公司，占比76%。[2] 合规文化对于企业而言至关重要，对于法律人而言更是如此。

合规文化的背后是一种"防范风险"的思维方式。这与传统的政府监管企业、预防违法犯罪的社会治理方式，存在一定的区别。企业通过建立一套管理体系来检测和阻止违反法律、政策的

---

〔1〕 李勇：《企业合规需要重塑治理模式》，载《检察日报》2021 年 10 月 14 日，第 003 版。

〔2〕 See "The 2020 World's Most Ethical Companies Honoree List", available at https://www.worldsmostethicalcompanies.com/honorees/? fwp_country=united-states.

情形，国家以减免处罚的方式激励企业开展如此的行为，这事实上是将国家预防违法犯罪的职责逐步转移给企业，体现了一种协商性的治理模式。其实，这种协商性的思维方式已在我国刑事司法领域中有多处体现，例如刑事和解、认罪认罚从宽制度等。

作为一种新型的思维方式和治理理念，合规意识和合规文化值得被法律人所学习。因此，合规教育不仅仅是一种职业教育，为法律人提供一种新的职业发展道路，更是一种素质教育，有助于塑造学生的系统风险防范意识，有助于培养学生的全球化法治视野，更有助于提升学生的多学科知识素养。

三、企业合规研究的基本特征

"企业合规"在我国尚属于一项新兴事物。在引入相关课程之前，有必要对其相关研究的特征予以明确。本文将从以下三方面依次展开。

（一）企业合规的多学科交叉性

从域外实践来看，企业合规并非一个简单的问题，而是涉及多学科多领域。

其一，在法学学科内部，企业合规与多个部门法存在交叉。例如，作为公司治理方式的合规涉及对公司治理结构的优化，与公司法产生关联；作为行政监管与刑事处理激励机制的合规，直接影响对企业实体利益的处理，与行政法、行政诉讼法、刑法、刑事诉讼法存在紧密的联系；此外，作为应对国际组织制裁依据的合规还与国际经济法存在密切的关系。[1]

---

〔1〕 有关企业合规的多个维度，参见陈瑞华：《企业合规基本理论》，法律出版社 2021 年版，第 58 页。

其二，在法学学科外部，企业合规与其他学科存在交叉。从企业合规的源起来看，企业合规是市场经济高阶发展的产物，是社会科学领域的一场公司治理方式的变革，涉及法学、管理学、经济学等学科。从企业合规的目标来看，企业合规的落脚点在于培育企业的合规意识与合规文化，涉及哲学、心理学等学科。从企业合规的内容来看，企业应当始终围绕自身经营中可能存在的风险点建立专项合规计划。实践中常见的专项合规计划包括环境保护合规计划、大数据保护合规计划、知识产权保护合规计划、反商业舞弊合规计划等。这些涉及的学科更为广泛，不仅仅局限于社会科学领域，还涉及化学、生物学、工学、理学等诸多自然科学。

由此可见，企业合规本身具有多学科交叉的属性。虽然实践中企业合规的课程多在法学和管理学下开设，但是其研究的内容早已超越这两大学科。甚至有人主张，合规学不隶属学术分类的任何一个单一研究领域，而是一个自成体系的多领域研究集合，在学科归属上应当属于《学位授予和人才培养学科目录》于2020年更新后增添的第十四个学科——"交叉学科"。[1] 基于此，企业合规教育是跨学科、跨领域的教育。这一特点既对学生的多元知识体系和综合素养提出了较高的要求，也对授课老师提出了全新的挑战。

（二）企业合规的专门研究内容

企业合规具有广泛的研究范围，与多个学科存在联系；与此同时，企业合规也具有内在的自洽性，形成了专门的研究内容。

----

〔1〕 参见周万里主编:《合规学高等教育及其课程设计》，法律出版社2021年版，第12页。

正因如此, 域外许多高校都开设了企业合规方向的高等教育, 有的是专门的学位教育, 如美国福特姆大学设立企业合规法学/法律硕士,[1] 圣玛丽大学设立合规、商法与风险集中法学硕士;[2] 有的则是企业合规相关的课程项目, 如纽约大学开设企业合规与执行课程系列。[3]

其一, 系统的知识体系。企业合规知识体系的系统性表现在多个方面。从合规体系的搭建过程来看, 合规管理已经形成了包含组织环境、领导作用、策划、支持、运行、绩效评价和改进等完整过程;从合规体系的构成要素来看, 合规计划大体上包括实体性内容、程序性内容与组织性内容等三部分。所谓"实体性内容", 是对企业员工、第三方等主体具有宏观影响力与微观约束力的行为价值倡导与行为规范, 如合规宪章、合规政策、员工行为指南。所谓"程序性内容", 是指企业为预防、监控和应对企业特定风险而建立的实施程序, 如合规培训与认证、第三方尽职调查、匿名举报机制、合规奖励与惩戒机制等。所谓"组织性内容", 则是指企业为了落实合规实体规范、合规程序机制而搭建的合规组织体系, 如合规委员会、合规部门、合规专员。

其二, 独特的专业技能。一个有效的合规计划涉及企业的方方面面, 无论是设计搭建环节, 还是运行落实过程, 都对合规人员提出了诸多要求。如应当了解公司治理的基本结构、熟悉与公司业务相关的监管法规、善于设计程序机制等等, 这些都是十分专业的技能。正因如此, "合规师"才会成为一种具有独立地位

---

[1] See https://www.fordham.edu/info/23048/compliance-programs.

[2] See https://law.stmarytx.edu/academics/programs/master-of-jurisprudece/compliance-law/.

[3] See https://www.law.nyu.edu/centers/corporatecompliance.

的职业，且针对这一职业，有关协会专门出台了涵盖 9 项基本职业技能标准和 6 项专项业务技能标准的评价体系。[1] 尽管法学、管理学专业的学生或多或少地具备一些相关的技能，但都无法完全的胜任。由此可见，企业合规人才无法被其他人才所替代，有必要对其进行专门化的、系统性的培养，包括出版专门的教材、设计专门的培养计划、开设专门的课程、引导开展专门的实习活动。

（三）企业合规的"理论与实践"并重

从类型上看，法学专业课程既包括理论教学，也包括实践教学。[2] 在一般的法学教育中，理论教学通常占据主导，实践教学的形式与内容十分有限。基于此，对于法科学生的日常考评与法律职业资格的认定也主要是以书面考试的方式为主，侧重考察学生的概念辨析、知识理解与规则应用等能力。作为法学教育的一部分，企业合规课程固然应当重视理论教学，注重培养学生完整的知识体系，但作为一种新型的法学教育，企业合规课程也应当更加强调实践教学，至少将理论教学与实践教学放置于同一层面上。

究其原因，一方面，企业合规来源于并最终运用于实践。"纸面上的合规"通常被视为无效合规，也是"合规大忌"。企业合规只有运转起来，并切实地发挥有效预防、发现与应对企业风险的作用，合规体系的搭建才算成功。再者，有效合规也并非千

〔1〕 2021 年 11 月 25 日，中国企业评价协会正式发布了团体标准《企业合规师职业技能评价标准》，标准编号为 T/CEEAS 004—2021。参见《〈企业合规师职业技能评价标准〉发布，填补企业合规师考试无标准空白》，载澎湃新闻：https://www.thepaper.cn/newsDetail_forward_15620997，最后访问日期：2021 年 12 月 1 日。
〔2〕 刘坤轮：《新冠病毒疫情下法学专业教育教学信息化问题研究》，载《中国法学教育研究》2020 年第 2 辑，第 18 页。

篇一律，应当"因企施计"，即根据企业的性质、规模、主营业务、所涉风险等情况，设计并搭建不同的合规计划。这就意味着，学生不仅要通过课堂掌握企业合规的基本理论，更要走进实践、深入企业，观察合规体系的运作过程；另一方面，企业合规在我国正处于探索发展的阶段，有关企业合规的基本理论尚未完全成形，有关合规体系搭建的实操也在摸索之中。正在进行的本土探索本身也将进一步形塑企业合规的中国化，例如关于企业合规的理念，中兴通讯股份有限公司提出"合规创造价值"，华为技术有限公司认为"合规是业务"，北京京东世纪贸易有限公司主张"合规即发展"。企业合规所处的这种正在发展的状态，一方面可以给予学生更多自我探索的空间，另一方面也会促进师生互动、实现教学相长。

四、企业合规课程的教学设计

在"大合规"的时代背景之下，开设企业合规课程已是法学教育的大势所趋。基于此，国内一些法学院已经开始了相关的探索，但尚未形成系统性的教学方案。接下来本文将结合有关的教学背景，从理论教学和实践教学两方面，探讨如何开展我国企业合规课程的教学设计。

（一）企业合规的教学背景

作为一门新型的课程，企业合规课程的设计应当综合考虑多方面的因素。

首先，应当考虑企业合规本身的特征。一如前文所述，企业合规在内容上具有多学科交叉的特征，形成了独立的研究体系且高度重视实操。基于这些特征，企业合规课程的设计可以从如下方面着手：①打破法学学科内部的界限，邀请不同学科的老师开设"接力课"，从不同的视角为学生授课。如中国人民公安大学法学院的"企业合规与社会治理系列课程"设有"行政法与企业合规"、"刑法与企业合规"、"企业合规监管制度"等九大课程；②突出企业合规的独特性，搭建系统性的企业合规课程。如德国雷根斯堡大学的"合规法律硕士"项目设置必修课和选修课，前者包括合规基础、合规组织和风险管理、合规文化、合规沟通、监督与执行；后者则包括反垄断合规、反腐败合规、证券合规等。[1] 课程的设置始终围绕企业合规而展开；③开设企业合规的实践课程，重视案例研读与实践调研。

其次，应当结合中国当下的本土改革。作为舶来品的企业合规必将在改革探索中实现本土化，合规人才的培养也必将服务于本国的合规建设，因此企业合规课程应当始终紧密关注当下我国正在推行的改革。比如当前企业合规改革主要集中于刑事司法领域，授课老师可侧重从企业合规作为刑事激励、企业合规与刑事诉讼衔接的角度展开讨论；又如随着改革的推进，本土实践中出现了一些具有示范效应的经典案例，授课老师也可注意收集，并以此作为课堂讨论的案例。

最后，应当充分利用本校的优势资源。与魔方一样，企业合规有不同的"面"，且每一"面"都有不同，有的侧重于公司管理，有的侧重于法律监管，还有的则侧重于专项合规计划的打造。每一"面"都有与其关系最为密切的学科。因此，在设计企业合规课程时，应充分考虑本校的优势学科分布，找到打开魔方

---

〔1〕 See https://www.uni-regensburg.de/rechtswissenschaft/buergerliches-recht/arbeitsrecht/masterstudiengang/index.html.

的"最优解"。例如中国政法大学被誉为"中国法学教育的最高学府"，具有强大的法学学科优势资源，集中了大量的法律专家。那么，中国政法大学开设企业合规课程就应当侧重于从法律监管的视角展开，在法学学科内部实现企业合规课程的跨学科设计。除此之外，对于可能涉及的管理学、经济学、工学等领域的内容，可以通过邀请"外援"解决师资不足的问题。

（二）企业合规的理论教学

在企业合规教育之中，理论教学是基础，其目的在于为学生搭建系统性的知识框架，为合规实操提供指引。尽管当前我国有关企业合规的理论研究还处于进行时，尚未形成成熟的、完整的和规范的体系，但根据笔者的观察和思考，本文认为企业合规的理论教学可以从两个方面展开：企业合规的总论与分论。

企业合规的总论旨在讲授与企业合规相关的本体性、基础性和共通性的问题，而企业合规的分论重在讲授专业合规计划，即对具体法律风险的预防、识别与应对。两者之间的关系是，总论的基本理论、理念与方法指引分论具体专项合规计划的搭建，而分论专项合规计划是对总论原理的具体运用。

在企业合规的总论部分，可以设置如下课程：①企业合规的基本理论（4 学时）；②企业合规的发展历史（4 学时）；③有效企业合规的基本要素（4 学时）；④企业合规的激励机制（4 学时）；⑤企业合规与行政监管（4 学时）；⑥企业合规与刑事制裁（4 学时）；⑦合规体系搭建的基本方法（4 学时）；⑧企业合规的中国化（4 学时）。

在企业合规的分论部分，可以设置如下课程：①反腐败合规计划的打造（4 学时）；②数据保护合规计划的打造（4 学时）；

③环境保护合规计划的打造（4 学时）；④金融证券合规计划的打造（4 学时）；⑤诚信合规计划的打造（4 学时）；⑥知识产权保护合规计划的打造（4 学时）⑦产品责任合规计划的打造（4 学时）；⑧出口管制合规计划的打造（4 学时）。

目前本文对企业合规总论与分论的学分设置都是 32 学时。随着中国企业本土合规建设的不断开展、合规理论研究的不断深入，企业合规总论和分论的内容还可以不断扩展与细化，甚至可以将总论和分论中的某一部分设置为单独课程。

例如可以开设"企业合规计划概述"，专门就企业合规计划的基本内容、搭建流程和主要方法展开讲授；又如可以开设"刑事合规"，侧重从刑事风险的防范与识别、刑事合规与单位犯罪、刑事合规与不起诉制度等方面进行讨论；再如可以开设"反腐败合规"，借鉴国际反腐败学院（International Anti-Corruption Academy）的相关经验，从政治科学与腐败、腐败经济学、反腐败的国际行动、预防腐败与反腐败的未来等角度设置更为细化的课程。[1]

（三）企业合规的实践教学

企业合规是一门实践性的课程，因此在理论教学的基础上还应重视实践。目前中国政法大学刑事司法学院开设的"企业合规调查与治理"就是一门偏向实践的课程。课程主持人先后邀请企业合规相关协会人员、大型企业合规高级管理人员就企业合规的

---

〔1〕 See https：//www.iaca.int/iaca-programmes.html.

实操进行讲授，[1] 这使得学生足不出校园就能了解企业合规的实然运行。以此为借鉴，未来在实践教学方面还可以设置如下课程：例如"企业合规案例研习"，以真实的案例为研究对象，分析企业合规在中国本土的具体展开；又如"企业合规与律师业务"，探讨律师在企业合规建设中发挥的作用；再如"企业合规模拟"，组织学生针对某一企业开展专项合规计划搭建的模拟训练。当然，在教学的过程中，还可以有针对性地邀请具有丰富实务经验的律师、合规官、行政监管人员、相关协会人员等分享经验。例如中国人民大学法学院开设的《企业合规前沿理论与实践应用》系列课程，除了邀请专家学者外，还邀请业内顶级律师授课，系统讲授企业合规的实践问题。[2]

此外，除了课堂教学，在有条件的情况下，还可引导学生进行实地考察与学习。例如可走访正在或已经搭建合规计划的企业，与企业家、合规人员进行面对面的交流；可走访专门从事合规业务的律所，与经验丰富的律师开展座谈等。

五、企业合规教育的未来发展

企业合规教育的发展程度与企业合规的本土实践、理论研究水平息息相关。基于中国企业"走出去"面临的日趋严厉的监管

---

〔1〕 如邀请中国贸促会全国企业合规委员会专家委员王军民讲授"国有企业的法务合规实践"，邀请北大方正集团高级审计总监谢建中讲授"企业何以行稳致远"，邀请小米集团监察总监魏宗乐讲授"企业反舞弊调查组织和职能"，邀请中国投资协会品牌投资促进中心刘红霞讲授"企业合规管理的来源、发展及职业前景"、"企业合规管理体系"，邀请中国贸促会全国企业合规委员会段泽锋讲授"以'九精准、九到位'做好企业合规管理"等。参见《中国政法大学研究生跨学科创新课程"企业合规调查与治理"》，载公众号"蓟门合规"：https://mp.weixin.qq.com/s/kyJ4nJlU0a7vykT7IbcC5Q，最后访问日期：2021 年 12 月 2 日。

〔2〕 如邀请金杜律师事务所合伙人吴巍律师讲授"企业廉洁合规的中国实践"。

环境，随着最高人民检察院主导的涉案企业合规改革试点的不断推进，企业合规在我国迎来了高速发展期。正如企业合规的落地不可能一蹴而就，企业合规教育在我国也将会循序渐进的展开。综合企业合规自身的特征、域外企业合规教育的发展历程以及我国本土法学教育的基本规律，本文认为企业合规教育的未来发展将会经历三个阶段。

第一阶段：企业合规作为法学专业选修课。当前我国高校开展的企业合规教育探索就处于这一阶段，即将企业合规纳入法学/法律硕士专业选修课之中，供有兴趣的学生学习。在国内高校中，除了中国政法大学、中国人民公安大学，中央财经大学、华东师范大学和上海对外经贸大学也较早开设合规课程。[1] 除此之外，一些高校还以系列学术讲座、非学历教育培训项目的方式推广企业合规。比如前文提及的中国人民大学通过讲座的方式授课；又如北京大学法学院早在 2019 年 5 月份就面向律师、公司法务等社会人士开设"刑事合规与公司法律风险防控研修班"，就刑事合规问题进行授课。

以选修课、系列讲座、培训项目的形式开展企业合规教育，方式灵活，能够快速地嵌入到现有的法学教育体系之中，易于被学生接受，也便于被其他法学院效仿。但是这种教育方式也存在一定的缺陷，如体系性不足、内容浅尝辄止、重理论而轻实践。尽管如此，也不可否认，在当前企业合规的探索时期，在不发生任何改变的情况下，第一阶段的教育方式将长期存在。即使未来企业合规教育向着更高阶的方式发展，系列讲座、培训项目的形

---

〔1〕 周万里主编：《合规学高等教育及其课程设计》，法律出版社 2021 年版，第54 页。

式也将会持续存在，发挥普及企业合规理念与知识的作用。

第二阶段：企业合规作为法律硕士的研究方向。这一阶段意味着将企业合规教育作为专门的学位教育，培养专门从事企业合规学习和研究的学生。以中国政法大学为例，未来可考虑由刑事司法学院在"诉讼法学"之下新增"企业合规学"这一研究方向，与"刑事诉讼法学""侦查学""司法鉴定学""法医学""监察法学"并列。这一教育形式在域外已有较为成熟的实践。以美国第一所开设企业合规专业学位教育的美国福特姆大学（Fordham University）为例，该校的企业合规学位教育包括法学学位企业合规专业方向项目（LLM）和非法学学位企业合规专业方向项目（MSL）。针对该项目，美国福特姆大学开设了丰富的、系统的课程供学生选择。例如，申请法学学位企业合规专业方向的学生须在 24 个月内完成 24 学分的必修课和 6 学分的选修课，必修课包括全球公司合规、合规风险评估、定量分析方法等；选修课的主题极为广泛，甚至多达几百门。[1] 除此之外，包括英国伦敦大学、德国奥格斯堡大学、维也纳经济大学、日本名城大学等在内的 40 多所大学都相继开设企业合规专业学位课程。[2] 我国高校也有相关探索，例如香港大学设有合规与监管法学硕士，香港浸会大学设有公司治理与合规法学硕士；[3] 此外，2020 年深圳市纪委监委、深圳市司法局与深圳大学共建深圳大学

---

〔1〕 See https：//www.fordham.edu.hk/eng/msccgd/main/Index.

〔2〕 周万里主编：《合规学高等教育及其课程设计》，法律出版社 2021 年版，第 7 页。

〔3〕 See https：//llm.law.hku.hk/cr/, https：//bus.hkbu.edu.hk/eng/msccgd/main/Index.

合规研究院，并开设企业合规专业学位硕士研究生课程。[1]

目前来看，将企业合规作为法律硕士的研究方向之一，既具有必要性，也具备可行性。在必要性方面，将企业合规纳入法学学位教育，可以保障具有充分的培养时间，进而可以设计科学的培养方案、设置系统性的合规课程，并开展有针对性的教学活动，这有助于培养专门的合规人才，实现企业合规教育的专门化。在可行性方面，这种教育方式目前在域外高校已有充分的实践，且国内高校也开始了相关的探索，这些都为企业合规法学学位教育的大范围铺开创造了条件。

但是也必须注意，企业合规教育的专门化一定程度上建立在合规实践相对成熟、合规理论相对系统、合规师资相对丰富的基础之上。这是因为，只有具有了上述基础，企业合规教育的专业程度和普及程度才能有所保障。但是立足当前的现实情况，上述基础在我国尚不具备或尚不完全具备。例如刑事司法领域的企业合规改革试点在我国尚不足两年，涉及的诸多问题都在探索之中，仍具有很大争议；又如目前我国学界对企业合规的理论研究尚不成体系，相关的专著、教材屈指可数；再如企业合规的专业师资也较为缺乏，难以满足系统教学的需要。

基于此，将企业合规纳入法学学位教育应是大势所趋，但囿于现实条件的不充分，这种方式在短时间内在大多数法学院可能都将难以实现。因此，这一阶段应当属于企业合规教育的近景目标。

---

[1] 参见伊宵鸿等：《深圳：率先打造"合规示范区"，助力企业行稳致远"走出去"》，载《深圳晚报》https://t.ynet.cn/baijia/29806849.html，最后访问日期：2021年12月3日。

　　第三阶段：企业合规作为"法学"的二级学科。一如前文所述，企业合规具有多学科交叉性：不仅在法学学科内涉及多个学科，而且也与人文、社会科学的诸多领域产生交集，此外还可能会运用工学、生物学等自然科学的知识。正因如此，有人提出合规学应当属于第 14 个学科门类——"交叉学科"。笔者认为，多学科交叉的确是合规学最为突出的属性之一，其外延触及多个学科门类，但从核心内涵看来，其与不同学科交叉的范围与程度存在不同，并非都为实质性"交叉"。换言之，在企业合规的体系中，有的学科仅是实现合规目标的一种工具或者手段，有的学科则直接与企业合规的内核产生关联。例如在涉及环境保护合规计划的搭建时，生物学的知识仅在于从技术层面帮助预防未来风险的发生；又如在涉及企业合规组织体系的建构时，管理学的原理仅在于帮助落实合规人员的组织结构。相较于生物学、管理学，法学无疑与企业合规的核心"精髓"紧密关联，因为企业合规的本质在于建立基于风险防范、识别和应对的公司治理体系，而这里的风险，并不是一般的经营风险、财务风险，而是可能遭受行政处罚、刑事处理与国际组织制裁的法律风险。因此，企业合规的多学科交叉以法学学科内部的交叉为主，主要是与法学的二级部门法之间产生交叉，如刑法、行政法、经济法、国际经济法等。

　　基于此，笔者认为，未来企业合规发展到一定阶段，如形成了较为成熟的理论体系、搭建了较为系统的知识架构、具备了较为广泛的研究群体，其可以独立成为"法学"学科下的二级学科，培养以企业合规学为专业的硕士、博士。当然，相较于第二阶段，这一阶段无疑走得更远，对各方面条件也提出了更高的要求。因此，这一阶段对于企业合规教育而言，应当属于远景目标。

环境治理法治化中的现实困境和处理策略

◎徐 航*

摘 要：随着经济的发展，人们渐渐将视角转向与人类生存环境息息相关的生态环境问题。习近平总书记多次指出，要坚持打赢蓝天、碧水、净土保卫战，将生态文明建设纳入到法治化的框架下。然而，环境治理法治化并不是一蹴而就的，也面临着很多现实困境。法治化的理念尚未深入人心，环境法治还面临着体制性、制度性困境，参与环境法治的多元主体的行动也呈现碎片化的现象。为此，要从这些现实问题出发，建立法治化的理念，完善和健全立法、执法、司法制度，增进多元主体互动，努力建设美好的中国环境，实现中华民族的可持续发展。

关键词：环境治理法治化 制度 多元主体

---

* 徐航，中共河南省委党校法学教研部副教授、中国政法大学博士后。

2020 年 6 月 5 日，我们的中国迎来了世界历史上的第 49 个世界环境日，今年世界环境日的主题是"保护环境，刻不容缓"。习近平总书记始终认真思考着"人与自然和谐共生"的辩证法则，谋划着推动中华民族永续健康发展的正确前进方向。党的十八大以来，生态文明建设进一步纳入国家经济社会发展的总体布局，"进入了快车道"。[1] 进入党的十九大以来，已将"坚持人与自然和谐共生"的理念作为新经济时代下我们坚持和加快发展建设中国特色社会主义的基本道路和方略。面对污染防治，习近平总书记指出，"要牢固树立绿水青山就是金山银山的理念，统筹山水林田湖草系统治理"，[2] 进一步优化对国土空和空间的综合开发利用格局，继续坚持打好进一步打赢蓝天、碧水、净土保卫战，切实地抓好对生态环境的保护。

在今年的全国政府工作会议报告中，出现了很多具有一定分量的关键词，"生态"两字却始终一直是全国人大代表和委员广泛热议的一个高频关键词。目前我国已经将实施生态主义社会文明的建设战略作为当代中国最具有特色的社会主义和现代化的建设五位一体的战略总体布局之一。但是加强推进生态主义社会文明的建设并不仅仅是一句简单的口号，还必须重视的是要建立具有健全完善的生态治理法律和操作体系的保障。因此，要将推进生态主义社会文明和现代化建设的理念纳入到实现生态治理法治化和生态治理制度化的发展道路中，通过多项治理措施的并举、多项生态治理方法手段齐下，以有效地促进全国人民更好地健康

---

〔1〕 参见《保护生态环境，牢记习近平提出的"五个追求"》，载 https：//baijia-hao. baidu. com/s？id=1668614942184390601&wfr=spider&for=pc。

〔2〕 李枫、岳弘彬：《牢固树立绿水青山就是金山银山理念——习近平总书记山西考察重要讲话引发热烈反响》，载《人民日报》2020 年 5 月 13 日。

进行生产和生活。

　　环境治理并不是一蹴而就的，需要做好长期持续治理的应对准备，在这个过程中将会面临较为艰巨性的任务。因此为了有效保护环境，发展环境保护事业，必须要实现环境治理法治化。而法治化的道路也不是一帆风顺的，也将面临很多现实困境，这就需要通过分析判断得出应对的处理策略，推动环境治理法治化的发展。

一、环境治理法治化的内涵

（一）"环境治理法治化"的含义

　　法治理论是出现在人类现代政治社会文明史上的重要学术成果，也是构筑了人类现代政治社会的基本政治理论框架。在人类现代法治的基本框架下，国家及其政体、个人的言行都可以运行于此。"法治"不同于"法制"，不仅强调的是形式实质意义的人类社会法治，也更加强调的是实质意义上的社会法治。其中形式实质意义上的人类社会法治就是强调"依法治国""依法办事"，侧重于社会治理的其方式、治理的法律制度及其社会经济运行的其机制。而对于实质意义上的社会法治，则更加的侧重于社会法治的其价值、原则和其精神.

　　作为现代法治思想框架下的"环境治理法治化"，是在进一步确立了现代环境法治思维的基本前提下，以完善的环境法制为基础，以推进环境立法、严格执法、公正司法、全民守法为主要内容和环节的现代环境治理的法治体系。因此，"环境治理法治化"在实践上具有三个基本特点，价值的追求：实现环境可持续发展的理念；基本的形式：实现立法、执法、司法、守法五个方面的环境治理制度的建构；进一步实践的规则：进一步实现以上的基本价值理念追求和环境治理制度规则的建构。

"治理"不是照本宣科，而是一个动态的、发展的治理过程，它在本质上是简单地指多元治理主体依照国家法律的规定管理或者组织参加所管理地区生态环境相关的与公共事务的有效管理活动。"环境治理"也是如此，需要地方政府及其有关主管部门以及社会公众多元治理主体的共同参与。

（二）环境治理法治化的对象

环境治理，既要防治又要保护，因此环境治理法治化的对象包括防治对象和保护对象，二者相互结合，构成完整的法治综合对象，使环境法治更加全面系统。

环境治理法治化的对象防治环境污染对象，是指按照国家环境污染管理法制明确的需要加以及时防治和有效预防的，影响自然与人类的生存社会发展的各种自然与社会人文的要素。环境污染包括三个主要方面，工业与生活环境污染：如工业废水、噪声、恶臭等；工业与生产环境污染：如工业废气、废渣、噪声、恶臭、有害物质、放射性有害物质、电磁波辐射等公害与人文环境污染；外延防治的对象：人民政府保护自然资源的各项社会工作，保护自然生态环境的各项社会工作以及根据环境法所要调整的所有社会关系。

环境治理法治化的保护对象，是指环境法制明确规定要加以保护的各种环境要素，如果不加以保护就会影响人类的生存和发展。主要包含两个方面的环境要素：天然环境要素和人化自然环境要素。诸如空气、土壤、河流、海洋、原始森林、天然溶洞、臭氧层、外层空间等属于天然的环境要素，该要素是人类正常生产生活的外在保障。诸如人造公园、人造水库、风景区、人造运河等属于人化自然环境要素，随人类改造自然能力不断增强，该要素的范围也在不断扩大。它是人类正常生产生活的内在保障。

二、环境治理法治化中的现实困境

（一）环境治理法治化的理念尚未深入人心

1. 环保意识薄弱，法治常识匮乏

由于在我国长期发展中，对于经济过于重视，甚至出现了牺牲环境换取经济的观念，对于环境保护的问题，缺乏关怀。尽管我国在环境保护上进行了大力的宣传动员，但是由于长期以来的思维惯性，以及宣传与实际的脱节，缺乏行之有效的强有力的措施，权责不明晰，导致破坏环境的行为所要承担的后果较小，"违法成本较低，执法成本极高。"并且，关于公共环境利益，公民的保护意识不强，并不认为其极大地损害了自己的权益。因此，部分政府、环保部门，部分企业以及大多数公民环保意识不强，缺乏一定的责任心，缺乏使用法律武器维护和治理环境的理念。

至于对法治的意识，由于长期以来，历史上的封建社会的资本主义传统和风气还未完全得到扭转，宗法制、集权制以及自给自足的制度对小农经济的影响还依然长期存在。所以，尽管我们仍然处于新的时代、新的社会下，人们也未完全真正建立起平等、自由的社会主义观念。另外，由于长期以来受到儒家思想和文化的传播和影响，重义轻利的思想长期受到人们的推崇，对于人们的社会主义思想观念也对社会产生了比较大的深远影响。很多中国人不代表愿意打官司，羞于愿意打官司也就是耻于愿意打官司，不代表人们愿意通过使用一些违反法律的武器和手段来维护自身的利益。这就直接导致了生活在我国的公民对于法律意识的淡薄。此外，在对我国公民的法律知识教育活动方面，社会普遍不够的重视，普法教育活动尽管火热却是因为形式大于其实质，很多的公民对此并不十分重视，也不代表他们愿意参加进行对法律的知识教育学习。这就直接导致了对公民权利的意识较差，法律的知识和常识也是掌握得不够，面对一些侵害行为往往采用传统方式，这给法治化的道路造成了一定程度的阻碍。

2. 盲目追求经济效益，轻视可持续发展理念

自新中国成立后一直到 1978 年实行改革和开放的这段很长时间，我国一直处于新时期国民经济的恢复和现代化发展的关键时期，在十一届三中全会上，邓小平提出了"以经济建设为中心"的现代经济发展思路和战略，这也是中国特色社会主义科学发展理论提出的基本要求，是完全符合我国社会经济发展基本规律的。但是，随着深化改革和开放的推进，国家的政治和经济蒸蒸日上，蓬勃发展，社会各界也将一切的重心都放在了政治和经济的建设上面。近年来，面对自己的环境和资源有着严重破坏的经济生产和社会生活采取较为宽容的对待态度。"在这样的大环境下，地方各级政府更是'唯 GDP 说话'"因此，在各级政府进行重要的环境保护决策时，公权力机构往往拥有着较大的自由和裁量权，而在与社会经济的利益与资源环境的利益之间发生冲突时会更加倾向于直接选择损害社会经济的利益，导致对自己的资源利益和环境的破坏。随着世界经济与人类社会的同步发展，人们也开始更加关注如何保护环境公民权益的问题，但是我们的思想和文化仍然具有一定的独立性，人们的长期发展观念还未完

全得到扭转。但是反过来，那种人们只能看到眼前、短期的利益，看不到或者不能够重视长远可持续发展的错误观念仍然普遍存在，这些错误的观念与其利益直接挂钩，为我们的可持续发展的理念深入人心的发展造成了阻碍。

（二）环境治理法治化的体制性困境

1. 环境法律体系不够完备

环境立法不少领域留有空白。面对环境治理法治化，最重要的任务就是环境保护立法体系的建立和完善，为执法与环境保护司法的救济工作提供了法律的依托和强有力的公民权益保障，确保了环境治理与执法的到位，司法公平。目前已有的环境保护法律体系已经基本无法正确应对和有效处理最新时期出现的法治化和环境保护问题，导致环境保护立法上仍然存在着一个比较空白的环境保护领域，执法、司法、守法等领域缺乏直接的法律依据。造成环境保护立法空白的原因主要考虑到两个因素：一是法治化和环境保护立法领域所需要涉及的知识面很广泛，需要的知识和技术要求也比较高，也可能会同时涉及很多跨学科领域的相关技术问题，因此立法需要一定专业基础和相关背景的知识；二是环境立法的主要目的仍然是为了解决如何保护环境的问题，维护良好环境。因此其主要的任务仍然是解决环境现实的问题，而要真正实现这一立法目的，需要进行广泛深入的调查研究，并且经过专家的讨论，政策的分析以及广泛地征求广大环境保护公民的意见，才能有效地进行正确的立法，不能短时间内就匆匆完成立法制定。此外，在目前相关的环境保护法律法规中还没有立法充分确认了公民的利益和环境保护权利。例如，《建设项目环境保护管理条例》以及在中央和国务院的一些有关政府部门文件中也已经明确包含着公民关于保护环境权的一些相关法律规定。但是这些法规并不是为了更好地明确和规定如何保证了公民的环境保护权利，而是为了能够更好地依法行使和保障国家的公民环境保护和管理权。其实，只有先确认了如何保障公民的环境权，公民才能够对社会经济发展有所参与的意识和利益有所参与的动力，才能够愿意更好的理解和支持各级人民政府以及其他有关环保部门的依法开展环境保护和管理的活动。只有国家的公民环境保护管理活动的有序管理和开展才能真正得到了保证，才能真正达到管理的效果，才能使政策落实得到位。

立法规定强调原则性，缺乏可实施、可操作性。"有调查报告显示，92.05% 的被调查者认为……过于笼统简单，不易操作。"[1] 在相关的法律条文中，当我们涉及一些需要比较详细系统的生态保护制度与环境保护措施时，往往又由于条款规定得相当笼统，给具体操作和实施带来了很多困难。尤其特别是关于一些程序性的环境相关法律规定，非常严重地影响我国环境保护法律的有效实行和适用. 环境相关的行政执法部门在对于环境保护相关的问题实施进行更加规范化的处理时，往往很难真正做到"有法可依"；而且在面对与指定环境相关的法律实施执行规则时，也往往面临围绕着法条是否竞合的法律性问题以及违反或者是超出环境相关法律的范围以及相关条款规定的执行原则等诸多问题。

公众参与环境法律治理的相关规定还比较稀缺。环境治理法治化中"未能真正建立起政府控制与公众参与、社会制衡相结合

---

[1] 许丽君：《环境治理法治化的现实困境及其消解》，南京理工大学 2015 年硕士学位论文。

的混合型、开放式的环境治理体系和法律实施机制。"〔1〕利用市场机制、利用相关的经济手段进行治理的方式稍显单薄，而除政府外的相关民间的环保组织还不够成熟，未能发挥出其应有的作用。公众参与治理中，相应的知情权、参与决策权等还需要进一步得到细化落实。此外，有些地方在立法时，未能够考虑到该地方的实际环境情况，僵硬地照搬国家的相关规定，从而导致当地的环境治理落不到实处。

2. 环境执法制度不够明晰

当前，我国在法律以及相关的对环境保护行政执法主体管理方面的制度和规定不够明晰，行政部门和执法管理主体的权责不明。在目前我国的对环境保护行政管理中，具有环境保护执法部门和主体资格的部门有：国家环保部门、水利部门、林业部门、城乡规划建设部以及国土资源行政管理部门等，在法律以及相关的环境保护执法部门权限上，这些执法部门还是存在比较着重合交的部分。"在实践中，导致环境保护行政执法秩序混乱不堪。"〔2〕除此之外，在环境执法中，缺乏相应的行政程序规范，对执法人员的行为做出约束和保障。如果不能对执法主体行使权力及保护法益的行为做出规范，我国环境行政法治就失去了重要的前提，也失去了重要保障。

在具体实施法律的过程中，正是由于相应的程序法不到位，对机关工作人员的约束力不足，导致其执法中的自由裁量权过大，再加上一些执法人员的环境法治意识还比较薄弱，则"往往

〔1〕　张建伟、皮里阳：《中国环境治理的法治化发展》，载《人民法治》2015 年第 5 期。

〔2〕　林平：《环境治理需要法治化——首都经济贸易大学法学院高桂林教授访谈录》，载《人民法治》2015 年第 5 期。

导致有法不依、执法不严、违法不究的严重现象。"[1] 环境立法确立的新的法律制度推行下去，如果缺乏程序性的相关制度，则会导致具体实施中，如基层等一线人员出现不敢实施，不懂实施等情况。

但是，我们国家目前仅仅只有由环境保护部门制定的《环境行政处罚办法》中涉及相关的程序内容。但是该法规仅属于部门规章制度，仅仅是对单项行政行为——环境行政处罚做出规定，"诸如环境行政许可、行政征收等其他重要行政行为均无涉及。"[2] 由此可见，除了先行的行政法规、规章制度，关于环境治理的法律体系中的程序规范还十分匮乏。

3. 环境司法制度不够健全

在我国的政治体制下，法院很容易受到如各级政府的介入影响以及新闻舆论的影响等外界制约。与西方社会惯例法的传统不同，我国成文法的传统导致法官在进行审判时，要依照法律规定进行，削弱了法官的自由裁量权。法院很难具有较大的能动性也与立法的不完善以及较为严格的法官错案追究制度有关。

在相关的司法制度规定中，尽管规定了法院面对起诉案件要进行受理与否的裁定，但是由于没有对其行为后果进行明确的规定，有一些法院对符合受理的环境类案件不予回应，导致案件搁置。起诉人本就处于司法诉讼中的弱势群体，还不能够通过法律手段保护其合法的环境权益。这就导致公众对司法机关的不信任，进而产生一些较为极端的想法，给社会和谐埋下了隐患。但

---

〔1〕 张建伟、皮里阳：《中国环境治理的法治化发展》，载《人民法治》2015 年第 5 期。

〔2〕 周绪平：《生态环境治理法治化研究》，载《江南论坛》2015 年第 2 期。

是在实际的法律适用过程中，犯罪的构成要件中需要有实际产生的危害结果，但是环境犯罪具有长期性的特点，短时间内还无法看到其导致的危害结果。导致犯罪的定罪量刑上面存在困难，导致不能有效、及时地惩治许多环境犯罪。

随着我国环保法庭的建立，说明司法机关在环保方面即将发挥比较大的作用，但是在实际的解决环境问题中，还是面临着一些实际的困难，没有将其作用真正发挥出来。从相关环保部门与司法机关的配合上面来看，在进行环境行政处罚时，环保部门虽向司法机关申请了强制执行，但是并没有得到及时的回应，直接驳回或者拖久事消，并不积极进行配合，使得行政处罚难以实行下去。"这带来的消极影响不仅仅是使环保部门的执法权威大打折扣"[1]从受害者的角度来看，其环境权益受到侵害时，向法院请求司法救济时，部分情况下会受到一定的阻碍。法院一般会采取这几种方式：案件不受理；受理后不及时开庭审判；判决结果出来后执行拖延等，使得受害者的权益得不到保护，增加社会不稳定的隐患，也使得司法的威慑力减弱，执法难度增大。

（三）环境治理法治化的多元主体行动碎片化

1. 人大、政府的主导部门合力不足

目前我国的环境治理现状是人大发挥作用有限，参与度低。在研究和进行社会环境保护立法时，缺乏对于民意的深入分析理解和决策参考，往往容易受到社会环境行政部门的忽视和影响。在环保立法制度的研究执行和制定过程中，人大比较缺乏深入组织人民群众进行环境调研的法治意识，也就是人大未能充分发动

---

〔1〕　许丽君：《环境治理法治化的现实困境及其消解》，南京理工大学 2015 年硕士学位论文。

社会公众积极参与，不能对人大起到良好的社会监督和引导作用，使得人大对环境的法治建设缺乏一定的法律约束力。

环境保护立法相关部门、行政执法相关部门以及与司法救济相关部门的救济工作联动机制并未建立和健全。在行政立法的环节中，立法相关部门所负责制定的环保救济相关法律规范不够规范合理，相应的司法救济程序和制度还不够规范和完善，这给环境保护行政部门执法、司法相关部门的救济工作造成一定的困难；在行政部门执法的环节中，人员配备的不足，执法人员自身的素质良莠不齐，执法不严格等，影响了对政府部门的影响力和威信，同时对于司法的救济也对受害者产生了不利的影响；在行政司法部门救济的环节中，部分人民法院不能够受理的案件，面对受害者破坏循环环境的违法破坏行为，不能够对受害者做到严格的惩处，对于受害者也缺乏了应有的责任进行救济。比较理想的状态是"立法机关能够与两大执行法律的机关形成无缝对接",[1] 但是现实的差距还比较大，面临的困境也比较多。

在涉及跨域环境治理的问题，目前还没有形成治理体制。但是，随着生态环境的治理深化，很多问题并不是单独某一个城市、某一个地区所能够解决的，往往涉及跨地区、跨地域的问题，比如像大气污染问题、水污染问题等，就需要联合相关地区和地域，通过跨域合作才能得到有效解决。

2. 民间公益诉讼障碍重重

环境治理法治化的进程中，除政府主导部门等拥有公权力的参与主体外，公众也是参与环境法治的重要主体。其中，公益诉

---

[1] 许丽君：《环境治理法治化的现实困境及其消解》，南京理工大学 2015 年硕士学位论文。

讼是近些年公众参与治理的主要方式，但是在具体实施过程中面临着比较大的困境，主要体现在原告资格的认定，受案范围，举证责任以及诉讼费用等方面。

关于原告资格：我国《民事诉讼法》中规定，原告必须是与本案有直接利害关系的公民、法人和其他组织。这就意味着原告需是被侵害环境权益的当事人，具有"专属性"和"排他性""排他性"的享有。那么如此严格的原告资格要求会导致产生一系列的问题，如权益得不到保障，责任得不到追究，将会"导致对法律的不信任和自力救济的泛滥"[1] 等问题。

关于受案范围：在司法实践中，存在着一些与法律不符的规范性文件或者抽象行政行为，这些行为不在人民法院的受案范围内。而借鉴国外的经验以及结合本国实际情况，应该要将这些抽象的行政行为纳入进受案范围内。但是在我国的法律规定，如《行政诉讼法》和《最高人民法院关于执行《中华人民共和国行政诉讼法》若干问题的解释》均规定仅对行政机关的具体行政行为进行合法性审查，而不对行政机关的抽象行政行为进行司法审查。但是这样的规定对于公益诉讼而言是不合理、不充分的，因为这些抽象的行政行为与公共利益的关联性更强，对环境的影响更大，这也阻碍了对环境权益的保护。

关于环境公益举证责任和环境公益诉讼费用：在环境公益组织的诉讼中，比较重要的举证责任是被告进行对环境污染侵权损害的举证责任认定，而此类损害的认定需要一定的知识和专业技能。而公益诉讼原告不可能会让被告具备这样的专业能力，"让

---

[1] 肖之云、周鑫：《构建我国环境行政公益诉讼制度的路径选择》，载《人民法治》2016 年第 8 期。

较少有条件获取信息的当事人提供信息，既不经济，又不公平"。[1] 在环境公益诉讼费用这一重要的方面：环境公益组织诉讼的范围和标的往往很大，如果按照一般的原则则需要向原告缴纳高额的环境公益诉讼费用，这就实际上会使得大部分当事人对于环境资源保护公益的诉讼望而却步。而且在与环境资源保护行政部门的公益诉讼中，原告如果仅承担了相应的公益举证责任也往往需要缴纳比较高额的诉讼费用。其中诸如高科技研发和鉴定等的费用，往往实际上是一般公益组织和企业的个人诉讼所难以承受的。

三、环境治理法治化中的处理策略

（一）环境治理法治化理念需深入人心

1. 以普法活动带动环保法治意识

做好普法是宣传"必修课"。政法部门要切实加强对普法的组织和领导，细化实化普法具体化宣贯的措施，做到普法全员积极参与、全面覆盖。司法部门要进一步大力开展精准普法，将其精准化作为"十四五"规划时期普法工作中重点开展的工作，推动全国人民法典的宣传教育工作向制度化、常态化、长效性强化。政法部门要大力探索创新宣传方式和方法，坚持分类分级、线上线下、点面结合，大力组织营造促进人民法律宣传和学习的浓厚普法氛围。

做好法治宣传教育工作。由于认识不足，同时也缺乏比较严格规范的制度保证，现今的法治宣传教育存在着"软指标"的问

---

〔1〕 肖之云、周鑫：《构建我国环境行政公益诉讼制度的路径选择》，载《人民法治》2016 年第 8 期。

题，即形式大于内容的问题。因此需要进行法治宣传教育的制度性建设，促进其工作的规范化、制度化，这是做好法治宣传教育工作的长久之计。在基层进行普法工作时，可试行建立法制宣传教育服务站制度，可以安排服务站负责制，将其对应到相关的领导或者负责人，定期开展调查研究、检查监督工作，督促该服务站点做好普法宣传工作。在这个过程中，可以对相关工作人员的工作开展情况进行考评，开展情况较好的，落实到位的，及时给予奖励；落实不到位，只注重形式不讲求效果的，要予以惩罚。通过这种方式责任到人，奖罚分明，把该项工作真正抓到位，落实到位。

要加强媒体宣传，积极引导舆论。充分利用广播电视、网络等各类传播媒体的综合传播的优势，在环保的知识以及相关政策和法律法规上广泛地进行大力宣传。积极地引导社会舆论，深入开展环保社会化的宣传。通过采取人民和群众喜闻乐见的多种方式，进行了宣传。其中比如开展环保宣传标语的制作和印刷悬挂，小视频普法，文艺表演和下乡普法宣传活动等，增强全民对环境保护法治的观念。

2. 坚持可持续发展理念

习近平总书记多次强调可持续发展理念，这些重要讲话强调了人类社会经济的发展与生态环境保护和发展的密切关系，也强调其中内含着人类社会可持续发展的基本原则和理念。从短期的角度来看，经济的发展似乎尤为重要，对生态环境的保护和影响也还没有完全凸显出来。

但是，从长期的角度来看，经济的健康发展与生态环境的保护和发展产生了一些矛盾，而且也常常还会涉及两代人的矛盾和利益冲突。然而，社会主义经济健康发展的根本意义和目标并不仅仅在于现时的人类社会经济繁荣，而是更重要的在于如何促进人类经济社会的健康与可持续发展。因此，应该将发展经济的利益与保护生态环境的利益进行通盘考虑，二者协调的发展。把单纯地追求对经济的利益向与对生态的保护利益实现双赢的转变，将人类社会生态与文明体系建设的基本内涵充分融入和运用到人类社会经济发展的基本概念之中，不仅是为了能够更好地促进人类社会经济的发展也而且能够更好地实现对生态环境的有效保护，即为"绿水青山就是金山银山"。

（二）环境治理法治化的制度体系需修改完善

1. 完善环境保护法律体系

国家对生态环境的治理法律规范体系在本质上来说就是其对生态环境治理体系相关的法律法规规章制度的总和。在法治化的当今社会，科学地立法、制定完备的生态环境法律和规范制度体系，是我们实现一个社会主义国家对生态环境的治理体系法治化的重要理论基础和政治前提。

首先，要协调好环境与经济发展的关系，提倡民主立法，实现法律的全面性和可实施性。常纪文认为，"立法关键是要注重法律的可操作性，能够结合当前形势有一定的突破"。[1] 立法要进一步加大对公众的监督和参与度，并对建立相应的程序性法律规范制度进行了完善；依法监管的对象立法要进一步转变以往的区域性和点源环境治理模式，转而依法依法监管的对象是一个动态的环境治理对象，关注其中的区域性与资源的流动性；立法要

---

〔1〕 张建伟、皮里阳：《中国环境治理的法治化发展》，载《人民法治》2015 年第 5 期。

考虑到中央和地方具体环境实际的情况制定相应的环境治理的目标，将加强环境资源管理与提高环境服务质量的目标紧密结合在一起来。

其次，重视地方，建立健全地方的环境立法以及程序性立法。不仅确保环境法律在该地方的实施，而且可以结合本地实际情况，因地制宜、因时制宜地发挥地方环境治理的能动性。中国政法大学王灿发教授指出，"加强程序性立法可以增强环境实体法的可操作性，使实体法的实施效果更为显著"。[1] 中国人民大学周珂教授关注到环境法律法规的清理工作和环境法的法典化。他认为，"环境法的法典化有利于环境法律法规的梳理与衔接，能够及时发现互相冲突矛盾的法律，以便及时清理。"[2] 于此同时，推动环境法法典化，有序展开普法工作，能够对法律法规生态化也起到一定的作用。

最后，中国需要高度重视掌握国际全球环境保护公约的动态，与其他国际环境公约接轨。随着一系列全球性的大气污染、水资源的污染、生物多样性锐减等全球环境问题的发生和出现，这些全球环境问题已经不是单独某一个类型的国家条约所能够有效地处理和解决，因此各国纷纷联合了起来并且签订了相关的全球国家环境条约，共同探讨如何应对这些全球环境问题。中国截止从 2008 年到目前，中国已经积极参与了并且组织签订了一系列与此相关的国际条约、协定达四十多项。近些年，中国积极地履行国际环境公约的义务，将有关国际法的相关规定及时地转化

[1]　张建伟、皮里阳：《中国环境治理的法治化发展》，载《人民法治》2015 年第 5 期。
[2]　张建伟、皮里阳：《中国环境治理的法治化发展》，载《人民法治》2015 年第 5 期。

为国内立法，既是为了维护中国的一项重大国家利益和责任，也是为了满足中国人民的根本利益现实需要。

2. 建立环境综合执法制度

在环境行政执法中面临的问题如果得不到有效解决，不仅会损害生态环境，而且还会影响政府的形象和威信。因此，要建立环境综合执法制度，保证规范和严格执法。

第一，执法部门权责明晰，确立灵活协调的机制。在行政立法的层面进一步明晰行政执法部门权限，将其职权规范落实到位，推动了行政执法的规范化建设。进一步加强和改革完善与环境治理部门联合执法的体制，建立各级执法部门之间、各个执法领域之间的沟通和协调合作的机制，将与环境治理部门执法的队伍有效凝聚在一起，整合执法力量。由此初步构建了专业技术水平高、信息处理的能力强、法律体系规范健全、与经济社会紧密的信息相连以及各级执法部门之间协同联合执法办公的生态环境保护与执法综合管理机制，实现对生态环境的积极综合治理与有效的保护。

第二，程序正当，严格执法。依据环境治理相关法律的规定，环境执法部门可以在规定与授权之内，将自由裁量权进行细化，将环境执法的处理期限规范化，对相应的法律程序进行完善等。同时，面对相关的违法行为，要加大处罚的力度，不仅使他们得到应有的惩罚，而且可以增强环境法律的威慑力，切实解决实践中的突出问题——"违法成本低"。

第三，健全落实执法人员责任制，责任到人。将执法人员的工作与绩效挂钩，与考核机制挂钩，与环境落实效果挂钩，明晰生态环境保护的主体责任，做好政府与相关部门领导干部的考核评估。权责明晰有利于提高工作作风与效率，推动执法工作的开展。

第四，加强培训，增强环境执法人员的队伍建设。做好执法业务的培训，提升执法人员的环保意识和法治尝试，学习环境保护的相关知识，努力提高执法水平。此外，可以根据需要，增加相应的人员和技术支持，增加相应的执法机构，提高执法能力。

3. 健全环境司法制度

要切实推进司法体制的改革。对于这些相关方面的课题研究，很多的专家学者都对此提出了自己的意见，如马怀德指出要加快建立高等行政法院、改革完善行政审判管理体制，唐忠明认为我国司法审判体制改革的新发展思路和重点应该是人大切实监督和管好行政审判法官，但不应该干预行政审判法官的行为本身等。目前的确有一定成效又切实可行的改革办法之一就是继续强化对于最高人民法院行政审判法官的指导和培训，使得他们进一步认识和了解我国环境污染问题的严峻性。

在当前的我国，进一步提高环境司法和保护的能力，应尽快采取和完善以下的措施：一是尽快地建立完善的环境保护和损害赔偿的社会责任制，既同时包括环境损害责任保险机制也同时包括经济损害补偿社会责任机制。在环境权益受侵害的案件中，标的往往很大，如果企业缺乏建立相关的环境侵害保险和经济补偿的机制，那么环境侵害企业将有可能会面临破产，受害者也迟迟得不到经济补偿而企业的利益也受损严重。因此，建立相关机制既可以避免风险也同时可以对企业进行环境侵害经济补救的工作，能够有效促进其环境、经济与其个人、企业的和谐健康发展；二是通过修订刑事立法的章程和相关行政处罚标准，严格了

306 中国法学教育研究 2022 年第 1 辑

环境犯罪标准，严厉打击环境犯罪行为，提高了司法的质量和威慑力，减少了环境违法犯罪的发生可能性。与此同时，由于对生态环境的治理既应该具有一种长期性、持续性的基本特点，也应该具有一种可会恢复性、可发展性的基本特点。除了通过对刑罚进行处罚之外，还可以增加一些恢复性的行政处理手段和办法，督促其依法恢复已经受到严重破坏的生态环境；三是执法行政部门一定要与检察机关司法部门共同做好执法机关相互配合的监督工作，执法机关依法监督执行，并受到司法机关——检察机关的监督，加大对企业的行政执法处罚行为的环境侵害监督检查力度，以没收行政执法处罚款等名义代替刑事责任无法追究等突出的问题。

（三）环境治理法治化的多元主体行动需增强互动

1. 政府主导部门要形成合力

在立法与环境治理的过程中立法、司法、执法三种权力系统要共同形成强大的合力，与此相对应，政府以及司法主导的部门也权力系统要共同形成强大的合力，共同应对有关环境治理的问题。但在现实中，由于其权责不明晰，分工不清楚，执法部门队伍人员良莠不齐，导致了政府以及主导执法部门之间的工作相互配合不够紧密，司法主管部门还要严格地受到其他政府部门的监督和制约。而这导致了很多的问题不利于环境治理工作的有效顺利开展。因此，部门之间共同形成的合力十分重要。

一方面是制定善法。这就需要将立法民主化、科学化、依法化，其中最重要的是民主立法。这就需要广泛征求意见，以民意为依托，同时也注重立法部门以及司法部门的献言献策。综合各方意见，立法以人权为依托，制定善法。

另一方面是检察院实现了善法之治。既然检察院有了立法，那么就必然需要检察院进行监督执法和司法的协同执行，这样才能使立法得到有效落实，形成良性的互动。在这个善法之治过程中，检察院依法进行了监督，保证了执法的公有度，司法公平。防治天然自然环境污染或者是破坏环境问题，保护好天然自然环境以及保护人类的文化自然环境。

2. 依法有序进行环境民事公益诉讼

党的十八大后，一系列的治理举措标志着我国的环境治理法治化建设取得明显进步。在此良好的基础上，我国应当推进现有制度的落实和创新，积极依法有序地进行环境民事公益诉讼，制定环境责任法，尝试将环境问题引入《民法典》。同时，还要充分发挥市场、媒体以及社会组织的作用，多方面综合着力破解治理难题。

完善我国环境保护公益性民事诉讼的制度，要坚的四个原则和着力点：一是合理地设定依法起诉的主体，任何面对依法提起环境公益性民事诉讼的公益性案件，只要侵权行为使其符合我国法律的有关规定，人民法院一般均应依法给予其受理，不宜限制过死，可能需要在实践中进一步的研究和探索；二是科学地确定公益性侵权的责任主体构成的条件，根据我国环境公益性侵权的法律特殊性，吸收和借鉴各国通用的"忍受限度论"等法律原则，合理地确定公益性侵权行为，利用其优势的证据理论和法律原则，科学地确定侵权主体损害的事实与侵权行为主体损害结果间的一致性和因果关系；三是进一步创新公益性责任主体的形式，在公益性民事诉讼的制度框架内，贯彻国家预防和控制环境污染、保护和促进生态恢复的基本理念，积极地考虑承担责任的方式，如"环境恢复"，"土地复垦"和"恢复植被"等，创新了赔偿金的额度和补偿方式；四是进一步构建合理的对诉讼当事人成本经济负担和补偿机制，减轻了诉讼当事人主体在案件的受理费、保全申请费、申请执行手续费和专业技术鉴定费用等方面的经济负担，进一步加强检察机关环境保护司法与行政执法的程序服务协调与关系，研究和建立检察机关环境保护执法事项的协调与联络的机制，推进环境保护司法与行政程序服务协调的机制；五是鼓励公安、环保等有关部门进一步加强对各级检察机关的环境行政执法监督，制定明确的侦查举证责任和严格的证据质量标准，充分利用检察机关环境行政执法和维护环境公平正义的行政执法信息技术交流平台，完善检察机关环境保护与行政执法有关部门向检察官报告的涉嫌环境行政违法犯罪案件的报告制度。

生态与文明体系建设的工作是一项长期的计划，直接地关系涉及国家和人民的切身福祉，关系到了国家的和整体社会发展。在新的经济历史发展时期，全球经济如何抗击更严重的环境污染和如何维护世界发达国家的生态安全是一项复杂而重要的系统工程，涉及发展到经济方式的结构转变，生态环境的结构转变等一系列复杂而现实的问题，也同时涉及经济发展到国家的产业结构，公益事业和经济社会基础配套设施项目建设的结构调整等一系列问题。环境法治已经逐渐成为中国经济社会环境治理的必用工具和手段。我们必须进一步地加强对我国环境保护现状的认识和反思。要坚持依法治国，提高和利用社会主义法治对环境资源进行保护和管理的意识和能力，努力保护和建设美好的社会主义中国生态环境，实现整个中华民族的可持续发展。

基于科学知识图谱国外休闲体育研究的可视化分析

◎王 巍*

摘 要：探索国外休闲体育研究现状、热点和时空发展特征。主要运用科学知识图谱，对 1990 年至 2021 年间休闲体育研究成果进行梳理，分析得出：①休闲体育在国际领域发展大致经历了三个时期，引文数量逐年递增，但发文量呈现出不规律发展；②美国是休闲体育研究的核心国家，在发文量和中心性方面均位列第一，欧洲成为体育休闲研究的绝对主力。中国由于语言障碍等问题，导致在国家期刊中的发文量并不多；③大学成为体育休闲研究成果的高产机构；④美国公共卫生杂志是休闲体育研究的绝对核心期刊。新英格兰医学杂志：研究与评论、荷兰的预防医学杂志、应用生理学杂志、运动生理学杂志、美国运动医学杂志是休闲体育研究的

---

* 王巍，中国政法大学体育教学部讲师，体育教研室副主任。

中层核心期刊；⑤休闲体育研究热点主要表现在 4 个方面：休闲体育活动相关研究的研究、促进健康方面研究方面的研究、特定人群休闲体育方面的研究、休闲体育参与和预防的研究；⑥休闲体育时空发展由工作过渡到体育活动、健康、疾病、心理、特殊人群、学校等主题，然后发展到对发展趋势、前后关系等问题研究。

关键词：国外 休闲体育 科学知识图谱

一、引言

休闲体育最初在欧洲出现，随着我国物质文明和精神文明的快速发展，休闲体育成为我国社会研究的热点。我国学者田慧（2006 体育科学）曾提出，休闲体育主要包含三个层面的特征：①时间特征，能够有充足的时间参与体育运动；②活动特征，以健身和娱乐活动为目的；③心理特征，通过活动带来的心理满足。休闲体育的快速发展给人们带来了另一种价值体验，那么，关于休闲体育的研究的现实情况如何？国外对休闲体育的研究热点在哪里？有怎样的发展趋势？这些都是发展我国休闲体育需要重点思考的问题。本研究对 web of science 数据库进行相关文献的下载，通过可视化分析了解国外休闲体育的研究现状、热点和导向，希望为我国休闲体育的健康发展提供有价值的借鉴。

二、研究方法

（一）数据搜索策略及样本信息

1. 数据搜索策略

在 WOS 中选择 Web of ScienceTM 核心数据库选项，以 SCI

（Science Citation Index Expanded）、SSCI（Social Sciences Citation Index）、A&HCI（Arts&Humanities Citation Index）三个主要数据库进行检索。检索主题词确定为"leisure sport"或"leisure sports"进行检索，选择"sport science"为精炼依据，文件格式选择为"English Article"。检索时间跨度为 1990 年至 2021 年（检索文献生产日期为 2021 年 3 月 20 日），最终检索到初始文献490 篇。将所得文献全部信息，包括文献题目、作者、关键词、摘要和参考文献下载保存为纯文本格式，如下表 1 所示。

表 1 文献检索策略一览表

	内 容
数据库选择	Web of ScienceTM；SCI，SSCI，A&HCI
检索式	TI=" leisure sport" OR " leisure soprts"
时间跨度	1990-01-01——2017-8-20
文献语种	English
文献类型	Article
精炼结果	490 篇

2. 样本信息及可靠性

通过 Web of ScienceTM 核心数据库共搜索和精炼形成文献490 篇，总被引频次共计为 10 879 次（去自因次为 10 657 次），施引文献为 9366 次，每项平均引用次数为 22.22 次。H 指数 =49。

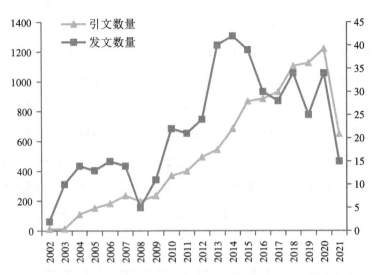

图 1　样本文献引文数量与发文数量在 2002 年—2021 年间的各年分布

从图 1 可以看出，2002 年至 2021 年近 20 年来国外休闲体育的研究成果呈现出不规律的发展趋势，大致可以分为 3 个时期。2002 年至 2008 年为发展初期，发文量较少，2008 年还出现显著下降。2009 年至 2015 年为徒增期，这个时期成为休闲体育主要发文期，休闲体育的研究成果不断涌现。2015 年以后为稳定期，发文数量较为平稳。但是 2002 年至 2021 年间关于休闲体育引文数量呈现出逐年增加的趋势，这与反映出，休闲体育已经进入到其他研究领域。2011 年以后的发文数量占据总比例的 72.2%，样本量比例较大，能较客观地反映出当前关于休闲体育的研究前沿。

三、研究方法

（一）可视化分析法

本研究采用科学知识图谱可视化分析，运用 Cite space V 可

视化软件，绘制休闲体育的科学知识图谱。软件版本号为
4.0.R2.64-bit。Cite spaceV 主要基于共引分享力量和寻径网络分
析法，能够在识别突现词（Bust Term）和突现文献（Bust Arti-
cle），进行突现文献的施引文献聚类（Citing Article Cluster），从
而准确的呈现研究热点；也能够通过时间分隔轴（Time Zone）对
研究成果的演进脉弱进行梳理。

（二）数据处理及软件标准

通过 web of science 检索数据库，对检索出的所需要的文献选
择保存为其他文件格式，记录内容选择全文献和与应用的参考文
献，文件格式为 txt，下载条数为 1-490/次，并且以 download_.txt
格式保存在 Data 文档中。运算时，运用 Citespace V 软件，型号
为 Citespace V 4.5.R1.8.17.2016，JAVA 版本为 JAVA 8 Update
60 build 27。计算机操作系统为 Windows 10 家庭中文版，处理器
为 Intel（R）Core（TM）i5-6200U CPU，系统类型为 64。可以
满足可视化分析研究。

四、研究结果与分析

（一）休闲体育研究的国家和机构分布

从发文量分析，发文量最多的国家是美国（$f=119$）发文数
量均超过了 100 篇。澳大利亚（$f=54$）、加拿大（$f=51$）、英
格兰（$f=50$）分列 2~4 位，发文量超过 50 篇芬兰（$f=45$）、
荷兰（$f=34$）、巴西（$f=27$）、西班牙（$f=26$）、丹麦（$f=
20$）、挪威（$f=18$）。由此得出，美国是休闲体育研究的核心国
家，欧洲成为体育休闲研究的绝对主力，其他洲只有澳大利亚、
加拿大和巴西入围前十名。美国历史虽然较短，但依靠雄厚的经

济实力发展成为世界第一大国，同时，包含了多个民族的融合，人们在生活中透露出随意和无拘无束，他们喜欢体育运动，休闲体育逐渐发展起来。欧洲是工业化发展的源头，大大推动了经济发展，也给人们的生活质量带来了巨大提高，人们可以有大量的闲暇时间参与一些休闲活动，休闲体育慢慢地发展成为他们生活的一部分，关于休闲体育的研究也成为研究的热点。这就与休闲体育的特征相吻合，人们是时间上充裕和，才能够参与休闲体育活动中，如下图 2 所示。

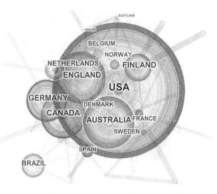

图 2　体育休闲研究的国家分布图

从中心性分析，美国（$c = 0.52$）中心性最高；其次为英格兰（$c = 0.24$）位列第二；加拿大（$c = 0.18$）位列第三；法国（$f = 15$）发文量仅有 15 篇，但中心性（$c = 0.15$）较高，位于第四，这与澳大利亚形成明显反差，澳大利亚发文量较多，但中心性仅有 0.06。中心性（Centrality）是在知识图谱网络中其连接作用大小的度量，中心性越大，说明与其他研究成果的联系越密切，较容易成为其他文献节点的枢纽。美国中心性最高，在体育休闲研究领域与其他国家合作最为密切，在合作关系方面处于绝对地位。英格兰、加拿大和法国处于次要核心地位。德国（c =

0.13)、西班牙（c = 0.12)、芬兰（c = 0.11)、澳大利亚（c = 0.06）处于边缘核心地位。因此，中心性较大的处于核心和次要核心地位的国家对休闲体育发展的贡献较高，在研究领域中占有重要地位。尤其是西班牙、法国等国家，发文量较少，但是中心性却很高。这种现象并不是偶然，众所周知，在欧洲横亘西班牙、法国、瑞士等国的阿尔卑斯山脉是最出名的户外运动胜地，自驾车纵横阿尔卑斯山，是全球旅行者心中最高境界的享受，西班牙和法国依托于优异的自然景观，成为休闲体育发展的重要部分。

首先，中国关于休闲体育的发文量仅有 2 篇，这并不代表中国队休闲体育研究不够重视，归纳原因可能由于语言障碍等问题，导致在国家期刊中的发文量并不多。这也提醒我们在休闲体育研究中要与国际接轨，有利于更加有效的查阅资料，促进休闲体育研究的发展。

其次，对发文研究机构进行分析。（可参见下图 3）从发文量来看，芬兰的于韦斯屈莱大学（Univ Jyuaskyla f = 14）发文量最多，为 14 篇。赫尔辛基大学（Univ Helsinki f = 11）和荷兰的阿姆斯特丹自由大学（Vrije Univ Amster f = 10)，澳大利亚昆士兰大学（Univ Queensland f = 9）比利时的根特大学（Univ Ghent f = 9）分列 2~5 位。由此得出，大学成为体育休闲研究成果的高产机构。从中心性分析，美国的北卡罗来纳大学（Univ N Carolina c = 0.28）中心性最高，成为各个大学联系的焦点，在体育休闲研究机构的联系最为密切。接着是英国的曼彻斯特大学（Univ Manchester c = 0.15)、意大利罗马大学（Univ Roma Tor Vergata c = 0.28）和新西兰的奥克兰理工大学（ATU Univ c = 0.13)。分析原因：①大学有利于形成研究团队。大学是科学研究的沃土，以学科为单元的发展体系越来越完善，具有这些研究专长的专家结合在一起有助于推动研究领域的发展，休闲体育的发展也得益于大学的研究团队，很多学校成立于休闲体育学院；②大学有利于创造适宜的研究环境。大学为科学研究提供了研究的物质基础，在硬件条件和软件条件配备上都保障研究的顺利进行，这是社会上很多资源所没有的。

图 3　休闲体育研究的机构分布图

从近期的发文突增机构分析美国的北卡罗来纳大学（b = 4.1892，TS：2013—2016）、法国的图尔大学（b = 3.6047，TS：2012—2016）、荷兰的阿姆斯特丹自由大学（b = 3.5309，TS：2012—2017）和英国的曼彻斯特大学（b = 3.3630，TS：2012—2016）是近几年发文量徒增的大学，也反映出休闲体育在这些国家的发展程度，表现出非常高的发展潜力。尤其是英国的曼彻斯特大学，在休闲体育的投入非常大。Amitage Academy 作为曼彻斯特大学休闲体育主要负责机构，建立了系统的休闲体育研究机构，成立了休闲体验中心，致力于曼彻斯特城市休闲体育的推动和发展。

（二）休闲体育研究的主要来源期刊分布

期刊是研究成果主要呈现媒介，对研究成果的推广起到重要作用。通过对休闲体育研究期刊分布进行可视化分析，得到期刊被引频次图谱。关于休闲体育发文期刊主要分布在 32 种期刊。其中，美国《运动医学科学和运动杂志》（medicine and science in sports and exercise $hf = 266$）发文量达到 266 篇，发文量最高的期刊。其次为美国医学协会旗下的 JAMA 运动杂志（Jama-journal of the american medical association $f = 123$），发文量为 123 篇。美国《运动医学杂志》（Sport Medicine $f = 121$）、《英国运用医学杂志》（Brit J Sport MED $f = 120$）和《美国流行病学杂志（american journal of epidemiology $f = 113$ 分列 3～5 位，发文量均突破了 100 篇。由此可以看出，美国成为体育休闲研究主要期刊所在国家，这与美国的休闲体育发文量最多有直接关系，这就为科研工作者对休闲体育的研究资料何信息的获取提供了方向。

图 4　期被引频次图谱